Laura Swan

Die Weisheit der Beginen

Laura Swan

Die Weisheit der Beginen

Geschichte und Spiritualität einer mittelalterlichen Frauenbewegung

Aus dem Englischen übersetzt von
Begine Katelene Mauritz,
Begine Sr. Brita Lieb und
Begine Cornelia Perthes

FREIBURG · BASEL · WIEN

Copyright © 2014 by Laura Swan

Titel der Originalausgabe:
The Wisdom of the Beguines
The Forgotten Story of a Medieval Women's Movement

Erschienen bei BlueBridge
An Imprint of United Tribes MediaInc.
Katonah, New York
www.bluebridgebooks.com

© Verlag Herder GmbH, Freiburg im Breisgau 2023
Hermann-Herder-Straße 4, 79104 Freiburg
Alle Rechte vorbehalten
www.herder.de
produktsicherheit@herder.de
Umschlaggestaltung: Verlag Herder, Freiburg
Umschlagmotiv: Roger van der Weyden, Bildnis einer
jungen Frau mit Flügelhaube, um 1435
Satz: SatzWeise, Bad Wünnenberg
Herstellung: CPI books GmbH, Leck
Printed in Germany
ISBN (Print) 978-3-451-39641-0

Inhalt

Grußwort des Dachverbands der Beginen e. V. 7

Einleitung 9

KAPITEL 1   Wer waren die Beginen? 19

KAPITEL 2   Beginen europaweit 32

KAPITEL 3   Der Beginenhof 59

KAPITEL 4   Die Dienste der Beginen 81

KAPITEL 5   Die Spiritualität der Beginen 94

KAPITEL 6   Die Barmherzigkeit der Beginen 116

KAPITEL 7   Die Beginen als Predigerinnen und
               Darstellerinnen 130

KAPITEL 8   Die Beginen als Literatinnen 148

KAPITEL 9   Waren die Beginen Ketzerinnen? 163

Fazit 181

Danksagungen 189

Anmerkungen 191

Bibliographie 199

Personen- und Ortsregister 217

Grußwort des
Dachverbands der Beginen e. V.

Der Dachverband der Beginen e. V. mit Sitz in Essen, Deutschland, hat den Auftrag, das Wissen über die Beginen weiterzuverbreiten und Beginen zu vernetzen. Er forscht zur Beginengeschichte und sammelt in seinem Archiv alle Werke zu historischen Beginen und Informationen zur heutigen Beginenbewegung.

Laura Swans „The Wisdom of the Beguines. The Forgotten Story of a Medieval Women's Movement" (Blue Bridge Books 2014), dessen deutsche Übersetzung Sie in Händen halten, ist ein wunderbarer Titel, ein Grundlagen-Werk, das europaweite Forschungen vereint, ein leicht zu lesendes, inspirierendes Buch. Die Autorin führt in ein vertieftes Verständnis der Weisheit, der Spiritualität und Mystik der Beginen ein. Darum haben wir uns sehr dafür eingesetzt, dieses Buch auch für deutschsprachige Leserinnen und Leser zugänglich zu machen.

Sr. Laura Swan, OSB, ist Benediktinerin des Priorats St. Placid, Washington, USA. Sie ist geistliche Begleiterin, Archivarin und Autorin mehrerer Bücher zur Geschichte weiblicher Spiritualität und benediktinischer Tradition sowie Redaktionsmitglied der Zeitschrift „Magistra" („Meisterin"), einer Zeitschrift für weibliche Spiritualität in der Geschichte. Als wir mit ihr Kontakt aufnahmen, um die Möglichkeit einer deutschen Ausgabe zu besprechen, war sie sehr überrascht davon, dass es seit 1985 neue Beginen in Deutschland gibt.

In der Verlagsankündigung heißt es: „Von starken Frauen des Mittelalters lernen – Die Spiritualität der Beginen entdecken" und „Das Vorbild widerständiger Mystikerinnen". Dies ist ein Fokus unserer Agenda und wir sind dankbar, dass der renommierte Verlag Herder dieses Buch nun publiziert.

Neben der Vernetzungs- und Bildungsarbeit organisiert der Dachverband der Beginen auch internationale Tagungen. Zur 1. Internationalen Tagung 2020 wurde die deutsche Bearbeitung von „De Begijnen. Een europees verhaal. 800 Jaar Begijnen in Europa" von Paul Marchal, Hasselt, Belgien herausgegeben (Paul Marchal, Die Beginen im europäischen Vergleich, v.Hase & Koehler 2020).

Wir freuen uns, dass zu unserer 2. Internationalen Tagung im Oktober 2023 nun Laura Swans Buch auf Deutsch erscheint und wir die Autorin zu diesem Anlass als Referentin begrüßen können. Wir sind dankbar und begeistert von ihrer verdienstvollen Arbeit für uns Beginen und alle Neuinteressierten.

Weitere Informationen zum Dachverband der Beginen finden Sie auf www.dachverband-der-beginen.de

Einleitung

Der mittelalterliche Stadtkern von Brügge in Belgien hat einen besonderen Reiz und wird von einem Netz aus Kanälen und Wasserstraßen durchzogen. Versteckt zwischen den schmucken, verzierten Steingebäuden und smaragdgrünen Wasserstraßen liegt ein malerisches ummauertes Dorf mit dem Namen *Begijnhof ten Wijngaard* (Beginenhof des Weingartens) – ein Beginenhof, der um 1242 gegründet wurde. Als ich Brügge vor einigen Jahren besuchte, erzählte uns der Reiseleiter, dass die mittelalterlichen Frauen, die dieses Dorf bewohnt hatten, Beginen genannt, „fromme alte Damen waren, die beteten und gute Werke taten, bis sie starben". Dieser Satz stieß mir auf. Ich wusste intuitiv, dass diese Beschreibung falsch war. Ich fühlte mich von diesem Beginendorf in der Stadt angezogen und wünschte mir, eines Tages die Wahrheit über das Leben und die geistlichen Aufgaben und Dienste der Beginen zu erfahren.

Die ersten Beginen tauchten vor über achthundert Jahren – um das Jahr 1200 – in verschiedenen Teilen Europas auf. Beginen waren Laienfrauen, keine Nonnen, legten daher kein feierliches Gelübde ab und lebten nicht in Klöstern.

Die Beginen hatten eine einzigartige Lebensform, die sich europaweit verbreitete, aber sie waren nie ein religiöser Orden oder eine einheitliche Bewegung. Und sie hatten weder eine:n bestimmte:n Gründer:in noch eine bestimmte Regel, nach der sie lebten. Aber es gab Gemeinsamkeiten, die diese Frauen unverwechselbar und vertraut sein ließen, wie z. B. ihr Leben in Gemeinschaft, Keuschheit und Einfachheit, ihr ungewöhnlicher Geschäftssinn und ihre Hingabe an Gott und die Armen und Ausgegrenzten. Diese Frauen waren trotz der vielen Versuche, sie zu kontrollieren und ihre Besonderheit zu definieren, im Wesentlichen selbstbestimmt. Sie lebten einzeln oder zusammen in sogenannten Beginenhöfen, die einzelne Häuser für nur eine Handvoll Beginen hatten oder, wie in Brügge, eingefriedete Häuserreihen, die einen zentralen Hof mit einer Kapelle umschlossen, wo über tausend Beginen Platz fanden, ein Frauendorf in einer mittelalterlichen Stadt. Und jede Region Europas hatte ihre eigenen Beginengeschichten zu erzählen.

Einige Beginen wurden der Ketzerei verdächtigt, und oft war die Politik die treibende Kraft hinter solchen Anschuldigungen. Manche Geistliche verteidigten Beginen gegen die Anklage der Häresie, andere Frauen mussten sich hingegen verstecken, indem sie sich einem Benediktinerinnen- oder Zisterzienserinnenkloster anschlossen. Die Beginen hatten ein männliches Gegenstück, die Begarden, aber die Begarden verwandelten sich schnell in formelle religiöse Orden, wie die Alexianerbrüder oder die Kongregation der Celliten.

Beginen gab es bis ins 21. Jahrhundert hinein. Nachrichtenagenturen berichteten 2013 vom Tod der „letzten Begine", Marcella Pattyn. Sie war Anfang 90 und hatte im Beginenhof Kortrijk, Belgien, gelebt.

Es gibt jedoch Berichte von jungen Frauen, die sowohl in Europa als auch in Nordamerika, spirituelle Versprechen ablegen und eine beginische Lebensweise annehmen. Einige dieser neuen Beginen leben bei ihren Eltern oder allein, andere gründen kleine Gemeinschaften. In jüngerer Zeit hatte ich Gelegenheit, nach Brügge zurückzukehren und auch die Beginenhöfe in Gent, Löwen, Diest (alle in Belgien), sowie den Beginenhof in Amsterdam, Niederlande, zu besuchen. Wissenschaftler:innen haben allein in Belgien 111 mittelalterliche Beginenhöfe identifiziert, und dreizehn davon werden seit 1998 im UNESCO-Weltkulturerbe aufgeführt: Gent, Löwen, Diest und Brügge; Hoogstraten, Lier, Mechelen und Turnhout, Sint-Truiden, Tongeren, Dendermonde, Sint-Amandsberg bei Gent und Kortrijk.

Heute sind die meisten Häuser in den erhaltenen Beginenhöfen in den Niederlanden und Belgien bezahlbare Wohnungen für ältere Menschen, Ordensfrauen und Schriftsteller:innen oder Künstler:innen. Das Äußere und die Gärten sind so erhalten, wie sie gewesen sein könnten, als die Beginen –

die ursprünglichen Baumeisterinnen – dort lebten. In den meisten dieser Beginenhöfe gibt es ein Wohnhaus, das nach den Gepflogenheiten des Mittelalters eingerichtet ist und Besucher:innen offensteht, die die Beginen und ihre Lebensweise erkunden und kennenlernen wollen.

Wenn ein spirituelles Genie eine neue religiöse Bewegung inspirierte (und manchmal gründete) – wie Teresa von Ávila (1515–1582) die Karmelitinnen oder Johanna Franziska von Chantal (1572–1641) die Schwestern der Heimsuchung Mariens –, wurden umfangreiche Zeugnisse und Dokumente gerettet. All dieses Material wurde Teil offizieller Aufzeichnungen, auf die Historiker:innen zugreifen können. Da die Beginen jedoch nie eine formelle Bewegung waren, wurde kein Archivar oder Historiker aus dem Mittelalter oder der Frühen Neuzeit jemals damit beauftragt, ihr Leben und ihre Lehre zu dokumentieren. Wer waren diese Frauen? Wie verdienten sie ihren Lebensunterhalt? Wie sah ihr Seelenleben aus? Wie funktionierten ihre Gemeinschaften?

Um 1980 begannen Wissenschaftler:innen, sich ernsthaft für die Beginen als unabhängige Frauenbewegung zu interessieren, und gruben auf der Suche nach historischen Fakten Zeugnisse für das Leben und die Werte der Beginen aus. Sie untersuchten alte Archivunterlagen in Europa – Grundstücksverkäufe, Abtretungsurkunden, Rechtsdokumente, Verträge, Mietbücher, Steuerlisten, Finanzkonten, Nachrufe, Testamente, Stiftungen und Gerichtsakten – Aufzeichnungen aller Art, um herauszufinden, was die Beginen tatsächlich taten und wie sie lebten.Testamente verraten, was Beginen besaßen und mit welcher Sorgfalt sie über ihr Vermögen verfügten. In Douai (Nordfrankreich) beispielsweise enthalten die Stadtarchive rund zweitausend Testamente im Zusammenhang mit den Beginen und ihrer Vermögensverteilung (sowohl auf einzelne Beginen als auch auf Beginenhöfe) aus dem 13. bis 16. Jahrhundert.

Die Schriften einiger Beginen haben die Jahrhunderte überdauert, hauptsächlich weil Klosterfrauen Kopien der

Texte in Klosterbibliotheken sicher aufbewahrten, und diese werden jetzt untersucht, neu übersetzt und analysiert mit der Frage: Wo spricht hier die betreffende Frau – und wo ihr Kaplan, ihre Schreiber:innen oder ihre Biograf:innen (die vielleicht ihre eigenen politischen Ansichten hatten)?

Beginenschriften umfassen empfangene Visionen, Poesie und Gebete; einige Korrespondenzen sowie *Vitae*/Lebensbeschreibungen. Dies sind Biografien, aber nicht im modernen Sinn – das Ziel einer Vita ist es, eine gute Geschichte zu erzählen, ähnlich wie ein moralisches Theaterstück, während sie die Heiligkeit des Menschen, von dem die Vita handelt, veranschaulicht.

Wissenschaftler:innen erinnern uns daran, dass die Vitae mit einer bestimmten „Geisteshaltung" verfasst wurden, das heißt, die Autorin oder der Autor (die/der meist nicht die Begine selbst war) gestaltete die Geschichte, um deren Heiligkeit herauszustellen und zu propagieren, eine moralische Geschichte oder Szene hervorzuheben und die Menschen zu einem besseren Leben zu bekehren. Getreue historische Details zu liefern, war nie die Absicht dieser Texte. Aber weshalb waren einige Vitae populärer als andere, und weshalb blieben einige Vitae örtlich begrenzt, während andere europaweit und in zahlreichen Sprachen verbreitet wurden? Expert:innen haben die Vitae analysiert, um wertvolle vernachlässigte Geschichte ans Licht zu bringen, um Einblicke in die kulturellen Kontexte zu gewinnen, die sie (die Vitae) hervorbrachten, und um das Gedankengut und die Bestrebungen der Laienfrauen zu entdecken.

Die Berichte von Beginen, die erhalten geblieben sind, wurden normalerweise vom Beichtvater aufgezeichnet und verfeinert, bis die Frauen mit dem Ergebnis zufrieden waren. Es sind Geschichten über die Suche von Frauen nach ihrem wahren Selbst, die versuchen, den Prozess der Entdeckung dieses Selbst in Sprache zu fassen, und andere einladen, sich ihnen bei dieser Suche anzuschließen. Die Beginen lebten in einer mittelalterlichen Welt, die von Männern und nach Werten, die die männliche Erfahrung bestätigten, regiert wurde.

Die bloße Suche nach einem Selbst durch eine Frau wurde als Untergrabung des „männlichen Privilegs" wahrgenommen, obwohl dies wahrscheinlich gar nicht ihre Absicht war.

Beginenschriften, die die Kriege, die Pest, Bücherverbrennungen und die Launen des Lebens überlebten, geben auch etwas von ihrem Alltag preis: Wir haben Ausschnitte aus Kommentaren, insbesondere zur Bibel, die von Beginen geschrieben oder diktiert wurden: die Predigten dieser Frauen sowie Lieblingspredigten von anderen, die sie aufbewahrten und mit ihren Freundinnen geteilt haben. Und Martyrologien (Listen von zu verehrenden Märtyrern und Heiligen) von Beginenhöfen, die Heilige aufweisen, die Beginen besonders verehrten, und somit die Werte verdeutlichen, die den Frauen wichtig waren.

Psalter (Stundenbücher) im Besitz von Beginen wurden oft auf ihre Anweisung hin angefertigt, das heißt, sie diktierten, welche Texte und Illustrationen darin enthalten sein sollten. Häufig enthielten diese Bücher Beginengedichte und Gebete, deren Verwendung in der Kirche nicht üblich war. Die biblischen Bücher, die Beginen besaßen, wurden ebenfalls unter ihrer Anleitung angefertigt, und die Illuminationen (farbliche Gestaltung von Anfangsbuchstaben oder Bildern) verraten viel über ihre geistliche Welt.

Forschende studieren heute auch Predigten aus dem Mittelalter, exzerpieren Geschichten von Beginen und vergleichen sie mit anderen Predigten. Diese exzerpierten Geschichten werden als *exempla* oder Beispiele bezeichnet, und ihre ursprüngliche Auswahl hatte ihren Sinn: Denn Menschen teilten die Geschichten, die ihre Neugier weckten oder ihr Denken herausforderten. Sie gaben keine Geschichten weiter, die ihr Herz nicht berührten! Darüber hinaus erforschen Liturgiker:innen und Musik-Wissenschaftler:innen mittelalterliche Musik- und Liturgiekompositionen mit Blick auf den Kontext, aus dem sie hervorgegangen sind.

Und sie identifizieren von Beginen komponierte oder in Auftrag gegebene Musik. Diese Musik umfasst sakrale Hymnen und Gesänge, wie auch weltliche Lieder zur Entspannung.

Kunsthistoriker:innen untersuchen die Beziehung zwischen skulpturalen Kunstwerken des späten Mittelalters, die von Beginen in Nordeuropa in Auftrag gegeben oder geschaffen wurden, und ihrer Spiritualität. Die Beginen bevorzugten *Pietàs*, Darstellungen der Jungfrau Maria, die den normalerweise in ihrem Schoß liegenden gekreuzigten Christus betrauert, Skulpturen von *Jungfrau und Kind*, und vom *Christuskindje* oder Christuskind, die Jesus als Säugling darstellen. Es entstand ein besonderer künstlerischer Stil, den einige Historiker:innen auf die spezifischen Wünsche der Beginen zurückführen, die diese Kunstwerke in Auftrag gegeben haben. Wie unsere Texte kann auch die Kunst, die wir erschaffen und bewahren, eine faszinierende Geschichte erzählen.

Auch mittelalterliche Aufzeichnungen über angebliche Häresie öffnen uns ein Fenster in das Leben der Beginen. Häresievorwürfe gegen Beginen führten zu offiziellen kirchlichen Ermittlungen, die man Visitationen nannte. Dabei wurde eine üblicherweise vom örtlichen Bischof ausgewählte Gruppe von Männern zu einem Beginenhof geschickt, um festzustellen, ob es irgendwelche Beweise gab, die den Vorwurf der Ketzerei oder des unmoralischen Lebenswandels stützten. Die daraus resultierenden Dokumentationen, Korrespondenzen und Besuchsberichte verraten viel über die Lebensqualität und Andachtspraxis der Beginen. Das Leben und eventuelle Schriften von Beginen, die de facto zu Ketzerinnen erklärt worden waren, werden heute erneut untersucht, um herauszufinden, ob die Lehren der betreffenden Frau wirklich ketzerisch waren – oder ob ihre Verurteilung politisch oder finanziell motiviert war. Folglich verändert sich unser Verständnis von dem Einfluss, den Beginen innerhalb der Kirche hatten. Mit ihren Diensten wirkten sie in Bildung, Erziehung und Gesundheitsfürsorge. Ihre intellektuellen Bestrebungen beeinflussten die Theologie und die Lebensart von Prediger:innen. Einige Orden katholischer Schwestern gingen aus Beginengemeinschaften hervor.

Zweifellos ist mehr Forschung erforderlich. Archäolog:innen, Anthropolog:innen und auf Anthropologie spezialisierte

Architekt:innen müssen in Gebäudeansammlungen begrabene Beginenhöfe sichtbar machen, insbesondere in Italien und Spanien. Diese Arbeit könnte uns mehr darüber erzählen, wie Beginen in bestimmten Teilen Europas lebten und dienten, und insbesondere darüber, wie sie sich in einer Gesellschaft, die stets bestrebt war, sie zu kontrollieren, ein gewisses Gefühl der Unabhängigkeit bewahren konnten. So beginnen Geisteswissenschaftler:innen, die sich mit den osteuropäischen Kulturen und der spanischen Kultur befassen, gerade erst, an der Oberfläche des Vermächtnisses von Beginen und vergleichbaren Laienfrauen in ihren jeweiligen Regionen zu kratzen. Sicher ist: Diese Frauen gab es dort, sie wurden aber in „eine andere Geschichte" eingebettet.

Meine Kindheit verbrachte ich in den 1960er Jahren in einer gebildeten und religiös pluralen Nachbarschaft östlich von Seattle. Ich wurde von den Schwestern von St. Joseph of Peace unterrichtet, die die Werte meiner Eltern, d. h., die Achtung älterer Menschen, die Bedeutung von Nachbarschaft und Gemeinschaft und die Sorge um soziale Gerechtigkeit, bekräftigten. Ich bekam mit, wie meine Mutter und ihr Freundeskreis im Kontext ihrer Glaubenstraditionen über politische und gesellschaftliche Themen debattierten.

Meine Großtante Mary Consuela, eine resolute „Schwester der Barmherzigkeit", diente leidenschaftlich den Armen und arbeitete in der Bürgerrechtsbewegung im tiefen Süden mit. Ich konnte mich nie ganz mit einer passiven und distanzierten Heiligen Jungfrau Maria identifizieren, die wohlwollend vom Himmel herabblickte und von menschlichem Leid scheinbar unberührt blieb. Eine sanftmütige Gottesmutter auf der einen Seite und meine Großtante, die ein leidenschaftliches Mitgefühl für die Schwachen verkörperte, auf der anderen Seite waren für mich ein heftiger Widerspruch.

Im ersten Jahr meines Aufbaustudiums begegnete ich erstmals den Schriften mittelalterlicher Frauen – Angela von Foligno, Katharina von Siena, Katharina von Genua und anderen. Diese Frauen waren Mystikerinnen und Reformerinnen, Dichterinnen und Predigerinnen, Dienerinnen der Armen. Gründerinnen von Bewegungen und Anführerinnen aus eigenem Recht – Frauen wie meine Großtante, Frauen, die ihrer eigenen Erfahrung des Göttlichen eine Stimme gaben, Frauen, mit denen ich mich identifizieren konnte. In den letzten Jahren habe ich entdeckt, dass viele dieser Frauen aus dem Mittelalter tatsächlich als Beginen bekannt waren.

Den Benediktinerinnen schloss ich mich in einer Zeit an, in der die Zahl der Schwestern rapide zurückging. Als Ordensleute mit Gelübde brennen wir für unsere Lebensweise und fühlen uns der Mission unserer vielfältigen Gemeinschaften verpflichtet. Wir schauen in die Vergangenheit, um Inspiration für unsere Gegenwart zu gewinnen und unseren Weg in die Zukunft auszuloten. Es gab Zeiten in der Geschichte, in denen die Zahl der Ordensleute dramatisch zurückging, mal aufgrund von Krankheiten oder Kriegen, mal aufgrund sozialer Umwälzungen und mal aufgrund offener Verfolgung.

Wir befinden uns inmitten enormer Paradigmenwechsel. Die eine oder andere Klostergemeinschaft wird aufgelöst werden müssen. Wir wissen, dass das Ordensleben in Zukunft anders aussehen wird. Zahlreiche Laienfrauen und -männer sind den Klostergemeinschaften bereits als Affiliates/Adikte (= Zugehörige), Oblaten/Oblatinnen oder Tertiarinnen (= Drittordensfrauen/Weltliche Schwestern) angeschlossen, und es gibt neue Ausdrucksformen des Mönchtums. Viele junge Menschen suchen nach kreativen Wegen, um ein Leben in Einfachheit und Gerechtigkeit, in kontemplativem Gebet und im Dienst für andere zu führen.

Mich fasziniert, dass viele Beginengemeinschaften trotz Unterdrückung, Krieg, Pest und anderen menschengemachten und naturbedingten Katastrophen sehr lange überlebt haben. Beginen durchlebten Zeiten des großen Übergangs und der Reformen und trugen dazu bei, sie voranzutreiben. – Welche geistige Stärke schützte das Leben dieser Frauen und ihrer Beginenhöfe? Was können wir von ihnen lernen? Was können sie uns lehren?

Es ist problematisch, moderne Konzepte und Ideologien auf historische Gestalten zu projizieren. Doch mit nahezu perfekter Deckungsgleichheit spiegeln die Beginen des Mittelalters meine Sehnsüchte in Bezug auf die heutige Gesellschaft wider. Die Welt des Mittelalters unterschied sich in mancherlei Hinsicht gar nicht so sehr von unserer eigenen: zügellose Gier, politischer Streit, endlose Kriege, Umweltzerstörung, Ausbruch der Pest, religiöse Umwälzungen und Blutvergießen im Namen Gottes. Die Beginen äußerten sich beherzt gegen Macht und Korruption, ohne jemals an Gottes Barmherzigkeit für die Menschen und die Schöpfung zu zweifeln.

Mit dem ihnen eigenen Geschäftssinn begründeten und unterhielten sie Einrichtungen und Dienste, die Bedürftigen Bildung, Gesundheitsfürsorge und weitere soziale Dienstleistungen boten. Und sie predigten und lehrten einen liebenden Gott, der eine Beziehung zu jedem einzelnen Menschen wünscht, während sie diejenigen kritisierten, die Gottes Namen zu ihrem persönlichen Vorteil missbrauchten.

Ich bin davon überzeugt, dass die Beginen unserer heutigen Welt viel zu sagen haben. Sie laden uns ein, ihre Stimme zu hören, ihre Weisheit zu suchen, sie neu zu entdecken.

Kapitel 1
Wer waren die Beginen?

Frauen, die „Beginen" genannt wurden, stammten aus allen sozialen Schichten – waren Adlige und Patrizierinnen, Händlerinnen und Zunftmitglieder, Witwen oder Töchter von Rittern, städtische sowie ländliche Arme. Und die Beginen konnten fast jedes Alter haben – von etwa vierzehn Jahren bis zu ihren Achtzigern und möglicherweise darüber hinaus. Sich selbst versorgend, ledig oder verwitwet, zeichneten sich diese Frauen durch ihre spirituelle und persönliche Unabhängigkeit aus, predigten öffentlich und diskutierten mit ausgewählten Theologen und Bibelgelehrten. Viele Beginen lebten in Privathäusern, in denen jeweils nur wenige Frauen zusammenlebten. Manche verbrachten einen Teil ihres Lebens als Einsiedlerinnen oder Klausnerinnen, hielten jedoch Kontakt zu ihren Familien, zu spirituell Suchenden und anderen Beginen. Viele lebten allein, während sie sich täglich mit anderen Beginen in einer Lieblingskapelle oder -kirche trafen, um die Messe und das heilige Offizium zu feiern oder sich zu anderen Gebeten zu versammeln.

Beginen ermutigten andere Laien – Männer wie Frauen –, ihrem Beispiel zu folgen und Verantwortung für ihre eigene spirituelle Bildung zu übernehmen. Ihre Dienste und geistlichen Aufgaben lagen den Beginen sehr am Herzen. Sie waren geschäftstüchtig, aktiv in der aufstrebenden Geldwirtschaft und verpflichteten sich, den weniger Glücklichen auf verschiedene Weise zu dienen. Diese „grauen Frauen" – so genannt nach ihrer bevorzugten Kleidung aus grauer, selbstgesponnener Wolle mit Kapuzenumhängen – erhielten in den Niederlanden den Spitznamen „Begine" (von der Wurzel *begg*-, was bedeutete, Gebete zu murmeln oder undeutlich zu sprechen)[1]. Diese Bezeichnung war ursprünglich verspottend gemeint und brachte diese Frauen mit Heuchelei oder vorgetäuschter Frömmigkeit in Verbindung.

Im Mittelalter stellte die Anwesenheit von Frauen, die eine unabhängige Lebensweise vertraten, für mächtige Männer eine Beleidigung dar; sie verhöhnten sie deshalb öffentlich. Wie töricht waren diese Frauen, zu glauben, sie könnten ohne die Führung eines Vaters, Ehemanns oder Klerikers leben? Wie kann man Frauen ihren eigenen spirituellen Weg anvertrauen? Sie sogar lehren und predigen und mit ihrem eigenen Geld umgehen lassen?

Doch für viele wurde der Begriff „Begine" schon bald zu einem Kompliment, weil sich diese Frauen den Respekt und die Unterstützung ihrer Mitbürgerinnen und Mitbürger und sogar einiger politischer und religiöser Führungspersönlichkeiten verdient hatten.

Die Beginen waren zwar europaweit bekannt, doch hatte jede Region ihre eigenen umgangssprachlichen Namen für sie. In Nordfrankreich wurden solche Laienfrauen *fins amans* (wahre Liebende) oder *béguines* genannt, und in Spanien *beatas* (die Glückseligen). In Teilen Italiens wurden sie *poenitentiae* (die Büßerinnen), aber auch *pinzochere* (die Ergebenen) und *bizzoche* (die Reumütigen), in der Lombardei *humiliati* (die Demütig-Armen) genannt. In Deutschland waren sie die *Beg(h)inen*, in Schweden die *begina* und in Dänemark die *beginer*. Alle diese Namen – und es gab noch viele andere – spiegelten den lokalen Gebrauch für dieselbe Realität wider: eine informelle Bewegung unabhängiger Frauen, die für sich selbst definierten, was es bedeutete, nach den Werten des Evangeliums zu leben. (Im mittelalterlichen England waren sich die Menschen der Beginen und ihres Lebens zwar bewusst, aber die Bewegung hat dort nie wirklich Fuß gefasst.)

Es gab keine Gründerfigur, keine festgelegten Statuten, keine einheitliche Lebensweise für Beginen, und doch hatte diese außergewöhnlich vielfältige Bewegung über Jahrhunderte einen wesentlichen Einfluss auf Gesellschaft und Kirche. Frauen begannen, sich von den Beschränkungen und Einengungen zu befreien, die ihnen von der Kirche und der vorherrschenden Kultur auferlegt wurden, und versuchten, ihren Glauben so auszudrücken, wie sie sich dazu berufen fühlten. Sie suchten Prediger ihrer Wahl auf und aus, sicherten sich informelle Kopien der Bibel, die in der Landessprache existierten, lernten ihre Texte auswendig und begannen, mit Möglichkeiten zu experimentieren, das Leben der ersten Apostel buchstäblich nachzuahmen. Häufig versammelten sich Beginen um eine begabte Meisterin herum, genannt *Magistra* (als Meisterin der Theologie anerkannt), die für ihre Beredtheit und spirituelle Autorität bekannt war. Beginen verfochten sehr entschieden die Auffassung, dass der Ruf zur Heiligkeit der Weg *eines jeden Menschen* sei und nicht nur der Weg professioneller „Heiligmäßiger", das heißt, der Priester, Mönche, Nonnen und anderer im offiziellen Ordensleben.

Beginen waren *keine* Nonnen. Nonnen lebten in Klöstern – im Mittelalter wurden die Begriffe „Abtei", „Kloster" und „Priorat" sowohl für Mönche als auch für Nonnen verwendet –, die meisten Nonnen befolgten zur damaligen Zeit die alte Regel von Benedikt von Nursia. Sie verließen selten ihr Klostergelände und standen unter der Autorität ihrer Äbtissin, die wiederum der strengen Kontrolle des örtlichen Bischofs unterstand. Nonnen legten vor dem Ortsbischof feierliche Gelübde ab: Armut, Gehorsam und Keuschheit, die von den Behörden in Rom als rechtsverbindlich anerkannt waren. Feierliche Profess bedeutete auch, dass eine Frau auf ihr Recht verzichtete, jegliches Familienerbe zu beanspruchen. (Der Zölibat wurde zwar im Rahmen des feierlichen Gelübdes nicht explizit erwähnt, galt aber immer als wesentlicher Bestandteil des klösterlichen Lebens.)

Europaweit befolgten die Beginen keine formelle Lebensregel wie die Benediktregel, und der Ortsbischof übte ihnen gegenüber nicht mehr Autorität aus als über jeden anderen Laien in seiner Diözese. Da Beginen Steuern auf ihr Eigentum und ihr Einkommen zahlten und die jeweilige Obrigkeit die entsprechenden Steuereinnahmen benötigte, genossen sie einen gewissen Schutz vor der Kirche. Sie finanzierten sich selbst – möglicherweise als Handwerkerinnen, im Handel oder durch ihre Investitionen – und schützten ihre persönliche und kollektive Freiheit, sowohl in ihrem eigenen Leben als auch in ihrem Dienst an den Armen und Bedürftigen. Die Beginen waren größtenteils frei, ihre eigenen Lebensentscheidungen zu treffen und sich nach Belieben in ihrer Stadt zu bewegen (sofern sie in Begleitung waren). Und Frauen jeden Familienstandes wurden Beginen: Sie waren unverheiratet oder verwitwet oder verließen ihre Ehemänner[2] oder zogen ihre Kinder selbst auf. Und sie konnten zu jeder Zeit austreten und eventuell aufhören Begine zu sein und z. B. heiraten.

Traditionell befanden sich die meisten Nonnenklöster auf dem Land und nicht in den Städten. Nonnen erhielten eine Freistellung von Steuern auf ihr Eigentum und ihre Einkünfte und mussten Selbstversorgerinnen sein. Da es ihnen jedoch nicht erlaubt war, außerhalb der klar definierten Grenzen des Klosters zu arbeiten, brauchten sie eine Mitgift, die zum Unterhalt der Klostergemeinschaft beitragen konnte – daher stammten die meisten Nonnen aus wohlhabenden, ja adligen Familien. Aufgrund ihrer klösterlichen Lebensweise hatten Nonnen nur begrenzten Kontakt zu ihren Familien, und beim Eintritt in das Kloster wurden Freundschaften im Grunde abgebrochen. Nonnen hatten nur sehr wenige Wirkungsmöglichkeiten. Diese beschränkten sich üblicherweise auf die Ausbildung ausgewählter Töchter der Elite, oder bestanden im Fürbittgebet (das im Mittelalter sehr geschätzt war), wie auch im Schreiben und Kopieren von Handschriften, der Komposition von Musikstücken oder dem Schaffen von Kunstwerken.

Beginen hingegen lebten und dienten hauptsächlich in den wachsenden städtischen Gebieten Europas (die größte Ausnahme waren Beginen, die mit Leprakranken arbeiteten, da Leprakranke in Städten nicht erlaubt waren). Beginen arbeiteten und beteten und knüpften Kontakte, pflegten aber auch engen Kontakt zu ihrer Familie, zu Freunden und Nachbarn. Während einige bei ihren Eltern lebten, nutzten viele Beginen ihre Einnahmequellen, um Häuser nahe der Kapelle oder Pfarrkirche zu kaufen, wo sie sich zum Gebet versammelten. Diese Häuser wurden als „Konvente" (der Ursprung des modernen Begriffs) bezeichnet und von zwei bis vier – oder in größeren Häusern von bis zu zwölf – Beginen geteilt. In der Regel kauften sie nahe beieinanderliegende Häuser und übernahmen nach und nach ganze Nachbarschaften. Manchmal wuchsen diese zu größeren Komplexen an, die in den Niederlanden als Beginenhöfe bezeichnet wurden, weil sich alle dort lebenden Beginen einen großen zentralen Innenhof, die Bleichwiese, teilten. Solche großen Höfe funktionierten ähnlich wie mittelalterliche Dorfanger (es waren keine Kreuzgänge wie in Klöstern); Außenmauern und Tore boten den Beginen Privatsphäre und Schutz. Andere große Beginenhöfe entstanden als beträchtliche Gebäudekomplexe am Rande einer Ortschaft oder großen Stadt, wo ein weitläufiges Grundstück zur Verfügung gestellt worden war und die Beginen mit dem Bau begannen. (Auf den folgenden Seiten bezieht sich der Begriff „großer Beginenhof" konkret auf diese größeren Gebäudekomplexe, während sich „Konvent" auf einzelne Wohnstätten von normalerweise wenigen Beginen bezieht. Der Begriff „Beginenhof" hingegen kann unterschiedliche Wohnformen der Beginen bezeichnen.)

Frauenklöster bestanden in der Regel über Generationen, wenn sie nicht durch Krieg, Reformation oder Säkularisation ausgelöscht wurden. Bei den Beginenkonventen gab es mehr Bewegung – so kam es häufig vor, dass innerhalb einer Generation eine Gruppe von Beginen, die an einem Ort lebte, ausstarb und ihr Haus verkauft wurde. Anderen Beginenhäusern gelang es, über mehrere Generationen hinweg fortzubestehen, was normalerweise bedeutete, dass Tanten ihre Häuser an Nichten vererbt hatten, sodass enge Familienbande das Beginenhaus aufrechterhalten konnten.

Nonnen waren ständige Unterstützerinnen der Beginen. Häufig überließen Frauenklöster Beginengruppen Land, auf dem sie ihre informellen Gemeinschaften gründen konnten, und manchmal halfen Klöster auch bei den Baukosten. Nonnen waren auch große Verteidigerinnen der Beginen gegen Anklagen wegen Unzucht oder Ketzerei. Auch kopierten

Frauenklöster häufig Texte, die von Beginen geschrieben worden waren, und bewahrten diese Schriften über die Jahrhunderte auf.

Als Frauen sich um das Jahr 1200 herum erstmals europaweit dafür entschieden, Beginen zu werden, taten sie dies als Einzelpersonen oder in kleinen Gruppen, als Geschäftsfrauen, Wanderpredigerinnen oder Einsiedlerinnen, und in der Regel in Verbindung mit einer örtlichen Kapelle oder Pfarrkirche. Sie traten inmitten einer sogenannten ersten Renaissance in Erscheinung, als sich die europäische Gesellschaft von einer eng definierten Struktur einer Vielzahl von (meist armen und ungebildeten) Bauern, die von einer kleinen Elite von Aristokraten und Kirchenführern regiert wurden, zu einer breiteren Gesellschaft mit einem wachsenden Kaufmannsstand und einem komplexeren politischen System wandelte.

Mehrere Faktoren trieben diese Renaissance voran und unterstützten das Aufkommen der Beginen, darunter die Kreuzzüge und die höfische Kultur, die aufstrebenden Städte und ihre jungen Universitäten, eine neue geldbasierte Wirtschaft, das Wachstum der Laienspiritualität und der Marienfrömmigkeit, sowie die Entstehung neuer Mönchsorden.

Als die Männer in Westeuropa begannen, ihre Dörfer und Städte zu verlassen, um sich dem Ersten Kreuzzug (1096–1099) anzuschließen, mussten Frauen einen Großteil der traditionell von Männern verrichteten Arbeit, wie Landwirtschaft und Schmiedekunst, selbst erledigen und begannen, ihre neu gewonnene Unabhängigkeit zu genießen. Viele Männer kehrten nie von den Kreuzzügen zurück, sodass die Frauen dauerhaft für ihre Familien verantwortlich waren. Immer öfter versuchten Frauen, das Landleben und ihre Dörfer zu verlassen und in die großen Wirtschaftszentren – die wachsenden Städte – zu ziehen. Der Übergang von einer Land- und Tauschwirtschaft zu einer auf Münzgeld basierenden Wirtschaft (die eine Zunahme des Handels und die Ausweitung der Handelswege ermöglichte), führte zum Aufstieg eines

Kaufmannsstandes, der mittelalterlichen Bourgeoisie. Mehr Menschen beiderlei Geschlechts hatten so Zugang zu Geld.

Frauen strömten in die Städte, vor allem in den Niederlanden, in Deutschland und in Norditalien, um Arbeit zu suchen und Unabhängigkeit zu finden. Die Textilindustrien florierten mit dem Wachstum des Handels, und Frauen erwiesen sich in diesen Industrien als geschickt. Viele dieser Arbeiterinnen wurden Beginen.

Die Menschen in Europa hatten mit Angst und Hoffnung auf die Ankunft des neuen Jahrtausends gewartet – sie erwarteten die Wiederkunft Jesu Christi. Aber als das Jahr 1000 ohne größere Verwerfungen verging, kam allgemein der Glaube auf, dass Jesus aufgrund der Sündhaftigkeit der Menschen und der Kirche nicht zurückgekehrt sei, und es entstand der Ruf nach Reformen. Gleichzeitig entwickelte sich ein neues Bewusstsein, dass *alle* Menschen zur Heiligkeit berufen seien und sich eines unmittelbaren Zugangs zur Gegenwart Gottes erfreuen könnten. Die Flucht aus der Welt war keine Voraussetzung mehr, um die göttliche Gnade zu erlangen. Gott konnte im weltlichen Bereich und inmitten des alltäglichen Lebens gefunden werden!

Das neue Jahrtausend erlebte auch einen großen Boom beim Bau neuer Kirchen, und die Menschen wurden von diesen neuen Gotteshäusern sehr angezogen. Eine Reform-Ära innerhalb der Kirche, die als Gregorianische Reform bekannt ist (benannt nach Papst Gregor VII., der von 1073 bis 1085 regierte), brachte neues Leben von innen in die Kirche.

Als Laienmänner und Laienfrauen in ganz Europa begannen, ihren Glauben selbst in die Hand zu nehmen, hielten sie an den Forderungen nach Reformen innerhalb der Kirche fest. Aus dieser Unzufriedenheit heraus entstand ein Phänomen (es war *keine* formelle Bewegung) namens *Vita apostolica*, was „apostolisches Leben" oder „wie das Leben der Apostel" bedeutet. Beginen waren ein kraftvoller Ausdruck der Vita apostolica.

Sowohl Laien als auch Ordensmitglieder des Mittelalters schätzten in höchstem Maße die ersten Jünger Jesu und insbesondere die frühe Kirche in Jerusalem, da sie in ihren Augen das ideale christliche Leben führten.

Der Autor der Apostelgeschichte hat beschrieben, dass die ersten Gläubigen (Apostelgeschichte 2,42–47), die als „Nachfolger des Weges" bekannt sind, sich häufig versammelten, um die Lehre der Apostel zu hören, während sie auch ihren täglichen Tempelbesuch beibehielten. Die „Nachfolger des Weges" teilten ein gemeinsames Leben, trafen sich regelmäßig zum Mahlhalten, zum Gebet und zum Dienst, verkauften ihr Hab und Gut, um die Not der Armen zu lindern. Der Autor der Apostelgeschichte berichtet von einer Atmosphäre der Vorfreude, der Ehrfurcht und ungetrübter Freude unter den Gläubigen an Jesus Christus. Wesentlich für die „Nachfolger des Weges" war es, nach dem christlichen Taufbekenntnis zu leben: „Es gibt nicht mehr Juden und Griechen, Sklaven und Freie, Männer und Frauen, denn ihr seid alle eins in Christus Jesus"![3]

Die Männer und Frauen des Mittelalters, die die Vita apostolica annahmen, wollten diese frühchristliche Lebensweise möglichst wortgetreu nachleben, und die meisten Anhänger der Vita apostolica wurden daran erkannt, dass sie ein Leben von tiefgreifender Einfachheit und Großzügigkeit gegenüber den Armen führten, sich um Aussätzige kümmerten und täglich einen Gebetsbesuch in einer Kirche machten.

Beginen und andere Laien fragten sich: Wie will Jesus, dass wir leben? Wie verhielten sich die frühen Nachfolger Jesu? Weshalb sieht unsere eigene Kirche nicht wie die Kirche der frühen Apostel aus – warum wird Korruption geduldet? Beginen waren besonders geschickt darin, die ersten Apostel nachzuahmen und andere aufzurufen, es ihnen gleichzutun (und wurden daher für einige der kirchlichen Machthaber zu einer Bedrohung).

Die wesentliche Grundlage der Vita apostolica war die freiwillige Armut – eine wortgetreue Interpretation der Armut Christi. Die mittelalterlichen Anhänger der Vita apostolica versuchten, Christus auf Erden gegenwärtig zu machen und der Kirche ihren ursprünglichen, einfachen Charakter zurückzugeben. Gleichzeitig reagierten diese Frauen und Männer mit wachsender Besorgnis und Verachtung auf die neue Marktwirtschaft, die auf Münzgeld und verzinstem Geldverleih beruhte. Die Anhänger forderten von sich selbst Enthaltsamkeit und Wohltätigkeit, um sich vor Eitelkeit und unangemessener Abhängigkeit von materiellen Gütern zu schützen.

Zu den Anhängern der Vita apostolica gehörten die neu entstehenden Bettelorden – die Dominikaner und Franziskaner – beide ab dem frühen 13. Jahrhundert aktiv. Bettelmönche legten religiöse Gelübde ab und bewegten sich frei durch Europa, um an Universitäten, in Kirchen und öffentlichen Plätzen zu predigen und zu lehren. Sie hatten nicht die gleiche Bindung an ein bestimmtes Kloster wie Mönche und Nonnen. Bettelmönche lebten im Prinzip von Almosen und wurden daher als wandernde Bettler bezeichnet.

Die Beginen unterschieden sich von anderen Anhängern der Vita apostolica durch ihre Unterordnung unter die neue Marktwirtschaft – tatsächlich hing ihre Freiheit davon ab. Einige lautstarke Führer der Vita apostolica forderten von ihren Anhänger:innen, absolute Entbehrung (Askese) zu leisten, auch wenn diese Entbehrungen die Möglichkeit einschränkten, denen zu helfen, die nicht in der Lage waren, für sich selbst zu sorgen. Aber Beginen waren da anderer Meinung und nutzten ihren ausgeprägten Geschäftssinn, um das Geld zu verdienen, das sie brauchten, um den Armen beistehen zu können. Die Beginen bündelten ihre Ressourcen, um Kranken und Bedürftigen zu helfen, indem sie Kranken-, Armen- und Kinderhäuser bauten und betrieben.

Neben der Vita apostolica entstanden auch neue Ausdrucksformen des Mönchtums, darunter die neuen Orden der Zisterzienser, Kartäuser und Prämonstratenser im späten 11. und frühen 12. Jahrhundert. Mönche und Nonnen wie Anselm von Canterbury (ca. 1033–1109), Robert von Arbrissel (ca. 1045–1116), Bernhard von Clairvaux (1090–1153), Hildegard von Bingen (1098–1179), Héloïse (ca. 1101 – ca. 1164), Margarete von Oingt (ca. 1240–1310) und Gertrud von Helfta (1256 – ca. 1301) standen für den kreativen Geist in den Klöstern. Die klösterliche Welt besann sich zurück auf die Vision der Evangelien, die ursprünglichen Absichten des heiligen Benedikt und eine tiefergehende Befolgung des kontemplativen Lebens.

Mit dem neuen Jahrtausend wurde auch der Marienkult, eine tiefe Verehrung der Mutter Jesu, lebendig. Maria war zwar immer in Ehren gehalten worden, doch jetzt drückten Kunstwerke, Musik und gelebte Frömmigkeit eine frische, starke Beziehung zu ihr aus. Buntglasfenster, Skulpturen und Fresken gaben der wachsenden Bedeutung der Madonna im Leben der einfachen Gläubigen Ausdruck.

Im frühen 13. Jahrhundert investierten die Schwestern und Gräfinnen Johanna (1194–1244) und Margareta (1202–1280) von Konstantinopel und Brabant (Flandern und Hennegau) einen erheblichen Teil ihres Vermögens, um in ihrem Reich weltliche koedukative Schulen (hauptsächlich für Kinder) zu errichten und dort Lesen, Schreiben und einfache Mathematik unterrichten zu lassen. Gräfin Johanna glaubte, dass gebildete Erwachsene ein Segen für die Wirtschaft seien, da sie mehr Geld verdienen, somit mehr Geld ausgeben und so die Steuereinnahmen steigern könnten. Die Beginen profitierten von diesem Zuwachs an Bildung, sowohl in ihrer eigenen Ausbildung als auch bei der Einrichtung von Schulen als selbst gewähltem Dienst.

In der Erkenntnis, dass eine besser ausgebildete Kaufmannsschicht anderswo eine wachsende Konkurrenz bedeutete, folgten führende Kaufleute und aristokratische Herrscher in Nordeuropa und Norditalien dem Beispiel der beiden Gräfinnen. Die Alphabetisierung stieg insgesamt an, dadurch ergab sich die Nachfrage nach Büchern und Orten zum Ideenaustausch. Derselbe Kaufmannsstand war am zunehmenden Handel mit Völkern und Kulturen im ferneren Ausland beteiligt, insbesondere Persien und China. Die wechselseitige Befruchtung mit neuen Ideen und Möglichkeiten erwies sich als wirtschaftlich rentabel – und die Beginen profitierten von dem sich erweiternden Wissenshorizont.

Ein bedeutender intellektueller Wandel in Europa fand im 12. Jahrhundert statt, als sich die Universitäten von den großen Kloster- und Domschulen zu trennen begannen; die Universitäten in Bologna, Paris und Oxford gehörten zu den ersten, die gegründet wurden. Frauen war der Besuch von Universitäten nicht gestattet – also luden Beginen akademische Lehrer zu sich nach Hause ein, und diese wurden dem wachen Verstand der Beginen ausgesetzt! Manche Gelehrte wurden zu glühenden Anhängern der Beginen, andere zu ihren lebenslangen Feinden.

Viele Frauen wurden aufgrund ihrer neu entdeckten Bildung zu Beginen. Auf der Suche nach biblischen und anderen spirituellen Texten in der Landessprache versammelten sich Beginen, um diese Texte zu studieren und über ihre Bedeutung zu diskutieren. Sie lasen theologische Werke, Predigten und Briefe in der Landessprache (und manchmal auch in Latein). Beliebte Predigten und gut geschriebene Traktate wurden kopiert und unter Beginen weiterverbreitet.

Ein zunehmend gebildeter Laienstand verlangte von den religiösen Führern wirkmächtige Predigten. Anhänger der Vita apostolica waren gegenüber laxen und mittelmäßigen Predigten intolerant geworden, besonders gegenüber Klerikern, deren Privatleben eine Katastrophe war. Diese Frauen und Männer erwarteten intelligente und kraftvolle Predigten, die sie zu größerer Heiligkeit aufforderten und zu Reformen in Kirche und Gesellschaft aufriefen. Die Beginen hatten einen enormen Einfluss in der Kirche, indem sie gute Predigten förderten, und ihre Anerkennung bestimmter Lehrer eröffnete den Dominikanern und Franziskanern neue Möglichkeiten. Einer der Schriftsteller, der die Macht der Feder am wirksamsten einsetzte, um korrupte Politiker und Kirchenführer herauszufordern – und niemand blieb von ihm verschont –, war Dante (1265–1321) in *Die Göttliche Komödie*. Viele Beginen taten dasselbe, in mystischen Äußerungen und in ihren Predigten, und eine der berühmtesten von ihnen war die Begine Mechthild von Magdeburg.

Mit dem Aufkommen der Troubadoure oder Minnesänger im späten 11. Jahrhundert entwickelten sich eine Lebensart und eine Kunstform namens *fine amour* oder *amour courtoise*, die sogenannte „höfische Minne". Sie verbreitete sich von Südfrankreich aus über ganz Europa und erfreute sich über zweihundert Jahre oder länger großer Beliebtheit. Troubadoure (von denen einige Frauen waren) schrieben, sammelten und spielten Texte, die die Liebe verherrlichten und sie zu spirituellen und metaphorischen Höhen der Ehre erhoben, ganz in der Tradition des biblischen Hoheliedes. Die Beginen erweiterten diesen Begriff der „Herzenssehnsucht nach dem Geliebten", um die Suche des Menschen nach Gott auszudrücken. Die Begine Hadewijch aus Antwerpen oder Brabant gilt als die Meisterin schlechthin, ihre mystischen Visionen und Lehren in der Sprache der Minne auszudrücken.

Obwohl nur wenige Schriften von Mystikerinnen aus der Zeit vor 1200 überliefert sind, können wir davon ausgehen, dass auch früher lebende Frauen reiche mystische Erfahrungen des Göttlichen hatten. Nach 1200 kam es europaweit zu einer Explosion überlieferter mystischer Erfahrungen von Frauen. Sie wurden aktiv geteilt, und die Menschen suchten diese Frauen wegen ihrer spirituellen Kraft auf. Unter ihren Anhängern befanden sich gebildete Männer, die sich nicht schämten, diese Frauen als ihre spirituellen Lehrerinnen und geistlichen Mütter anzuerkennen und zu benennen.

Solche geistlichen Freundschaften zwischen Frauen und Männern führten zu einer Zusammenarbeit im geistlichen Sinn und setzten so ein Beispiel, das zu einer Vertiefung des geistlichen Lebens ermutigte. Aber diese Freundschaften riefen auch tiefes Misstrauen hervor: Konnten Männer und Frauen Seite an Seite arbeiten, ohne in sexuelle Sünde abzugleiten? Konnten Frauen Männer unterrichten? Und war es in Ordnung, Frauen in der Theologie oder der Heiligen Schrift zu unterrichten? Eine solche berühmte Freundschaft war die von Franz von Assisi (ca. 1181–1226) und Klara von Assisi (ca. 1193–1254), die – trotz Einmischung des Papsttums – die Kirche gemeinsam an „die Dame Armut", an radikale Liebe und tiefe Einfachheit erinnerten. Andere Beispiele geistlicher Freundschaften waren die von Angela von Foligno und Bruder Arnaldo, von Mechthild von Magdeburg und Heinrich von Halle, von Katharina von Siena und Raimund von Capua, von Luitgard von Aywières und Thomas von Cantimpré; und vielleicht am einflussreichsten war die tiefe Verbindung zwischen Maria von Oignies und Jakob von Vitry, einem späteren Kardinal.

Kapitel 2

Beginen europaweit

Maria von Oignies wurde von Beginen und anderen Anhängerinnen der Vita apostolica, aber auch von kirchlichen Autoritäten sehr geschätzt. Maria wurde so sehr verehrt, dass Beginen sie als „die erste Begine" bezeichneten.

Die Stadt Nivelles (südlich von Brüssel) war ein spiritueller Knotenpunkt der Vita apostolica. 1177 als Tochter wohlhabender Eltern geboren, wuchs Maria inmitten einer kulturellen und spirituellen Atmosphäre auf. Sie lehnte die feinen Kleider und Schmuckstücke ab, die ihre Eltern ihr anboten, und verärgerte sie mit ihrem einfachen Lebensstil. Trotz ihrer Vertrautheit mit den Zisterziensern (der populärsten klösterlichen Reformbewegung des 12. Jahrhunderts) beschloss Maria, keinem Zisterzienserinnen-Kloster beizutreten, was für Töchter aus wohlhabenden Familien ein akzeptabler Lebensweg gewesen wäre. Als sie 14 Jahre alt war, arrangierten ihre Eltern eine Ehe mit John, dem Sohn einer anderen wohlhabenden Familie aus Nivelles.

Als sie verheiratet war und sich so der Kontrolle ihrer Eltern entzogen hatte, begann Maria mit einer strengeren Einhaltung des Fastens, des Gebets und des Almosengebens. Nach einigen Monaten Ehe erlebte John eine Bekehrung, in der er sich eine tiefere Beziehung zu Gott wünschte. Maria und John genossen das Zusammensein und gestalteten ihr Eheleben mit einer täglichen Abfolge von Gebet, Fasten, körperlicher Arbeit und Nächstenliebe. So beschlossen die beiden, wie es unter den Anhängern der Vita apostolica üblich war, als Geschwister zusammenzuleben und sexuelle Beziehungen zu unterlassen. Stattdessen konzentrierten sie ihre Leidenschaft und Energie darauf, Gott zu dienen.

Schließlich verließen Maria und John ihr Zuhause in Nivelles und zogen in das nahegelegene Willambroux, wo eine informelle Gemeinschaft der Vita apostolica neben Aussätzigen lebte. Johns Bruder, Meister Guido, diente als Kaplan der dortigen Kirche. Zusammen mit anderen Bewohnern dieser Gemeinschaft fütterten und badeten Maria und John Aussätzige, pflegten andere Kranke und Mittellose, studierten, unterrichteten Kinder, gaben Religionsunterricht und saßen im Gebet zusammen. Marias Engagement für den Dienst an den Armen und das Gebet wurde bekannt und sie wurde als „lebende Heilige" verehrt. Menschen aus der ganzen Region strömten herbei, um sie zu treffen und mit ihr zu sprechen. (Wir wissen nichts weiter über John.)

Maria wurde für die wirksame Kraft ihres Gebets bekannt. Ihr wurde die Fähigkeit zugesprochen, in Seelen zu lesen, was bedeutete, dass sie eine Person nur lange ansehen musste und danach den Status von ihrer Erlösung effektiv erkennen konnte: War der oder die Suchende in einem Zustand der Sünde oder ungebeichteter Sünden schuldig? Marias Absicht war es, eine Person spirituell zu heilen, indem sie sie zur Buße aufrief.

Maria zog Menschenmengen aus nahegelegenen Städten an und wurde immer verzweifelter, da die Leute sie ständig aufsuchten und so ihren Dienst an den Aussätzigen unterbrachen. Sie sehnte sich nach einer intensiveren Gebetspraxis und Abgeschiedenheit und zog deshalb 1207 in eine Zelle in der Nähe des Priorats St. Nikolaus in Oignies (ein Dorf in Südbelgien).

Während sie in Oignies als Inkluse lebte, vertiefte sie ihr Leben des Fastens und Gebets, traf sich aber auch mit Einzelpersonen zu spiritueller Beratung und sandte ermahnende Worte an diejenigen, deren Leben einer Neuausrichtung bedurfte.

Um 1208 kam der Theologe Jakob von Vitry (ca. 1160–1240) aus Paris, um Maria zu treffen, und wurde schließlich ihr Schüler. Auf Marias Ermutigung hin kehrte er für kurze Zeit nach Paris zurück, um sich 1210 ordinieren zu lassen, und setzte dann sein Leben und seinen Dienst in Oignies fort, wo er Leprakranken und Mittellosen diente. Er bezeichnete Maria als seine Magistra, als seine geistliche Mutter.

Maria und Jakob wurden enge geistliche Freunde und ermahnten sich gegenseitig zu einem tiefen inneren Seelenleben und in ihrem Dienst. Jakob von Vitry wurde ein beliebter Prediger und Maria drängte ihn, dieses Geschenk frei zu teilen; sein Ruhm wuchs auch unter den kirchlichen Autoritäten und sie ermutigte ihn, trotz seiner Widerstände wachsende Verantwortung innerhalb der Kirche zu übernehmen.

Als sich 1213 herausstellte, dass Maria (wahrscheinlich wegen ihrer langen strengen Fastenzeiten) im Sterben lag, wurde sie aus ihrer Zelle ins Freie gebracht, um an der Feier der Messe und des Offiziums teilnehmen zu können. Sie konnte nicht mehr sprechen oder sich selbstständig bewegen. Mitglieder der spirituellen Gemeinschaft von Oignies saßen bei ihr und beteten mit ihr. Eines Tages bemerkten ihre Freundinnen während der Vesper, dass Maria den Blick zum Himmel gerichtet hatte und ihr Antlitz vor Ergriffenheit zu leuchten begann. Sie lächelte und begann leise zu singen.[1]

Während mehrerer Tage war Maria, laut Berichten ihrer Freundinnen, sehr bewegt. Sie erlebte Entrückungen, betete, teilte ihre Lehren über die Dreifaltigkeit, die Jungfrau Maria und Abschnitte der Heiligen Schrift mit und sang das Magnificat. – Ihre Totenbettpredigt, die ihre Lebenslehre zusammenfasste, wurde von Jakob von Vitry aufgezeichnet und zweifellos zur Erbauung zukünftiger Suchender von ihm formuliert. Dies war im Mittelalter eine gängige und respektierte Praxis: Ein Biograf fasste die Lebenslehren einer wichtigen Person in Form einer Totenbettpredigt zusammen. Aber es war selten, dass dies für eine Frau geschah.

Maria von Oignies starb 1213, Berichten zufolge am Festtag von Johannes dem Täufer. War dies ein weiterer biografischer Kunstgriff von Vitry? Johannes der Täufer, der Cousin von Jesus von Nazaret, wurde von den Evangelisten als Prophet dargestellt, der gekommen war, um die Ankunft des Messias zu verkünden. Johannes der Täufer war auch ein beliebter

Heiliger der Anhänger der Vita apostolica. Wollte Vitry Maria von Oignies damit als Verkünderin der mittelalterlichen Vita apostolica positionieren?

Nach ihrem Tod verbreiteten die vielen Anhänger von Maria – Fremde, Freunde, Studierende und Bewunderer – die Kunde ihres bemerkenswerten Lebens und ihrer Lehren in ganz Europa. Sogar Franz von Assisi galt als einer ihrer Bewunderer und hoffte, über die Alpen reisen zu können, um sie zu treffen – ein Traum, den er sich nicht mehr erfüllen konnte. Marias Ruhm und die Geschichten über ihr Leben motivierten Frauen, ihrem Beispiel als Beginen zu folgen.

Jakob von Vitry verfasste (bis 1216) sein *Leben der Maria von Oignies* nach ihrem Tod als Argument zugunsten der Beginen, die er auf seinen Reisen beobachtet hatte. Er betrachtete die Beginen als Vorbilder des apostolischen Lebens und als Bollwerk gegen die Irrlehren, die die Kirche bedrohten, und ermutigte seine Leserschaft, ihrem Beispiel zu folgen. Nachdem er den Albigenserkreuzzug (gegen die häretischen Albigenser oder Katharer in Südfrankreich) sowie den fünften Kreuzzug gepredigt hatte, wurde Vitry zum Bischof von Akkon im Heiligen Land gewählt. Er diente dort ab 1216 mehrere Jahre lang und blieb dabei intensiv mit den kirchlichen und politischen Angelegenheiten verbunden. 1229 wurde er Kardinal und diente in Rom. Nach seinem Tod im Jahr 1240 wurde er in Oignies beigesetzt, um in der Nähe des Grabes von Maria zu sein.

Das fromme Leben von Maria von Oignies war sowohl typisch als auch außergewöhnlich für eine Frau ihrer Zeit. Sie erlebte lebhafte spirituelle Bilder – von Maria, von Jesus, von verschiedenen Heiligen und von Seelen im Fegefeuer – und sie war geschickt darin, die Bedeutung vieler dieser Visionen zu interpretieren. Manchmal waren diese Visionen als Botschaften für ihr bekannte Menschen gedacht; manchmal waren es Warnungen oder ein Hinweis darauf, dass sie für jemanden beten sollte, der „in die Hölle ging", wenn er in seinem Leben keine Umkehr vollzog. Und manchmal betete sie für die Befreiung von jemandem aus dem Fegefeuer. Mit Maria begann der Glaube, dass Beginen im Namen anderer Menschen und für sie Macht über Fegefeuer und Hölle hätten.

Im Gebet stellte sich Maria den irdischen Jesus so intensiv gegenwärtig vor, dass sie berichtete, seine Anwesenheit körperlich zu erleben. Vitry stellte diese Erfahrungen in seinem *Leben der Maria von Oignies* so dar, dass sie mit den liturgischen Festen zusammenfielen: Bei der Geburt Christi umarmte sie das Jesuskind, bei der Darstellung im Tempel stellte sie sich Jesus als 12-jährigen Jungen vor und sie sah ihn als sterbenden Herrn am Kreuz an Karfreitag (aber auch sonntags während der Messe). Diese biografischen Hinweise dienten sowohl dazu, Vitrys Leserinnen und Lesern die Kraft und Wirksamkeit des Gebets vor Augen zu führen, als auch dazu, die Evangelientexte zu vertiefen und sie lebendiger zu machen.

Marie verbrachte Stunden in Meditation vor der geweihten Hostie und erlebte in der Eucharistie die Gegenwart Christi, wie im Zusammensein mit einem Herzensfreund. Die katholische Kirche des Mittelalters lehrte das Konzept der Transsubstantiation, was bedeutet, dass die Hostie aus ungesäuertem Weizenbrot, wenn sie während der Messe geweiht wird, zum Leib Christi wird. Angefangen mit Maria haben Frauen des Mittelalters die sich entwickelnde Theologie der Eucharistie, die heute noch in der katholischen Kirche gilt, stark beeinflusst. Vitry legte Marias Lehren über die Macht der Eucharistie dar, als er ihre Biografie schrieb. In einer Aussage, die im mittelalterlichen Europa oft wiederholt wurde, wurde Maria mit den Worten zitiert: „Schämen sollen sich die häretischen Ungläubigen [d.h. Irrlehrer und Nichtglaubende], die die Freuden dieser Speise [der Eucharistie] weder im Herzen noch im Glauben empfangen."[2] Sie forderte die Christen auf, zu verstehen und zu glauben, was während der Messe am Altar geschah, und vor allem, Christus zu erkennen, den sie in der Eucharistie empfingen.

Die christlichen Schriften sprechen von den Gaben des Heiligen Geistes, dem Glauben, dass ein Mensch von Gott für besondere Dienste erleuchtet und begabt werden kann. Maria schätzte am meisten die als „Geist der Weisheit" bezeichnete Gabe des Heiligen Geistes – die Fähigkeit, Gottes Wege oder die göttlichen Absichten zu erkennen und zu verstehen. Sie verlieh dieser Gabe mit den sinnlichen und sehr menschlichen Bildern des Kostens, Essens, Trinkens, des mystischen Rausches und unstillbaren Hungers Ausdruck. Neben anderen folgten die Beginenmystikerinnen Hadewijch von Antwerpen und Mechthild von Magdeburg Marias Beispiel, Schlüsselaspekte des spirituellen Weges sowie hochgeschätzte Geistesgaben in sinnlichen Bildern auszudrücken.

Maria verkörperte die Bestrebungen und Werte derer, die sich der Vita apostolica anschlossen, und sie inspirierte Kleriker und Theologiestudenten zu einem barmherzigeren und vom göttlichen Geist erfüllten Leben. Ein liturgisches Gedenken wurde entwickelt, um ihr Leben und ihre Lehren zu feiern. Das Offizium für Maria von Oignies, das in den 1230er und 1240er Jahren in Villers (bei Nivelles) gesungen wurde, erinnerte an sie als Initiatorin dieser neuen Lebensweise der Beginen.

Die wachsenden städtischen Zentren der Niederlande erlebten eine starke Verbreitung der Beginen: Viele von ihnen wurden direkt durch das Beispiel von Maria von Oignies und ihren frühen Gefährtinnen inspiriert (in Oignies selbst existierte seit 1239 ein großer Beginenhof). Beginen lebten in vielen Gemeinden und Städten, wo sie reichlich Gelegenheit hatten, Geschäfte zu machen, um ihren eigenen Lebensunterhalt zu bestreiten und den Armen und Schwachen zu dienen. Die Beginen genossen es auch, von den vielen talentierten, begabten Predigern, die durch diese städtischen Gebiete zogen, zu lernen und mit ihnen zu diskutieren.

Einige Beginen in den damaligen Niederlanden erhielten von den Gräfinnen Johanna und ihrer Schwester Margareta von Konstantinopel und Brabant direkte finanzielle Unterstützung und politischen Schutz. Die Gräfinnen gründeten auch formal große Beginenhöfe in mehreren Städten ihres Reiches – darunter in Brügge, Douai, Gent, Kortrijk und Lille[3] –, die es den örtlichen Beginen ermöglichten, in größerer Freiheit zu leben und zu arbeiten. Rechtsurkunden dokumentieren die Gründung zahlreicher Beginenhöfe in den Niederlanden und anderswo. 1233 erteilte Gräfin Johanna einer Gruppe von Beginen eine offizielle Bewilligung und begründete damit formal den großen Beginenhof von St. Elisabeth in Gent[4]. Bis zum Jahr 1284 wuchs dieser Beginenhof auf 610 bis 730 Beginen an. Ebenfalls im Jahr 1233 wurde der große Beginenhof von Cantimpré in Cambrai (Nordfrankreich) gegründet, während viele kleinere Konvente Anfang bis Mitte des 13. Jahrhunderts gegründet wurden. In Aachen gab es neben kleineren Konventen zwei große Beginenhöfe – St. Mathias, gegründet 1230, und St. Stephan von 1261.

In Brügge, einem wichtigen Zentrum der Textilindustrie, gab es eine Reihe von Beginengemeinschaften. Hier wurde, wie bereits erwähnt, der große Beginenhof de Wijngaard (auch bekannt als St. Elisabeth) um 1242 gegründet; ein kleinerer Beginenhof namens Ter Hoye (gewidmet der Heiligen Jungfrau Maria) wurde vor 1262 gegründet.

In Brüssel entstand um 1247 der große Beginenhof de Wijngaard, und 1263 bzw. 1272 entstanden dort die kleineren Konvente Ter Arken und Meerbeek. Der große Beginenhof St. Katharina in Diest (bei Löwen) wurde 1245 gegründet, sowie 1251 ein kleinerer Konvent in derselben Stadt.

Im Jahr 1240 etablierte sich der große Beginenhof der Hl. Christine in Ypern (bei Lille); mehrere kleinere Konvente wurden dort zwischen 1271 und 1323 gegründet. Der große Beginenhof der Hl. Elisabeth in Valenciennes (unweit Cambrai) nahm 1239 seinen Anfang. In Tournai (bei Lille) wurde 1241 der große Beginenhof der Hl. Elisabeth (auch Des Près genannt) eröffnet, zwei Jahre später der große Beginenhof der Hl. Katharina in Tongeren (bei Maastricht). Namur hatte ab 1235 einen großen Beginenhof und ab 1248 den kleineren Konvent, St. Symphorien. 1245 wurde in Mechelen (nördlich von Brüssel) der große Beginenhofkomplex errichtet, der der Jungfrau Maria und der Hl. Katharina geweiht war und am

Ende zwischen 1.500 und 1.900 Beginen beherbergte. Ebenfalls in Mechelen wurde 1259 der kleinere Beginenhofkomplex der Hl. Maria Magdalena errichtet. Der große Beginenhof Ten Hove in Löwen wurde um 1232 gegründet, dort lebten bis zu rund 1.270 Frauen. Der große Beginenhof der Hl. Katharina in Maastricht wurde 1251, der kleinere Konvent St. Andreas 1264 eröffnet.

Zu den frühesten und produktivsten Zentren für Beginen gehörte die Stadt Lüttich, wo sie bis Mitte des 19. Jahrhunderts lebten und dienten. Die Biografie der Witwe Odilia, die 1220 nach ihrem Tod verfasst wurde, zeugt von der frühen Entwicklung der Beginen dort. Odilias Leben war dem Dienst an ihren Mitmenschen und dem intensiven Gebet gewidmet. Um 1203 begann sie, wenn sie während der Messe den Blick auf die erhobene Hostie heftete, wie Maria von Oignies ekstatische Visionen zu erleben. Ihre Biografin berichtete, dass Odilia Jesus als Säugling und Bilder seines Leidens und seiner Kreuzigung sah, während der Priester die Hostie hochhielt.

Zwischen 1207 und 1219 begannen Frauen in Lüttich, sich nahe der Kirche St. Christoph anzusiedeln, bis 1241 war ein Beginenhof entstanden, der Mitte des 14. Jahrhunderts etwa tausend Beginen umfasste.[5] Odilias Sohn, John, der als Kaplan an der Kathedrale St. Lambert in Lüttich diente, stiftete kurz vor seinem Tod im Jahr 1241 ein Haus für 24 ortsansässige Beginen.

In Maria von Oignies Heimatstadt Nivelles sollen zwischen 1256 und 1263 zweitausend Beginen gelebt haben. 1284 zählte St. Syr, der berühmteste Beginenhof in Nivelles, 51 Frauen. Eine Gruppe von Beginen in der Nähe der Kirche St. Sépulchre (Heiliges Grab) in Nivelles betrieb ein Krankenhaus und eine Schule für Kinder des Ortes.

Ida von Nivelles (1199–1231), die eines Tages eine berühmte Zisterzienser-Nonne werden sollte, lief im Alter von neun Jahren von zu Hause weg und nahm nur ihren Psalter mit, den sie auswendig gelernt hatte. Sie schloss sich einer Gruppe Beginen an und setzte ihre Ausbildung mit ihnen fort.

Sechs Jahre später trat sie dem Zisterzienserinnenkloster in Kerkom bei und wechselte dann bald in das Zisterzienserinnenkloster La Ramée, blieb aber in Kontakt mit ihren Beginenfreundinnen.

Ida war als Freundin der Beginen wie auch als ihre Verteidigerin gegen Kritiker bekannt, und die Beginen betrachteten sie aufgrund ihres Lebensvorbilds und ihrer Lehren als eine der Ihren. Ida empfand tiefes Mitgefühl für das innere Ringen anderer Menschen. Wie Maria von Oignies verbrachte sie Stunden im kontemplativen Gebet vor der geweihten Hostie und nahm emotional an den Erfahrungen des Leidens und Sterbens Jesu teil (dies war ein hochverehrter Gebetsweg). Ida war bekannt für ihre Fähigkeit, den Seelenzustand anderer Menschen zu erkennen, und diente vielen als Beichtmutter. Sie galt als mächtige Fürsprecherin und wurde wegen ihrer inbrünstigen Sorge um die Seelen, die die Qualen des Fegefeuers erleiden, als „die Mitfühlende" bekannt.

Die Stadt Huy (zwischen Namur und Lüttich) zählte mehr als neunzehn Beginengemeinschaften (die erste wurde um 1251 gegründet), von denen jede drei bis siebzehn Mitglieder umfasste. Ein Beginenhof dort blieb bis zur Französischen Revolution bestehen. Unter den vielen Beginen von Huy war eine Witwe namens Jutta. Jutta wurde 1158 geboren und war erst 18 Jahre alt, als ihr Mann starb und sie zwei Kinder allein großziehen musste. Fünf Jahre später verließ sie ihr Haus und ihre Kinder (eine im Mittelalter übliche und anerkannte Praxis), um in einer alten Kapelle auf der anderen Seite der Maas vor den Stadttoren von Huy Aussätzigen zu dienen. Nach und nach erweiterte Jutta die bescheidenen Räumlichkeiten zu einem gut ausgestatteten Krankenhaus mit einer schönen Kapelle und zusätzlichem Wohnraum für Beginen. Dieser Komplex wurde schließlich Krankenhaus der Grands Malades (der großen Kranken) genannt. Nach zehn Jahren Dienst suchte Jutta mehr Abgeschiedenheit für ihr Gebet. Sie ließ sich in einer an die Aussätzigenkapelle angeschlossenen Zelle als Inkluse einmauern und lebte dort bis zu ihrem Tod 1228. (Solche Einsamkeit zu suchen war bei Beginen nicht ungewöhnlich.

Sie sahen keinen Widerspruch zwischen Zeiten intensiven Gebets und Zeiten aktiven Dienstes.) Jutta war eine Mystikerin, die nach eigener Aussage Visionen von Maria und Jesus erlebt hatte, und sie bot Vielen geistliche Führung und Beratung an. Manchmal beorderte sie mächtige Männer zum Fenster ihrer Zelle, um sie in ihrem Verhalten herauszufordern – und diese Männer achteten und verehrten Jutta, sodass sie wie verlangt erschienen. Jutta war für ihre spirituelle Autorität bekannt, eine Autorität, die sie gerne ausübte.

1255 besuchte König Ludwig IX. von Frankreich (Saint Louis) den großen Beginenhof St. Elisabeth in Gent. Beeindruckt von dem, was er dort erlebte, gründete er um 1260 den großen Beginenhof St. Catherine in Paris. Dessen erste Groß-Meisterin war Agnes von Orchies aus Flandern; die Gemeinschaft florierte über mehrere Jahrhunderte. Trotz dieser sicheren und komfortablen Möglichkeit lebten einige der Beginen von Paris weiterhin in ihren eigenen Häusern oder bei ihrer Familie. Die Pariser Beginenhöfe betrieben Schulen für Kinder, pflegten Kranke und waren im Handel tätig. Die Beginen innerhalb und außerhalb von St. Catherine gingen verschiedenen Berufen und Geschäften nach und hatten Verbindungen zu wohlhabenden Pariser Kaufleuten und sogar zur königlichen Familie.

Zwischen 1245 und 1355 wurden in Douai fünfzehn Beginenhöfe gegründet. Einer von ihnen war der große Beginenhof von Champfleury (auch St. Elisabeth genannt), der auf mindestens hundert Beginen anwuchs. Sein Hospital florierte, und ab 1300 diente die Kapelle von Champfleury auch als Pfarrkirche.

Weitere Städte in Nordfrankreich, in denen Beginen lebten, waren Arras, St. Omer und Lille. Arras hatte einst neun Beginenhöfe, und in einem davon lebten zweiundsiebzig Beginen. St. Omer zählte bis zu einundzwanzig Beginenkonvente, in denen bis 1322 395 Frauen lebten. In Lille gab es nur eine bekannte Beginengemeinschaft, nämlich St. Elisabeth, die sich vor den Toren von St. Peter befand. St. Elisabeth wurde um 1244 gegründet und entwickelte sich zu einem der größten Beginenhöfe Europas. 1413 begannen die Beginen dort mit einer umfassenden Renovierung ihrer Kapelle, die bis mindestens 1450 andauerte.

Colette von Corbie (1381-1447) wurde als Kind älterer Eltern in Corbie (unweit von Amiens) geboren; als sie eine Heranwachsende war, starben ihre Eltern. Sie schloss sich den Beginen ihrer Heimatstadt an, sehnte sich aber letztendlich nach einer strengeren Einhaltung asketischer Praktiken. Sie entschied sich für die Armen Klarissen und wurde dann eine Rekluse. Visionen drängten sie jedoch immer wieder, die Reform der Franziskaner in Angriff zu nehmen. In einer Vision sah sie einen Baum in ihr Inklusorium hineinwachsen; in einer anderen Vision besuchte Franz von Assisi sie. Nachdem sie sich diesem Ruf zunächst widersetzt hatte, gab sie schließlich nach und bahnte eine politisch kluge Bewegung an. Zum Zeitpunkt ihres Todes hatte Colette sieben franziskanische Männergemeinschaften reformiert und 17 Frauengemeinschaften gegründet (oder reformiert), die größtenteils in der Tradition der Klarissen standen.

Colette führte selbst inmitten ihrer umfangreichen Reformarbeit ein ruhiges, genügsames Leben und soll weiterhin viele Visionen gehabt haben; sie erlebte im Gebet die Levitation (ein Schweben in Verzückung), machte Prophezeiungen und konnte im Gewissen anderer lesen. Viele Früchte und Ergebnisse ihrer Gebete und Visionen wurden festgehalten und in den Dienst ihrer reformerischen Mission gestellt.

Die Beginen in Südfrankreich lebten und arbeiteten sowohl in Städten als auch in kleineren Ortschaften. Wie Beginen in den Niederlanden webten sie Stoffe, einige von ihnen waren im Bankwesen und im Handel tätig, und sie waren auch große Predigerinnen, denen der Aufruf zur Reform einer korrupten Kirche zutiefst am Herzen lag. Einige Beginen lebten unter Aussätzigen.

Eine beispielhafte Begine war Douceline von Digne (ca. 1215-1274). Sie wurde in der Stadt Digne in der Provence in eine fromme Kaufmannsfamilie hineingeboren. Als ihre Mutter starb, zog die Familie nach Hyères (unweit des Mittelmeers) in die Nähe von Doucelines Bruder Hugues (Hugo) von Digne, einem bekannten Franziskaner.

Nach einigen Jahren der Armen- und Krankenpflege von ihrem Elternhaus aus, gab Douceline um 1238 ein Beginenversprechen ab. Als sich ihr immer mehr Frauen anschlossen, gründete sie um 1241 eine Beginengemeinschaft außerhalb von Hyères. Später errichtete sie ein zweites Haus in Hyères, also näher an der Franziskanerkirche, die die Beginen besuchten. Um 1250 gründete sie auch in Marseille eine Beginengemeinschaft und leitete diese Gemeinschaften an beiden Orten bis zu ihrem Tod.

Wie viele Beginenmystikerinnen erlebte Douceline wiederholt ekstatische Momente im Gebet; auch beim Empfang der Eucharistie geriet sie in Ekstase. Ihre Mitmenschen berichteten, dass Douceline bisweilen heftig weinte, entweder aus Trauer über diejenigen, deren Leben dem Untergang geweiht waren, oder aus Freude über die Liebe Gottes. Zeugen behaupteten, sie während des Gebets in Levitation gesehen zu haben – das Phänomen, sich vom Boden abzuheben oder in der Luft zu schweben.

Im Gegensatz zum Kampf um Macht und Anerkennung, der ihre soziale Klasse kennzeichnete, schätzte Douceline den einfachen, bescheidenen Platz in der Gesellschaft. Als ihre Anhänger Besorgnis darüber äußerten, dass Douceline von ihren Kritikern mit Verachtung behandelt wurde, entgegnete sie: „Wahrlich, es ist meine Ehre und mein Ruhm, meine Freude und meine Krone, dass die Welt für uns nur Verachtung übrig hat und alle uns geringschätzen."[6] Douceline hinterfragte eine Kirche und Gesellschaft, die unter der Last einer starren sozialen Ordnung litten, und ermutigte ihre Mitbeginen, die Sorge um den eigenen Platz und guten Ruf in der Gesellschaft zu ignorieren, um dem Evangelium zu dienen; sie würden Freiheit finden, indem sie sich nicht darum scherten, was andere über sie dachten.

Douceline und ihre Gruppe wurden mit Misstrauen und Verachtung gestraft, weil sie ohne männliche Aufsicht lebten und es darüber hinaus noch wagten, die Kontrolle über ihr geistliches Leben selbst in die Hand zu nehmen. Indem sie jegliche Sorge um Status und Ansehen losließen, konnten sie mit größerer innerer Freiheit leben und ihren Diensten nach Belieben nachgehen. Douceline und ihre Mitbeginen lebten zu einer Zeit, als Anhänger der Vita apostolica in der Provence eine besonders leidenschaftliche Verehrung des Heiligen Geistes übten. Überall in der Region wurde über mystische Phänomene berichtet, die mit dem Heiligen Geist zusammenhingen.

Einige Beginen und Franziskaner in Südfrankreich waren verdächtig, weil sie im Dienst an Randgruppen möglicherweise mit ketzerischen Katharern Umgang hatten. Aber Douceline verteidigte solche Beginen und Franziskaner, die nach ihrem Verständnis ihrem Ruf, den Ärmsten zu dienen und Reformen in der Kirche zu predigen, treu blieben.

Douceline wurde geliebt, weil sie inmitten der sozialen, politischen und religiösen Umwälzungen ihrer Zeit eine beständige Kraftquelle war. Mit ihrer authentischen spirituellen Kraft, ihrer Popularität als wirkmächtige Predigerin, ihren Verbindungen innerhalb der Kirche und auch zu Karl von Anjou, dem Bruder von König Ludwig IX., sorgte Douceline für Stabilität. Man geht davon aus, dass Philippine Porcellet, eine Adlige Artignols, Begine aus einer mächtigen aristokratischen Familie der Provence, Doucelines *Biografie* niedergeschrieben hat.

Semireligiose Frauen in Italien führten – ähnlich wie die Beginen in Nordeuropa – ein unabhängiges Leben, das dem Dienst an Gott und den Armen verpflichtet war. Bekannt unter den Bezeichnungen Poenitentia, Bizzoche oder Pinzochere lebten sie allein oder in kleinen Gruppen, versammelten sich zum Gebet in einer örtlichen Kapelle oder Kirche, befolgten möglicherweise eine informelle Regel, sorgten selbst für ihren Lebensunterhalt und dienten den Kranken und Mittellosen.

Wie in anderen Teilen Europas suchten diese italienischen Frauen zeitweise Dominikaner- oder Franziskanermönche als Seelsorger auf oder schlossen sich anderen Laien in den Dritten Orden der Franziskaner und Dominikaner an.

Francesca Bussa dei Ponziani (1384–1440), später bekannt als Francesca Romana (Franziska von Rom), behielten ihre Zeitgenossen mit liebevoller Bewunderung in Erinnerung. In den Jahren nach ihrem Tod gesammelte Zeugnisse offenbaren eine stille Mystikerin mit heilenden Kräften. Sie und ihr Mann Lorenzo dei Ponziani gehörten dem römischen Adel an. Ihre Mutter besuchte eine romanische Kirche, die von den Benediktinermönchen von Monte Oliveto (Toskana) betreut wurde. Francesca und ihre Schwägerin Vannozza waren aktive Anhängerinnen der Vita apostolica. Sie führten nicht nur ihren Haushalt und kümmerten sich um die Familie, sondern besuchten auch die Messe, erbettelten Almosen für Kranke und Arme und arbeiteten im Heilig-Geist-Spital. Für sie war Betteln eine Buße, da das Betteln für Angehörige des Adels als Schande galt!

Francesca, Lorenzo und Vannozza durchlebten Hungersnöte und Seuchen, die das Volk Roms schwer heimsuchten. Als die Krankenhäuser voll waren, öffneten sie ihr Heim für Kranke und Mittellose. Über mehrere Jahrzehnte, die als „Großes Abendländisches Schisma" (1378–1417) bezeichnet wurden, als mehrere mächtige Männer das Papsttum für sich beanspruchten, tobten auf den Straßen Roms Kämpfe zwischen den streitenden päpstlichen Anhängern und die Stadt wurde von den gegnerischen Parteien besetzt. Dadurch verloren Francesca und Lorenzo ihr ganzes Vermögen.

Ihre Zeitgenoss:innen glaubten, Francesca habe die göttliche Gabe der Heilung. (Während der päpstlichen Anhörungen, die ihre Heiligsprechung behandelten, wurden über sechzig Fälle von Heilung gemeldet und ihr zugesprochen.) Francesca selbst wurde 1414 pestkrank und begann, tiefe Visionen zu erleben. Nachdem sie sich erholt hatte, pflegte sie weiterhin Kranke in ihrem Haus sowie in deren eigenen Wohnungen.

Frauen, meist aus dem Adel, versammelten sich um Francesca, lebten aber weiterhin in ihren eigenen Häusern, trafen sich zum Gebet und dienten den Kranken und Mittellosen. Schließlich kauften einige ihrer Anhängerinnen ein großes Haus und begannen, als Gemeinschaft zusammenzuleben. Im Jahr 1436, nach dem Tod ihres Mannes, wurde Francesca von ihren Freundinnen und Anhängerinnen gebeten, ihnen als Magistra vorzustehen. Diese römischen semireligiosen Frauen wurden nie Nonnen, trugen Laiengewänder und bewegten sich frei in der Gesellschaft, um ihrem Dienst nachzugehen. Sie waren sehr beliebt, sogar von den Kirchenbehörden akzeptiert. Viele Frauen und Männer schlossen sich Francescas ruhiger und bescheidener Lebensweise an und beteiligten sich an ihrer Arbeit für die Armen.

Francesca prägte eine bis heute bestehende Laienbewegung in Rom, eine Gemeinschaft von Oblaten und Oblatinnen, die mit den Benediktinern von Monte Oliveto verbunden waren. Francesca Romana wurde 1608 heiliggesprochen und gilt als Schutzpatronin der Benediktiner-Oblat:innen. Die Santa Francesca Romana-Kirche, eine alte Kirche in der Nähe des Forum Romanum, ist ihr gewidmet.

Zu Beginn des 13. Jahrhunderts hatte Klara von Assisi ebenfalls beschlossen, ihr Leben einer radikalen und kompromisslosen Befolgung des Evangeliums zu widmen. Franziskus und seine Gefährten nahmen ihr Professversprechen in der kleinen Kapelle St. Maria degli Angeli (die Portiunkula) außerhalb von Assisi entgegen. Franziskus schnitt ihr die Haare ab und hieß sie als eine der Ihren willkommen.

Klara suchte einen dem Evangelium entsprechenden radikalen Weg der Einfachheit und wollte mit den Armen und Ausgestoßenen der Gesellschaft leben. Als Akt persönlicher Entsagung wurde sie Dienerin der Büßerinnen im nahegelegenen Frauenkloster San Paolo in Bastia. Doch bald verließ sie dieses Kloster, da sie sich zu radikalerer Armut berufen fühlte. Sie zog nach Sant'Angelo, in ein Haus der Büßerinnen in Panzo. Doch Klaras mächtige Familie in Assisi versuchte immer wieder, ihre neue Lebensweise zu stören. Der Ruhm der spirituellen Kraft von Klara und Franziskus erregte auch die Aufmerksamkeit von Papst Innozenz III. Der doppelte Druck von Familie und Papst führte dazu, dass Klara schließlich gezwungen war, in einer geschlossenen Gemeinschaft in San Damiano außerhalb von Assisi zu leben – sehr zu ihrem persönlichen Bedauern. Die Anhängerinnen der Klara von Assisi erhielten später den Namen „Arme Klarissen".

Klara und Francesca waren im mittelalterlichen Italien nicht einzigartig. In vielen Städten bildeten Frauen lose Bündnisse, darunter in Mailand und Pisa, Perugia und Rom. Sie strebten danach, „dem armen demütigen Christus" nachzufolgen, das Leben der Armen durch ihrer Hände Arbeit zu teilen und sich des Leidens in ihrem Umfeld anzunehmen. Mittelalterliche italienische Chroniken zeugen von einer Fülle von Büßerinnen, von denen viele von ihren Zeitgenossen als Mystikerinnen wahrgenommen wurden: Klara von Montefalco (1268–1308) und Katharina von Siena (1347–1380), Umiltà von Faenza (1226–1310), Margareta von Cortona (1247–1297) und Angela von Foligno (1248–1309) waren einige der berühmten italienischen geistlichen Frauen, die predigten und ihre Anhänger:innen aufforderten, ihr Leben radikal zu ändern. Einige ihrer Schriften haben die Jahrhunderte überdauert.

Die Bizzoche und Pinzochere bevorzugten ruhige, informelle Wohnformen. Sie blieben häufig in ihren eigenen Wohnungen oder in denen ihrer Familien, lebten manchmal zu zweit oder zu dritt. Diese Frauen versammelten sich in örtlichen Kirchen zur Messe und zum Gebet, gründeten aber oft auch unabhängige Oratorien oder Kapellen – um die Freiheit zu haben, auf ihre eigene Weise zu beten. Ihre eigene Kapelle bot ein gewisses Maß an Unabhängigkeit von der wohlmeinenden, aber übergriffigen Familie und auch von der Kirchenleitung.

Die Bizzoche und Pinzochere waren äußerst eigenständig. Zwar dienten sie wohl in Einrichtungen wie Krankenhäusern und Leprosorien, doch haben sie diese, anders als die Beginen in Nordeuropa, nur selten errichtet oder verwaltet. Sie zogen es vor, nicht an eine Aufgabe gebunden zu sein, sondern sich frei zu bewegen und je nach Bedarf verschiedene Werke der Nächstenliebe zu tun.

Diesen Frauen gelang es nicht immer, ihre Selbständigkeit zu bewahren, aber sie wollten nicht in die klösterlichen Orden oder die neu entstehenden Bettelorden eingegliedert werden.[7] Eine Reihe italienischer Büßerinnen fühlte sich jedoch vom Charisma der Dominikaner und Franziskaner angezogen. Da der Dominikanerorden formal nur Männer aufnahm, entschieden sich viele Büßerinnen – darunter Katharina von Siena – dem dominikanischen Geist mit seiner Verpflichtung zu Studium, Lehre und Predigt als Drittordensfrau zu folgen. Aber als Chronisten Bizzoche in einer Region Italiens grundsätzlich als franziskanische Tertiarinnen bezeichneten, verweigerten sich viele dieser Frauen diesem Anspruch und gingen wie zuvor ihrem Leben und ihrem Dienst als Beginen nach.

Im Jahr 1213 lebten drei Frauen aus Padua als kleine Gruppe von Büßerinnen, die ihr Leben dem Gebet, dem Fasten und dem Dienst an den Armen widmeten. Weitere Frauen schlossen sich ihnen an. Diejenigen Mitglieder der Gruppe, die lesen konnten, rezitierten die sieben kanonischen Stundengebete, während die Analphabetinnen nur das *Pater Noster (= Vaterunser)* und das *Ave Maria* beteten. Um 1225 nahmen sie St. Cäcilia, die Patronin der Musik, als Schutzpatronin an.

Die auffallende Pinzochera Guglielma von Mailand war angeblich eine böhmische Prinzessin. Guglielma erschien irgendwann in den 1260er Jahren in Mailand, gekleidet in ein schlichtes braunes Gewand, und pflegte den Umgang mit den Zisterziensermönchen in Chiaravalle. Sie lebte ein einfaches, unabhängiges Leben als selbsternannte „Witwe" in ihrem eigenen Haus, lehrte öffentlich über den Heiligen Geist und wirkte als Friedensstifterin bei zerstrittenen Mailänder Familien. Sie hatte viele Anhängerinnen, wurde aber auch mit Ketzerei in Verbindung gebracht. Im Jahr 1300 fand in Mailand ein posthumer Inquisitionsprozess statt. Für schuldig befunden, wurden ihre Gebeine exhumiert und verbrannt. Doch damit war nicht aller Tage Abend, und die Verehrung Guglielmas setzte sich fort.

Umiliana dei Cerchi (1219–1246) war eine adlige Florentinerin, die verheiratet worden war, um das Vermögen ihrer Familie aufzubessern. Nachdem sie verwitwet war, übergab sie ihre Kinder der Familie ihres Mannes, schloss sich einer Gruppe lokaler Pinzochere an und diente den Armen. Auf der Suche nach noch größerer Abgeschiedenheit zog Umiliana in einen Turm ihrer Familie, um als Rekluse zu leben, und wurde ein spirituelles Leuchtfeuer.

Umiltà von Faenza, einige Jahre jünger als Umiliana, stammte aus einer Adelsfamilie in Faenza (bei Ravenna). Auch sie musste heiraten, aber als ihre Kinder starben, überzeugte Umiltà ihren Mann, sich zu trennen, damit sie ein hingebungsvolleres religiöses Leben führen konnte. Nach mehreren Versuchen, sich verschiedenen religiösen Gemeinschaften anzuschließen, lebte Umiltà als Rekluse, und der Ruhm ihrer spirituellen Kraft wuchs. Umiltà diktierte ihrer Schülerin Margareta von Faenza eine Reihe von Predigten und geistlichen Abhandlungen, die unter den klösterlichen Gemeinschaften verteilt wurden, und gründete schließlich auch ein Kloster in Florenz.

Das Leben von Angelina von Montegiove (ca. 1357–1435) dient als wichtiger Wendepunkt in der verwickelten Beziehung zwischen italienischen semireligiosen Frauen und Franziskanern, die versuchten, Frauen zu kontrollieren, die sich dem franziskanischen Ideal verbunden fühlten. In eine Adelsfamilie in Umbrien hineingeboren, wurde Angelina zu einem bestimmten Zeitpunkt vom geistlichen Leben angezogen und trat um 1394 einer sehr aktiven semireligiosen Gemeinschaft namens Sant'Anna in Foligno (unweit von Assisi) bei. Diese Frauen versammelten sich zu Messe und Gebet in ihrer Kapelle und dienten den Armen und Kranken vor Ort. Unter Angelinas kreativer und charismatischer Führung wuchs die Zahl der Frauen so weit, dass weitere Gemeinschaften gegründet wurden.

Um für ihre Anhängerinnen zu sorgen und deren individuelles Charisma zu verteidigen, erhielt Angelina das Recht, die Visitationen jeder ihrer Gemeinschaften selbst durchzuführen, und wurde 1428 von Papst Martin V. zu deren „Generalministerin" ernannt. Die Führung der Franziskaner versuchte, alle Frauen und Männer des Dritten Ordens unter ihre Aufsicht zu stellen. Angelina setzte sich erneut mit einer Bestätigung des Papstes für die Lebensweise ihrer Gemeinschaft durch. Aber die Frage der Aufsicht für die ihr verbundenen Gemeinschaften (und andere tertiäre Einrichtungen) und insbesondere für Frauen die Frage der Zugehörigkeit zu einem Orden sollte viele Jahre lang für Unruhe sorgen.

Agnes Blannbekin (um 1244–1315) war die Tochter von Bauern, wahrscheinlich aus dem Dorf Plambach (bei Wien). Sie konnte lesen, aber nicht schreiben, was zu ihrer Zeit nichts Ungewöhnliches war. Sie zog nach Wien, einer Stadt mit vielen Beginen. Wie andere freigeistige Beginen ihrer Zeit bewegte sich Agnes frei durch Wien und hielt mehrmals täglich inne, um an Schreinen zu beten und in verschiedenen Kirchen an der Messe teilzunehmen. Eine ihrer Andachtspraktiken bestand darin, sich nach dem Besuch der Messe (und nachdem nach ihrer Vermutung der Priester und die anderen Gläubigen gegangen waren) einem Altar zu nähern und ihn mit emotionalem Überschwang zu küssen, manchmal sogar vor Freude um ihn herum zu tanzen. Sie ging also mit der Eucharistie wie mit einer engen Freundin und einem verehrten König um und beging auch bewusst einen Akt des Ungehorsams: Sie näherte sich dem Raum um den Altar, eine Handlung, die Frauen im Mittelalter verboten war!

Agnes berichtete, dass Jesus ihr in einer ihrer Visionen gesagt habe, dass „ein Mensch durch kontinuierliche körperliche Anstrengung weder die Gnade erarbeiten noch zu ihr hinwachsen kann. Daher soll der Suchende immer in einem Geisteszustand der Sehnsucht nach wachsender Gnade bleiben und wird auf diese Weise Fortschritte machen. Und wann immer das Verlangen schwindet, kommt der Fortschritt in der Gnade zum Stillstand, und wenn die Sehnsucht ganz aufhört, geht auch die Gnade."[8]

Agnes wurde für ihr scheinbar seltsames Verhalten verspottet, ähnlich wie Douceline von Digne oder Franz von Assisi. Zum Beispiel sahen Zeugen eines Tages, wie sie sich im Vorbeigehen vor einem Kellerfenster verbeugte. Ihre Kritiker entdeckten später, dass eine gestohlene geweihte Hostie in diesem Kellerraum aufbewahrt wurde. Ihre Biografin führte ihr Verhalten auf göttliches Wissen zurück: Agnes hatte gespürt, dass Christus in dieser geweihten Hostie gegenwärtig war.

Agnes' *Leben und Offenbarungen*, verfasst von ihrem Beichtvater, bietet ein Panorama des damaligen religiösen Lebens in Wien. Sie war eifrig darin, Mitbeginen, deren Religionsausübung sie für zu lax hielt, sowie Nonnen und Priester, die sie als mangelhaft bewertete, zu kritisieren. Von ihrem Beichtvater wurde sie als eine seiner Lehrer:innen anerkannt, und zwar sowohl wegen ihrer spirituellen Einsichten als auch wegen ihrer theologischen Erfahrenheit.

Im deutschsprachigen Teil Europas lebten Beginen eher in kleineren Gruppen. In den städtischen Gebieten dieser deutschen Regionen gab es tendenziell mehr Beginen-Konvente als in den Niederlanden. In Straßburg beispielsweise beherbergten Beginenkonvente durchschnittlich je zehn Frauen, in Köln waren es durchschnittlich sieben Frauen und in Mainz drei bis vier. Gemeinden in Nordwestdeutschland (in der Nähe der Niederlande) umfassten gewöhnlich zwei oder mehr Beginengemeinschaften.

Dokumente belegen, dass schon vor 1223 Beginen in Köln existierten. Zwei Schwestern namens Elisabeth und Sophie verkauften Grundstücke, und dieser Verkauf wurde rechtlich dokumentiert, wobei die Schwestern als Beginen benannt wurden. Der englische Benediktinermönch und Chronist Matthew Paris verachtete die Beginen zunächst und zweifelte ernsthaft an ihrer Fähigkeit, der Vita apostolica zu folgen. Aber seine Meinung änderte sich und er lernte ihre sparsame

Lebensweise, ihren Einsatz bei körperlicher Arbeit und das einfache Leben zu respektieren. 1243 schrieb Matthew in seiner Chronik, dass in und um Köln, einer mittelalterlichen Großstadt, zweitausend Beginen lebten. Bis zum Ende des 14. Jahrhunderts beherbergte Köln 171 Beginen-Konvente. Um Münster (in Westfalen) kam es zwischen 1250 und 1350 zu einem starken Wachstum der Beginengründungen, wobei Neugründungen bis ins 15. Jahrhundert verzeichnet wurden.

Wie ihre italienischen Kolleg:innen fühlte sich eine beträchtliche Anzahl von Beginen im deutschen Gebiet nördlich der Alpen vom Lehr- und Verkündungscharisma der Dominikaner angezogen. Während italienische Frauen, die dem dominikanischen Geist folgten, Büßerinnen blieben, begannen deutsche Beginen, sich Dominikaner-Tertiarinnen zu nennen. Häufig wurden diese deutschen Beginen von der männlichen Dominikanerführung gerügt, wenn sie sich Dominikanerinnen nannten – die Männer wollten diese Frauen nicht in ihrem Orden –, aber die Frauen blieben entschlossen. Ab dem 14. Jahrhundert wurden die Dominikanerinnen in Deutschland widerstrebend anerkannt, da sie früher Beginengemeinschaften waren. (Viele heutige Dominikanerinnen in den Vereinigten Staaten und Deutschland anerkennen ihre Beginen-Wurzeln im mittelalterlichen Deutschland.)

Die semireligiosen Frauen der iberischen Halbinsel – die Beatas – traten wie die Beginen in anderen Teilen Europas um 1200 in Erscheinung[9]. Der Historiker Alonso Morgado aus dem 16. Jahrhundert behauptete, die Beatas seien in Sevilla „seit undenklichen Zeiten" eine etablierte Tradition gewesen.[10] Die Beatas führten ein unabhängiges Leben, häufig in ihren eigenen vier Wänden. Wenn die Beatas in kleinen Gruppen lebten, hieß ihr Zuhause *Beaterio*. Die als spirituelle Führungspersönlichkeiten anerkannten Beatas wurden *Madre/Mutter* genannt. Viele unserer Informationen über die Beatas stammen aus den detaillierten Aufzeichnungen der spanischen Inquisition, die leider die meisten Schriften der Beatas konfisziert hat. (Die Forschung sucht immer noch nach diesen

Schriften.) Ein Buch namens *Aviso*, geschrieben für die Beatas von ihrem Zeitgenossen Diego Pérez de Valdivia (1525–1589), liefert ebenfalls einige Informationen.

Beatas waren äußerst unabhängig und widersetzten sich den Versuchen, sie in ein traditionelles Ordenshaus zu zwingen. Ihre informelle Verbindung zur Kirche bestand normalerweise über ihren Beichtvater.[11] Während die Kleidung der Beatas in ihrer Zweckmäßigkeit und Einfachheit derjenigen der Beginen ähnelte, trugen sie, wie die meisten spanischen Frauen zu dieser Zeit, in der Öffentlichkeit einen Schleier.

Wie die Beginen in Nordeuropa kamen die spanischen Beatas aus allen sozialen Schichten: Manche begannen diese religiöse Lebensform als Jugendliche, andere als Witwen, einige wählten sie, weil sie sich die für eine Ehe oder ein traditionelles Kloster erforderliche Mitgift nicht leisten konnten, und fast alle arbeiteten für ihren eigenen Lebensunterhalt und zur Aufrechterhaltung ihrer Krankenhäuser und anderer Dienste. Aus Aufzeichnungen geht zum Beispiel hervor, dass Beatas im späten 15. Jahrhundert Frauen im Gefängnis bedeutende Dienste erwiesen: Sie predigten ihnen, brachten ihnen Fertigkeiten bei, damit sie nach ihrer Entlassung selbst für ihren Lebensunterhalt sorgen konnten, und stellten frisch aus dem Gefängnis entlassenen Frauen Unterkünfte zur Verfügung.

María García (1340–1426) wurde in Toledo als Tochter adeliger Eltern geboren. Als frühreifes Kind ging sie an einen geheimen Ort, um zu beten, und sammelte die Reste vom Familientisch, um sie den Armen zu geben. In ihrer Jugend erbettelten sie und ihre Gefährtin, die Witwe Mayor Gomez, (gegen den Willen ihrer Familien) in den Straßen Toledos – sogar in der Kathedrale – Almosen für die Armen. In dem Wunsch, ihrem lüsternen König Pedro I. zu entkommen, flohen María und Mayor nach Talavera (südwestlich von Madrid). Ihr neues Zuhause wurde als Santa María de la Sisla bekannt. Nach der Ermordung König Pedros im Jahr 1369 kehrten María und Mayor nach Toledo zurück und schlossen sich anderen Beatas im Dienst an den Armen und im Gebet an. Mit ihrem Erbe konnte María ein Haus für die Beatas erwerben und nannte es San Pablo/zum Hl. Paulus. Ihre späteren Jahre verbrachte sie damit, die Frauen von Toledo zu einem einfacheren, frommeren Leben anzuhalten, half bei der Gründung von Konventshäusern und unterstützte die Armen.

Catalina Guiera[12], eine wohlhabende Witwe in Ávila, die seit dem Tod ihres Mannes als Beata lebte, verfasste 1463 ihr Testament und traf detaillierte Vorkehrungen, um mehrere ihrer Häuser für die fortlaufende Unterstützung ihrer Mit-Beatas zu stiften. 1478 entschied sich diese Gruppe von Beatas, Dominikanerinnen zu werden.

María von Ajofrín, die ebenfalls im 15. Jahrhundert lebte, stammte aus der Stadt Ajofrín in der Nähe von Toledo. Im Alter von fünfzehn Jahren hatte sie eine Vision, die sie dazu inspirierte, sich den Beatas in San Pablo anzuschließen. Es hieß, sie empfinge weiterhin Visionen und Prophezeiungen; die meisten von ihnen drehten sich um die Notwendigkeit einer Kirchenreform. Die bedeutendste Vision, von der sie berichtete, ereignete sich 1484, als Christus María befahl, den Erzbischof von Toledo anzuweisen, die fünf Sünden unmoralischer Kleriker auszurotten, die „Christus täglich kreuzigen", nämlich: mangelnder Glaube, Gier, Lust, Unwissenheit und unzureichende Ehrfurcht vor heiligen Dingen! Der „Beweis", der ihre Vision untermauerte, waren die Stigmata, die María wohl erhalten hatte – in ihrem Fall ein Lanzenmal auf ihrer Brust. Stigmata galten als Zeichen einer direkten Weisung Gottes, und in Marías Fall ließ sich Erzbischof Mendoza darauf ein und eine Reformbewegung begann.

María von Toledo (1437 – nach 1484) wurde als Tochter adeliger Eltern geboren und gegen ihren Willen verheiratet. Als kinderlose Witwe schloss sie sich einigen einheimischen Franziskanerinnen an und begann das Leben einer Beata zu führen. Mit ihrer Begleiterin Juana Rodriguez besuchte sie Kranke, versorgte Waisen mit Mitgift, speiste und kleidete die Armen und bezahlte die Schulden der Gefangenen. Sie führte auch ein zutiefst kontemplatives Leben und lebte ein Jahr lang als Rekluse. Offenbar empfing sie viele Visionen und Offenbarungen. Mit dem Vermögen ihrer Familie errichtete María schließlich ein Krankenhaus, in dem sie zusammen mit ihren Anhängerinnen bei der Krankenpflege half. Auch sie wäre beinahe an einer Krankheit gestorben, die sie sich wahrscheinlich bei der Krankenpflege zugezogen hatte. Einige Jahre nach ihrer Genesung nutzte María ihr Vermögen, um einen Konvent für Franziskaner-Tertiarinnen zu errichten, und 1484 wurde sie selbst Klarissin.

María Dávila, die aus Ávila stammte und zweimal kinderlos verwitwet war, schloss sich 1494 zwölf anderen Beatas in Calabazanos (nördlich von Madrid) an. Sie nutzte ihren Reichtum, um mehrere fromme Häuser zu errichten und mehrere Schreine wieder aufzubauen. In ihrem 1502 verfassten Testament ordnete sie an, dass ihr zum Zeitpunkt ihres Todes verbleibender Besitz der Gründung einer neuen Klarissen-Stiftung in der Nähe dienen solle. Sie starb 1511.

Mari Díaz (ca. 1490–1572) aus Vita (nordwestlich von Madrid) war zu ihren Lebzeiten ebenso beliebt wie ihre Zeitgenossin Teresa de Jesús, heute besser bekannt als Teresa von Ávila. Mari lebte gegen den Willen ihrer Eltern als Beata und diente den Armen, wenn sie nicht auf dem ertragreichen Bauernhof ihrer Familie arbeitete. Nach dem Tod ihrer Eltern zog sie in den 1530er Jahren auf der Suche nach besseren Predigten nach Ávila. Sie lebte absichtlich in einem Armenviertel und machte sich rasch einen Namen – aufgrund der vielen Stunden, die sie im Gebet verbrachte, wegen ihres extrem einfachen Lebensstils und ihrer Großzügigkeit gegenüber ihren Nachbarn. Widerstrebend folgte sie der Aufforderung, in den Palast einer frommen Witwe einzuziehen. Während sie ihre freie Lebensweise vermisste und den Spott des Palastpersonals erduldete, wuchs ihr Ansehen in Ávila wegen ihres gesunden Menschenverstandes, ihrer Weisheit und ihrer spirituellen Kraft. Bald wurde ihr der Ehrentitel Madre/Mutter verliehen. Sie wurde gebeten, Familienstreitigkeiten beizulegen, und wurde besonders von Kindern geliebt, die sie unterrichtete und mit denen sie einen Großteil ihrer Freizeit verbrachte. In den 1550er Jahren lernte Mari Teresa von Ávila im Palast der Witwe kennen. Nachdem Mari um 1565 in eine Eremitage gezogen war, besuchte Teresa Mari und genoss die Gespräche mit ihr. Viele Menschen aus der Umgebung von Ávila kamen, um Madre/Mutter Mari um Fürbitte und geistlichen Rat zu ersuchen. Nach ihrem Tod legten viele Zeugnis davon ab, dass Maris Gebete Krankheiten und Unfruchtbarkeit geheilt hätten.

Im 16. und 17. Jahrhundert lebten Tausende von Frauen als Beatas, angezogen von einem Leben des eigenständigen Gebets und Dienstes. Trotz ihres großzügigen Engagements für die Armen wurden Beatas wegen ihrer Unabhängigkeit, die als mangelnde Loyalität gegenüber der institutionellen Kirche wahrgenommen wurde, zunehmend kontrolliert. Gegen sie wurde seitens der Inquisition ermittelt, die ihre Glaubwürdigkeit zu zerstören suchte. Ein Hauptanliegen der Kirchenhierarchie war es, Beatas, die – unabhängig von jeder kirchlichen Aufsicht – so viel Einfluss auf die Laien entwickelt hatten, an die Kandare zu nehmen.

Die Beginen in Skandinavien verfolgten einen etwas eigenständigeren Weg als Beginen in anderen Teilen Europas. Skandinavische Beginen lebten außerhalb von Städten und in der Nähe von Männerklöstern. Wie Beginen anderswo errichteten und unterhielten sie Krankenstationen für die Armen. Wir haben Aufzeichnungen über dänische Beginen in Roskilde ab den 1260er Jahren, in Kopenhagen seit den 1270er Jahren und in Ribe (an der Nordsee) seit den 1290er Jahren.

Die schwedische Witwe Ingrid von Skänninge (1220–1282), die aus einer angesehenen Familie stammte, gehörte zu einer Gruppe von Beginen, die ihr Leben dem Gebet und dem Dienst an den Armen widmeten. In Ingrids Heiligsprechungsprozess berichtete ihr Kaplan, der Dominikaner Petrus von Dacien, dass Ingrid aufgehört habe, Fleisch zu essen, selten Bier trank (Wasser war im Mittelalter mit Vorsicht zu genießen) und nur ab und zu Milchprodukte konsumierte. Petrus von Dacien beschrieb auch einige ihrer kraftvollen mystischen Erfahrungen. Wie andere mittelalterliche Mystiker:innen „erlaubte" sich Ingrid hauptsächlich freitags, die Passion Christi nachzuerleben. Dies war eine Form der Hingabe (in einer schrecklichen Zeit „einem Freund beistehen" zu wollen) und eine Form des Predigens. Zeugen berichteten, dass Ingrid, wenn sie die Passion Christi nacherlebte, in Ekstase fiel und ihr Körper manchmal sogar die Stigmata und andere Zeichen des Leidens Christi aufwies.

In den letzten zwei Jahren ihres Lebens gehörte Ingrid einer Gruppe von Beginen an, die das dominikanische Charisma annahmen. Im späten 13. Jahrhundert hatten viele skandinavische Beginen begonnen, die Spiritualität der Dominikaner anzunehmen, wie ihre Mitbeginen im deutschen Gebiet. Einige dominikanische Männerklöster in Skandinavien gewährten Beginen Schutz vor einer feindlichen Kirchenleitung. Zu einer späteren Zeit fanden in der Nähe von Gemeinschaften der Birgitten (Anhängerinnen der Birgitta von Schweden, ca. 1303–1373) lebende Beginen ebenfalls Schutz.

Wir haben Aufzeichnungen darüber, dass Bischof Nicolaus Hermansson von Linköping im Jahr 1388 den Beginen rund um Vadstena (am Vätternsee) die Erlaubnis erteilte, ihre Lebensweise fortzuführen. 1412 vollzog Erzbischof Johan in Uppsala einen Politikwechsel und verurteilte die Anwesenheit der Beginen in Vadstena, wohl nachdem er Gerüchten Gehör geschenkt hatte, dass Beginen (ohne Männer als Aufpasser) faul, betrunken und sexuell freizügig seien. Doch wie so oft schloss der Erzbischof seinen Verurteilungsbrief mit dem Zugeständnis, dass alle Beginen, die fromm, keusch und vorbildlich lebten, durchaus annehmbar seien. In diesem Brief befahl der Erzbischof den Birgitten in Vadstena auch, die Unterstützung der ortsansässigen Beginen einzustellen und sie nicht länger zu schützen. Doch die Birgitten hielten sich nicht an diese Weisung. (Eine Korrespondenz aus Vadstena von 1429 erwähnt Beginen auch in Danzig, Polen.)

In Skandinavien wie in den Niederlanden konzentrierte sich die Beginenverfolgung oft auf wertvolles Land. 1506 forderten die Birgittenmönche von Vadstena unter dem Vorwand angeblicher Ketzerei und fragwürdiger Moral den Weggang der benachbarten Beginen. In Wirklichkeit wollten die Mönche das Land, auf dem die Beginen lebten, um ihre eigenen Gartenanlagen zu erweitern.

Laienfrauen, die der Vita apostolica folgen wollten, waren zwar ein Phänomen, das ungefähr zur gleichen Zeit in weiten Teilen des mittelalterlichen Europa auftauchte, doch nur von einer kleinen Anzahl dieser Frauen sind die persönlichen Geschichten erhalten geblieben. Aber wir können sicher sein, dass Tausende von Beginen, Büßerinnen, Beatas – und wie auch immer diese Frauen in ihrer Heimatstadt oder Region genannt wurden – mit Leidenschaft den Weg gegangen sind, zu dem sie sich berufen fühlten: ohne viel Aufhebens, aber entschlossen das Leben der Menschen um sie herum zu verbessern und dabei ein intensives spirituelles Leben zu führen.

Kapitel 3
Der Beginenhof

Stellen Sie sich vor, Sie besuchten um 1300 eine kleine Stadt in Flandern. Es ist ein Tag im Vorfrühling und Sie schlendern an einem belebten Kanal mit Booten entlang, die Waren zum und vom Markt transportieren. Geschäftige Menschenmengen machen mit Zurufen auf sich aufmerksam, um ihre Waren und Dienstleistungen anzupreisen. Von Kindern geführte Tiere drängeln sich durch die Menge; von Ochsen gezogene Karren fahren vorbei. Die Luft ist feucht und stechend: Der Schweiß menschlicher Arbeit, der Gestank von verrottendem Müll und Mist vermischen sich mit dem starken Geruch von Fisch und Meeresfrüchten. Der große Kanal, eingerahmt von festgestampfter Erde oder Steinen, schlängelt sich durch die Stadt. Körbe mit duftenden Kräutern und Blumentöpfe, die an Wegen und Türen aufgestellt sind, lassen Sie ab und zu durchatmen. Nun folgen Sie einem kleineren Wasserweg, der in Richtung Stadtrand führt, und erreichen ihr Ziel. Wenn Sie die Steinbrücke überqueren, sehen Sie das Schild über dem Tor, das allen verkündet, dass dieser Beginenhof der Jungfrau Maria geweiht ist. Im Torhaus sitzt eine ältere Frau, deren schütteres weißes Haar unter ihrer Haube aus grauer Wolle hervorschaut. Sie begrüßt Sie mit einem fast zahnlosen Lächeln. Nachdem Sie Ihr Anliegen geäußert haben – Besuch einer Begine, die Bücher illuminiert –, wird das Tor geöffnet und Sie werden in den *Begijnhof* eingeladen.

Vor Ihnen liegt ein großes Grundstück, gesäumt von Bäumen und Spazierwegen. Man sieht Frauen mit Kapuzenumhängen, die gebrechliche Frauen begleiten, andere laufen geschäftig mit Körben voller Lebensmittel herum. Kinder jagen einem Ball hinterher. Zu Ihrer Linken erhebt sich stolz eine Steinkirche mit Steildach. Neugierig folgen Sie dem gepflegten Weg zur Kirche, öffnen die schweren Holzflügeltüren und tauchen in die kühle Dunkelheit des Heiligtums ein. Ihre Augen passen sich an und Sie sehen viele einzelne Stühle, jeder gepaart mit einem Holztisch. Auf halber Höhe des Kirchenschiffs befindet sich eine elegante Kanzel mit prächtigen Schnitzereien. Sie sind überrascht. In den meisten Kirchen zeigt die Kanzel die Symbole der vier Evangelisten – ein Engel für Matthäus, ein geflügelter Löwe für Markus, ein geflügelter Ochse für Lukas und ein Adler für Johannes –, aber hier werden Sie von den geschnitzten Abbildern von vier Frauen begrüßt. Die Beginen wählten vier Frauen aus, von denen sie glaubten, sie hätten das Evangelium für ihr Leben verkündet: die Apostelin Maria Magdalena, die Märtyrerinnen St. Katharina von Alexandria und St. Agnes sowie Begga, die Äbtissin von Andenne. Sie lächeln vor Freude.

Nachdem Sie sich zu Ehren Gottes und Christi vor dem Hochaltar verneigt haben, verlassen Sie die Kirche. Ihre Gastgeberin, die seit fünfzehn Jahren als Begine in dieser Gemeinschaft lebt, begrüßt Sie draußen und Sie gehen gemeinsam zu ihr nach Hause. Jedes Haus im Rund des Beginenhofs ist aus Ziegeln oder Stein gebaut und hat einen kleinen privaten Vorgarten. Dazu kommt ein langgezogener, zweigeschossiger Bau mit steilem Satteldach, der in feiner Holzbauweise mit großzügiger Fensteranordnung ausgeführt ist. Dieses Gebäude ist ein Schlafsaal, in dem Beginen mit geringen finanziellen Mitteln oder diejenigen, die einen einfacheren Lebensstil wählen, wohnen. Sie passieren den Weg, der hinunter zu den Lagerscheunen des Beginenhofes und einem kleinen Anlegeplatz am Kanal führt. Die Frauen versenden dort ihre fertigen Waren und nehmen ihre Einkäufe entgegen. Sie erfahren, dass in Städten mit Kanalsystem die großen Beginenhöfe meist an Wasserwege angeschlossen sind, damit Waren angeliefert und fertige Produkte verschickt werden können.

Sie biegen um eine Ecke und gehen einen Weg mit neu gebauten Häusern hinunter, die breiter und höher als die anderen sind. Hier lebt und arbeitet Ihre Gastgeberin. Sie betreten ihr Haus und kommen in den Empfangsraum, der von einem steinernen Kamin erwärmt wird. Ein langer Holztisch steht da, ein Schrank voller Zinnteller und Trinkbecher und mehrere Stühle. Dann werden Sie von Ihrer Gastgeberin die steile Treppe hinaufgeleitet, zum zweiten Treppenabsatz, der über mehrere Schlafplätze verfügt. In einer Ecke liegt ein Haufen Wolle. Sie bemerken auch mehrere Spinnräder. Auf dem dritten Treppenabsatz befindet sich der Arbeitsbereich Ihrer Gastgeberin – ein Raum mit einem großen Fenster, das das Sonnenlicht einlässt. Ein Tisch mit Gefäßen, Pinseln und Paletten steht auf einer Seite dieses Arbeitsraums, und vor dem Fenster befindet sich der Schreibtisch Ihrer Gastgeberin, den sie leicht verschieben kann, um möglichst viel Sonnenlicht einzufangen: Sie illuminiert Gebetbücher und in Auftrag gegebene Psalter. Sie erhält Aufträge von ortsansässigen Handwerkern, die ihr die beschriebenen Pergamentblätter zukommen lassen, damit sie sie vor dem Binden mit zartfarbigen Fassungen versieht. Einige Pergamentblätter stammen aus Klöstern, die mit der Nachfrage nicht Schritt halten können. Sie erklärt Ihnen, wie sie ihre eigenen Farben herstellt und pulverisiertes Gold mit rohem Ei mischt, um ihr eigenes Muschelgold herzustellen; sie arbeitet auch mit Silber, aber Gold und Türkis sind ihre Favoriten.

Sie kehren zurück in den Empfangsraum im Erdgeschoss. Ihre Gastgeberin teilt ihr neues Zuhause mit fünf Mitbewohnerinnen, allesamt Mitbeginen. Sie hatten sich ein Haus gewünscht, das groß genug ist, um sie alle aufzunehmen, und viel Platz für ihre Arbeit bietet: Spinnen, Weben und weitere Aufgaben. Um das zu verwirklichen, musste Ihre Gastgeberin ein Stück Land neben dem Beginenhof kaufen, einen neuen Weg anlegen und ihr Haus errichten. Das nicht benötigte Land verkaufte sie an andere Beginen, die ihre eigenen Häuser darauf bauten. Damit vergrößerte sie den Beginenhof wesentlich. Sie setzen sich an den Holztisch und genießen beide das feine Bier der Beginen und frisch gebackene Kekse.

Die beeindruckenden ummauerten Beginenanlagen, die wir bis heute in den Niederlanden und vor allem in Belgien besuchen können, werden große Beginenhöfe *(curtis begijnhoven)* genannt. Sie machten etwa ein Viertel der mittelalterlichen Beginengemeinschaften in diesem Teil Europas aus. Große Beginenhöfe wurden oft außerhalb der Stadtmauern gebaut, normalerweise auf einem Feld, einer Wiese, auf Sumpfland oder anderem Land von geringem wirtschaftlichem Wert (und, wann immer möglich, mit Zugang zu einem Wasserweg). Wohlhabende Beginen bauten einzelne Häuser aus Ziegeln oder Steinen, die um den äußeren Rand des Beginenhofgeländes herum angeordnet und nach innen gerichtet waren; hohe Mauern, die diese Häuser umgaben, vervollständigten die Anlage. Und es gab ein offizielles Eingangstor. Wohlhabende Beginen konnten allein oder mit ein paar ausgewählten Gefährtinnen in ihren Häusern leben. Diese Entscheidung stand ihnen frei. Häufig wurden größere Gebäude als Schlafsäle gebaut (Konvente innerhalb des Hofes), um Beginen mit bescheideneren Mitteln unterzubringen. Neu angekommene Beginen mieteten meist ein Zimmer in einem solchen Konvent oder in einem der Privathäuser.

Eine Begine, die innerhalb des großen Beginenhofs ein Privathaus besaß, stimmte der Regelung zu, dass ihr Haus niemals an eine „Außenstehende" übergeben würde. Sie konnte ihr Haus testamentarisch einer anderen Begine, wie einer Enkelin oder Nichte, vermachen oder an eine andere Begine verkaufen. Verließ eine Begine die Gemeinschaft oder wurde sie zwangsweise ausgeschlossen, so ging ihr Haus in den Besitz des großen Beginenhofs oder der Infirmerie, der Alten- und Krankenstation über.[1]

Beginen konnten ein frei gewordenes Privathaus kaufen, wenn es zur Verfügung stand. Mit den Mitteln aus dem Verkauf oder der Vermietung dieser Häuser finanzierten sie ihre Krankenstationen (auch Krankenhäuser, Hospize oder Infirmerien genannt) oder andere gemeinschaftliche Gebäude.

Große Beginenhöfe umfassten normalerweise Gemüsegärten und weitläufige Wiesen, um Milchkühe, Schafe und Ziegen zu halten; Hühnerställe und Bienenstöcke; eine Brauerei und eine Bäckerei sowie einen Arbeitsbereich zur Vorbereitung der Schafwolle, zum Spinnen und Weben. Gewöhnlich gab es eine Kapelle oder Kirche und eine Krankenstation für Kranke und Sterbende. Die Krankenstation galt als zentrale und wichtigste Einrichtung des Beginenhofs, in der auch arme Frauen (insbesondere arme Witwen) und Kinder betreut wurden.

Die meisten großen Beginenhöfe erhielten schließlich den Pfarrstatus, d. h. sie wurden sowohl von der örtlichen Kirche als auch von den weltlichen Behörden zu unabhängigen Pfarreien erklärt und ihnen wurde ein eigener Pfarrer zugewiesen. Dies bedeutete eine größere Unabhängigkeit des Beginenhofs und mehr Freiheit bei der Wahl von Kunstwerken, Gottesdiensten und Priestern. Manchmal stellten Beginen ihren eigenen Kaplan (meist einen Franziskaner oder Dominikaner) an, auch ohne den Status einer Pfarrei zu haben – dies taten sie auch ohne offizielle Erlaubnis.

Der große Beginenhof war zwar keine klösterliche Anlage, bot den Beginen aber einen sicheren Bereich, um dort zu leben, ein Einkommen zu erwirtschaften und ohne Störungen durch unerwünschte Eindringlinge ihre Dienste zu verrichten. Große Beginenhöfe fungierten als recht unabhängige Dörfer innerhalb oder angrenzend an eine kleinere Ortschaft oder Stadt, wobei die Frauen die Kontrolle hatten – und vor Dieben und marodierenden Banden sicher waren. Auch waren die Frauen dort weitestgehend vor Vergewaltigungen geschützt. Für Frauen (einschließlich Beginen) aus prominenten Familien, oder die selbst wohlhabend waren, bestand im Mittelalter die Gefahr, vergewaltigt und anschließend zu einer Heirat gezwungen zu werden. So entsetzlich es für unser modernes Empfinden auch ist, der Angreifer konnte vor Gericht gehen und das „Recht" einfordern, die Frau, die er vergewaltigt hatte, zu heiraten, um „ihren guten Ruf wiederherzustellen". Die Zwangsheirat, ein häufiges Problem der damaligen Zeit, war durch Gier und die Hoffnung auf bessere politische Verbindungen begründet.

Große Beginenhöfe in den Niederlanden erreichten häufig eine große Ausdehnung und waren im Wesentlichen autark;

sie wurden daher als *civitas beghinarum* (Stadt der Beginen) bekannt.² Einhundert bis vierhundert Einwohnerinnen waren üblich, aber es konnten noch viel mehr sein. Wie bereits erwähnt, wurde der große Beginenhof St. Elisabeth in Gent mit Unterstützung der Gräfin Johanna von Flandern und Hennegau gegründet und 1234 auf sumpfigem Land außerhalb der Stadtmauern errichtet. Bis zum Ende des 13. Jahrhunderts lebten zwischen 610 und 730 Frauen dort. Zu Beginn des 14. Jahrhunderts verfügte dieser Beginenhof über zwei Kirchen, achtzehn Schlafsäle, über hundert Einzelhäuser, eine Brauerei, eine Krankenstation, einen Friedhof und einen öffentlichen Platz.

Einer der ältesten großen Beginenhöfe, St. Christophe in Lüttich, zählte im Jahr 1253 rund tausend Mitglieder. Und der 1245 gegründete Hof St. Katharina in Mechelen wuchs im späten 15. und frühen 16. Jahrhundert auf 1.500 bis 1.900 Beginen an.³ Der große Beginenhof in Tongeren umfasste im Jahr 1271 nur wenige Häuser, doch 1322 war die Gemeinschaft auf fünfzig Häuser angewachsen, und jedes Haus war entweder nach der Begine benannt, die es gebaut hatte, oder nach der Heiligen, der sie ihr Haus widmete.

Diese prächtigen großen Beginenhöfe kamen aufgrund mehrerer Faktoren zustande. Zusätzlich zu der Sicherheit und Unabhängigkeit, die Beginen dort vorfanden, brauchten sie einen physischen und geistigen Raum, um sich selbst und die Armen zu ernähren und ihren Lebensunterhalt ohne Unterbrechung oder Störung durch die breitere Öffentlichkeit zu verdienen. Den Alltag im Beginenhof konnten sie nach eigenen Vorlieben und Prioritäten gestalten. Viele der frühen Beginen waren ziemlich wohlhabend und daran gewöhnt, ein „Reich" nach ihrem eigenen Geschmack zu haben. Die großen Beginenhöfe ermöglichten es den Beginen, ihren Dienst nach eigenem Ermessen zu gestalten. Beginen genossen die aktive Unterstützung der weltlichen Behörden wegen ihrer Steuerzahlungen und ihrer großzügigen Dienste. Diese Frauen brachten einer Stadt ein gewisses Maß an Stabilität, weil sie sich um Arme, Aussätzige und Kranke kümmerten und für die Erziehung der Kinder sorgten. Die Gräfinnen Johanna und Margareta zum Beispiel unterstützten die Beginen in ihrem Reich auf unterschiedliche Weise. Die Gräfinnen erweiterten den Rechtsschutz, stellten Land für große Beginenhöfe und Gelder für den Bau von Gebäuden und die Erziehung der Kinder zur Verfügung. Im Jahr 1242 erteilte Gräfin Johanna den Gutsverwaltern und Ratsherren von Flandern den allgemeinen Befehl, alle Beginen zu schützen.[4] Es gibt andere aufgezeichnete Fälle, in denen der Adel die Beginen bei der Gründung unterstützte und ihnen politischen Schutz gewährte. Um 1258 schenkte Herzogin Aléide von Brabant drei Frauen einen Teil ihres Landes in Lier (bei Antwerpen), um den Beginenhof der Hl. Margareta zu gründen. Obwohl er nie mehr als siebzig Beginen zählte, blieb St. Marguerite bis in die zweite Hälfte des 20. Jahrhunderts bestehen.

Die Beginen weihten ihre Beginenhöfe und Kapellen der Heiligen Jungfrau oder einer bevorzugten Heiligen. Elisabeth von Thüringen und Ungarn (1207–1231) galt zwar selbst nicht als Begine, war aber aufgrund ihrer Hingabe an die Armen und Waisen ein leuchtendes Vorbild. Ebenfalls beliebt waren die Märtyrerin Katharina von Alexandria aus dem dritten Jahrhundert, eine namhafte Pädagogin und Philosophin, und Maria Magdalena, die in der frühchristlichen Bewegung als „Apostelin der Apostel" bekannt war. Jesu Befehl an Maria Magdalena – hinauszugehen und der Welt alles zu erzählen, was sie gesehen hatte – wurde von den Beginen auf sich bezogen. Die Mission von Maria Magdalena war für die Beginen stärkend; sie glaubten, dass auch sie „bezeugen sollten, was sie gesehen hatten".

Die Einrichtung großer Beginenhöfe befreite sowohl etablierte als auch neu entstehende Ordensgemeinschaften – wie die Zisterzienser, Franziskaner und Dominikaner – von der pastoralen und finanziellen Verantwortung für Frauengruppen, die sich ihrem geistlichen Weg anschließen wollten. Durch die Förderung der Expansion autarker Beginenhöfe verringerte sich der Druck, die informellen Frauengemeinschaften in ihre Orden aufzunehmen. Und erst im 15. Jahrhundert nahm die Zahl der Frauen, die sich großen Beginenhöfen anschlossen, langsam ab. Dafür gab es mehrere Gründe. Eine andere informelle religiöse Bewegung, bekannt als die „Brüder und Schwestern vom Gemeinsamen Leben" oder die „Devotio moderna", entstand Ende des 14. Jahrhunderts in Teilen der Niederlande und West- bzw. Norddeutschlands. Manche Frauen entschieden sich nun für eine Gemeinschaft des „Gemeinsamen Lebens" statt für die Beginen. Auch Beginen, die sich als Dominikaner-Tertiarinnen verstanden hatten, wurden schließlich von den Dominikanern als Dominikanerinnen anerkannt und somit nicht mehr zu den Beginengemeinschaften gezählt. Außerdem dezimierten Kriege und Seuchen weiterhin die örtliche Bevölkerung und begrenzten die Mittel für den Bau neuer großer Beginenhöfe.

Wie wir gesehen haben, lebten trotz dieser großen Beginenhöfe viele Beginen in den Niederlanden und Nordeuropa in kleineren Gruppen. Ihre Konvente bestanden normalerweise aus drei bis vierundzwanzig Frauen. Viele Beginen zogen es vor, in solchen kleineren Gruppen zu leben, was es vereinfachte, „weiterzuziehen", wenn neue Dienst- oder Predigtmöglichkeiten auftauchten. Die Elemente des Alltagslebens in solchen Konventen ähnelten dem Leben in den großen Beginenhöfen: die Versammlung zum Gebet und zur Feier der Messe (aber in der örtlichen Pfarrkirche statt in der eigenen Kapelle oder Kirche), das Betreiben von Geschäften, um den eigenen Lebensunterhalt und die Finanzierung ihrer Dienste zu sichern, und die Verrichtung von Hausarbeit. Große Beginenhöfe verlangten von der einzelnen Begine mehr Zeit für grundlegende Arbeitsabläufe der Gemeinschaft, was die für ihre Dienste verfügbare Zeit – und deren Wahl – etwas einschränkte. Große Beginenhöfe unterstützten in der Regel auch eine große Zahl bedürftiger Beginen, die oft als *Paupercule Begine* bezeichnet wurden, was das Engagement der gesamten Frauengemeinschaft erforderte.

Der Prozess der Aufnahme einer neuen Frau in eine bestehende Beginengemeinschaft wurde von gesundem Menschenverstand geleitet. Die meisten Beginengemeinschaften begannen informell und blieben informell. Im 13. Jahrhundert wurden die Beginengemeinschaften in weiten Teilen Europas von der Vielfalt der Frauen geprägt, die aktiv an ihnen mitwirkten: wohlhabende Frauen, arme Frauen, adelige Frauen, Frauen, die frisch vom Land kamen und Arbeit in aufstrebenden Handwerken und Gewerben suchten, Kaufmannsfrauen, Witwen mit Kindern und ältere Frauen. Ihr gemeinsames Interesse an Gebet und Dienst in ihrer Stadt verband sie; Auslöser war die gemeinsame Leidenschaft für Unabhängigkeit, für ein intensives geistliches Leben und für den Dienst.

Freundinnen luden Freundinnen ein, sich ihrer Beginengemeinschaft anzuschließen. Tanten luden Nichten ein. Cousinen luden Cousinen ein. Selten wurden völlig Fremde aufgefordert, sich der Gemeinschaft anzuschließen – erst galt es, sich kennenzulernen und mit den Beginen Freundschaft zu schließen. In etablierten Beginengemeinschaften wurde eine Einladung ausgesprochen, sobald ein Zimmer frei wurde. Oder eine Frau von außen bemerkte einen leeren Raum in einem Beginenhof und bat um Aufnahme. Andere Frauen ließen sich auf eine „Warteliste" setzen. Selbst wenn innerhalb eines großen Beginenhofs ein Haus zum Kauf angeboten wurde oder ein angrenzendes Grundstück, auf dem ein Haus gebaut werden konnte, zum Verkauf stand, musste die Kaufinteressentin dennoch die Aufnahme in die Frauengemeinschaft beantragen. In Konventen entschied die ganze Gemeinschaft über den Aufnahmeantrag einer Frau. In größeren Beginenhöfen entschied der Ältestenrat endgültig über die Aufnahme.

Eine Frau wurde zunächst gewöhnlich für ein Jahr zur Probe in die Gemeinschaft aufgenommen; nach dieser Probezeit wurde eine Begrüßungszeremonie im Haus für sie abgehalten. Wenn sie in die Gemeinschaft passte und mit dem Leben dort zufrieden war, lebte sie etwa ein weiteres Jahr auf Probe in der Beginengemeinschaft. Nach diesen ersten beiden Jahren wurde die Frau – nachdem ihr Antrag, Begine zu werden, von den Mitbeginen des Hauses oder dem Ältestenrat angenommen worden war – zu einer Ankleidungszeremonie eingeladen und nahm feierlich die Kleidung einer Begine entgegen.

Die Magistra nahm im Namen der gesamten Frauengemeinschaft das Versprechen einer neuen Begine entgegen. Dieses Beginenversprechen beinhaltete, sich an den im Beginenhof üblichen Lebensstil (oder die Regel) zu halten und keusch und unverheiratet zu bleiben, solange sie offiziell eine Hof-Begine war. Eine zweite, höhere Stufe der Aufnahme als Mitglied des Beginenhofs kam zum Tragen, nachdem die neue Begine weitere vier Jahre dort gelebt hatte. Hatte die betreffende Begine diese Stufe erreicht, konnte sie bei Bedarf zur Unterstützung in der Krankenstation herangezogen oder darin aufgenommen werden.

Mittelalterliche Nonnen trugen ein besonderes Gewand (Habite waren jedoch ein Phänomen des 19. Jahrhunderts), und auch die meisten Beginen trugen eine unverwechselbare Tracht: Ihre Kleidung bestand aus von ihnen selbst gesponnener und gewebter, ungefärbter Wolle oder Leinen, normalerweise in einem natürlichen Grau oder Beige, und beinhaltete einen Umhang mit Kapuze. Seidenhandschuhe, farbige Strümpfe oder verzierte Schärpen waren verboten.

Obwohl eine Frau als Begine Keuschheit versprach, stand es ihr frei, die Gemeinschaft wieder zu verlassen und zu heiraten – mittelalterliche Frauen waren sich sehr wohl des Drucks zu heiraten bewusst, um das Familienvermögen und Ländereien zu erhalten –, und daher war es wichtig, dass eine Frau ihr Keuschheitsversprechen nur für die Dauer ihres Lebens in der Beginengemeinschaft ablegte. Andererseits konnte sich eine Frau einem ungewollten Ehemann entziehen, indem sie ins Kloster eintrat. Die Kirche dehnte dieselbe „genehmigte Trennung" auf verheiratete Frauen aus, die einer Beginengemeinschaft beitraten (genannt die Trennung von Tisch und Bett), und so hatten einige Beginen getrennt lebende Ehemänner.

Im frühen 13. Jahrhundert in Nordeuropa war es Männern erlaubt, Beginenhöfe zu betreten, um Verwandte und Freundinnen zu besuchen. Zwar fanden die meisten Besuche tagsüber und in Empfangsräumen statt, doch gibt es Aufzeichnungen über Männer, die Beginen in ihren Privathäusern, in privaten Räumen oder in den Schlafsälen besuchten. Im späteren 13. Jahrhundert war diese Praxis auf zugelassene Empfangsräume im Beisein anderer Frauen beschränkt – denn Beginen waren sexueller Promiskuität und Prostitution beschuldigt worden. Um den Verlust ihrer Ländereien und ihres Reichtums zu vermeiden, mussten die Beginen Schritte zum Schutz ihres Ansehens und ihres guten Rufes unternehmen. (Semireligiose Frauen in Italien scheinen dieselbe anfängliche Freiheit und später Selbstschutz ausgeübt zu haben. Doch in den meisten unserer diesbezüglichen historischen Aufzeichnungen über Italien wird berichtet, wie diese Frauen Dienst tun und predigen; über ihr Privatleben ist weniger bekannt.)

Wenn möglich, gab die neue Begine eine Spende in die Gemeinschaftskasse – üblicherweise angelegt in Jahresrenten –, die dem Unterhalt des Hauses (oder des Beginenhofs) und der Finanzierung der Dienste diente. Von der neuen Begine wurde erwartet, dass sie zumindest ein paar Jahre ihren Lebensunterhalt bestreiten konnte – unerwartete Krankheiten oder Verletzungen ausgenommen – und nicht die Armenkasse, genannt „Tafel des Heiligen Geistes", in Anspruch nehmen musste. In manchen Gegenden entstand ein Brauch, wonach die neue Begine, nachdem sie ihr Versprechen abgegeben hatte, der Beginengemeinschaft ein Festmahl bereitete, das „drei Gänge nicht überschreiten sollte".

Die meisten Beginengemeinschaften lebten nach einer Lebensregel zusammen, die kein formelles Rechts- oder Kirchendokument war, wie es die Regel eines Mönchsordens ist. Diese Beginen-Lebensregeln waren vielmehr die lebendige Tradition einer bestimmten Beginengemeinschaft, die von den Frauen selbst formuliert worden war. Jede Gemeinschaft entwickelte ihre eigene Regel (und schrieb sie nieder oder prägte sie sich ein). Darin wurden die gemeinschaftlichen Aspekte des Zusammenlebens festgelegt, und diese Regel konnte geändert werden, wenn die Frauen es für wünschenswert oder notwendig hielten. Die Lebensregel verdeutlichte die praktischen Aspekte des gemeinschaftlichen Lebens der Beginen und drückte die Spiritualität, Ziele und Ansprüche der gesamten Gruppe aus.

Die Lebensregel bestimmte die Gebetszeiten und andere gemeinschaftliche Andachtspraktiken. Sie sah Gebete zugunsten von Wohltätern und Freunden, Gedenken für Verstorbene und Gebets-Praktiken am Sterbebett von Freund:innen oder Verwandten vor. Die Regel legte fest, wie sich eine Beginengemeinschaft um ihre gebrechlichen und älteren Mitglieder kümmern sollte, welche praktischen Belange mit einem gemeinsamen Fonds verbunden sind, sowie alle gemeinsamen Verpflichtungen, die die Gemeinschaft übernehmen würde.

Die älteste uns bekannte Lebensregel für den großen Beginenhof *Ten Wijngaard* in Brügge ist in einer Handschrift aus dem späten 13. oder frühen 14. Jahrhundert überliefert. Unter anderem heißt es in diesem Dokument, dass „die Beginen von de Wijngaard und die Menschen, die ihrer Lebensweise folgen möchten, die Regel der Apostel befolgen wollen: die Gebote der Heiligen Kirche und die Gottesliebe über alles stellend und dann die Nächstenliebe. Sie sollen sich selbst an Herz und Leib reinhalten, d. h. im Wollen und in Taten. Und damit ihr Zusammenleben geistlicher und friedlicher wird, sollen sie bestimmte Regeln annehmen, die niedergeschrieben wurden, so dass sie treulicher befolgt werden können."[5]

Die Beginengemeinschaften waren informell und weitgehend nicht hierarchisch. Die meisten großen Beginenhöfe hielten monatliche Versammlungen der gesamten Gemeinschaft ab, sogenannte Kapitel, an denen ihr Pfarrer teilnahm. Die Bewohnerinnen jedes einzelnen Hauses innerhalb des großen Beginenhofs versammelten sich freitags, um Geschäftliches zu besprechen. Einzelne Konvente versammelten sich auch einmal wöchentlich, um Angelegenheiten zu besprechen, die sie alle betrafen.

Jeder Beginenhof hatte eine gewählte Leiterin, eine Frau, die für ihre Weisheit und die Fähigkeit bekannt war, die Gemeinschaft zu führen. Diese Leiterin wurde manchmal als große Magistra oder Großmeisterin bezeichnet. Die Magistra wurde von ihren Mitbeginen oder im Falle eines großen Beginenhofkomplexes vom Ältestenrat gewählt. Sie beaufsichtigte sämtliche Tätigkeiten und Einrichtungen. Die meisten bekannten Lebensregeln sahen vor, dass die Magistra barmherzig, gnädig, gerecht und mitfühlend den Frauen gegenüber sein sollte, die mit ihr zusammenlebten, und in der Lage, den Armen und Kranken Trost zu spenden. Der Ältestenrat bestand aus Frauen, die aus der gesamten Mitgliedschaft ausgewählt wurden, und beriet und unterstützte die Magistra bei der Leitung des Beginenhofs und seiner Dienste.

Die meisten Nonnen des Mittelalters in Europa lebten unter einer gewissen Form der Benediktregel, einem Regelwerk aus dem sechsten Jahrhundert für in Gemeinschaft lebende Mönche und Nonnen, das im ersten Jahrtausend zur Norm für das westliche christliche Mönchtum wurde.

Die Beginen wurden eindeutig von den gemäßigteren Ausdrucksformen des benediktinischen Weges beeinflusst: Sie wählten eine Leiterin/Meisterin, die pastorale Anliegen vertrat, trafen wichtige Lebensentscheidungen gemeinsam und wählten in größeren Gemeinschaften bestimmte Älteste für die täglichen Geschäftsentscheidungen aus. Die Beginen konnten ihre Leiterin jedoch ohne Einmischung von außen wählen. Wie wir gesehen haben, standen Nonnen unter der Kontrolle des örtlichen Bischofs oder Abtes, und nur zu oft wurden ihnen deren Entscheidungen aufgezwungen. In Bezug auf Einkommen schaffende Unternehmungen und die Art der Dienste, die sie hinter den Klostermauern vollbringen konnten, waren sie eingeschränkt. Beginen hingegen waren im Geschäftsleben und im aktiven Dienst tätig und konnten Privateigentum besitzen – Nonnen konnten dies nicht. Beginen konnten sich einvernehmlich von der Gemeinschaft trennen oder verabschieden, während diese Art von Trennung bei Nonnen selten war.

Beginen liebten die Einfachheit, besaßen jedoch Eigentum, entweder als Einzelne oder als Gemeinschaft. Die einzige

Bedingung innerhalb ihrer Lebensregel war die Selbstbeschränkung: bescheiden zu leben, die Zurschaustellung von Reichtum zu vermeiden, und mit anderen zu teilen, was nicht unentbehrlich war. Ähnlich wie die Amish oder Shaker in Amerika in späteren Jahrhunderten trachteten die Beginen bei der Gestaltung und Einrichtung ihrer Häuser nach Einfachheit. Sie schliefen auf Strohmatten und entwickelten Möbel, die von schlichten Linien und vielseitiger Nutzbarkeit geprägt waren. Sie aßen gesund, aber einfach und wählten das Bauernbrot der Armen.

Die Lebensregel schrieb generell vor, dass Beginen niemals allein das Haus verlassen sollten. Ob sie den Beginenhof für geschäftliche Zwecke, für den Dienst, für persönliche Angelegenheiten oder im Auftrag des Beginenhofs verließen, Beginen mussten eine Begleiterin haben. Von der persönlichen Sicherheit abgesehen wurde diese Regel strikt eingehalten, um den Ruf der Beginen zu schützen. Verleumdungen beinhalteten Anschuldigungen der sexuellen Promiskuität und Prostitution. Beginen durften dem Beginenhof auch nicht über Nacht fernbleiben, außer im Notfall und mit Erlaubnis der Magistra.

Die Einkommensquellen für die gemeinsamen Mittel jedes Hauses mussten in der Lebensordnung definiert werden, in der die Verantwortung jeder Begine für die Gemeinschaftskasse festgelegt wurde. Geklärt wurde auch die Art und Weise der Fürsorge für arme und mittellose Beginen, sowie für andere arme Frauen. Da die meisten großen Beginenhöfe und bestimmte Konvente ein Heim für mittellose Beginen besaßen und unterhielten, war eine sichere, beständige Einnahmequelle erforderlich. Jede Begine trug auch zu den gemeinsamen Mitteln für den Gesamtbetrieb des Beginenhofs bei.

Die meisten Lebensregeln begrenzten auch die Zahl der Beginen, die sich um die Sterbenden kümmerten: mindestens zwei Frauen und nicht mehr als sieben waren die allgemeine Richtlinie. Im 15. und 16. Jahrhundert verboten diese Lebensregeln – um die Beginen vor Verleumdung zu schützen – bei den Sterbenden zu wachen, mit Ausnahme der Aristokraten (die oft ihre Wohltäter und Beschützer waren), des Pfarrers oder des Ortsbischofs der Beginen. Natürlich saßen Beginen am Sterbebett ihrer Mitbeginen.

Unabhängig von der „internen" Lebensregel waren die „externen" Statuten, die bei der örtlichen Obrigkeit hinterlegt wurden. Diese Statuten schützten die gesetzlichen Rechte und das Eigentum des Beginenhofs und legten das Verhältnis und die Verantwortung der Beginen gegenüber der weltlichen Obrigkeit fest. Zivile Aufzeichnungen zeigen, dass die Beginen geschäftlich und politisch geschickt agierten. Die Verwendung zivilrechtlicher Dokumente schützte die Autonomie der Beginen vor der Einmischung der Familie und kirchlicher Instanzen. Die Beginen zahlten Bürgersteuern auf ihr Eigentum, Jahreszahlungen und sonstige Einkünfte. Die Beginen beanspruchten nicht die Steuerbefreiung, wie es die Mönche immer taten (auch wenn wohlmeinende Kirchenbehörden anboten, die Beginen bei der Erlangung der Steuerbefreiung zu unterstützen). Wenn der örtliche Bischof versuchte, einen Beginenhof in Kircheneigentum umzuwandeln – wie es wohl zumeist in Nordeuropa geschehen und seitens der Beginen gefürchtet war, da der Hof dadurch direkt der Amtsgewalt des Bischofs unterstellt wurde –, verweigerten die Zivilbehörden ihre Mitwirkung wegen des möglichen Verlustes von Steuereinnahmen. Die Gemeinden und Städte brauchten dieses Steueraufkommen der Beginen. Wenn Kirchenbehörden versuchten, Beginenhöfe wegen Ketzereiverdachts zu unterdrücken und aufzulösen oder einfach nur Beginen-Eigentum zu beschlagnahmen, fanden die Beginen dankbare Unterstützer bei den örtlichen Richtern, die die Frauen vor rechtlichen Schritten schützten. Die Beginen fühlten sich mit solchen säkularen Rechtspraktiken wohl; sie bauten mit Bedacht gute Beziehungen zu den örtlichen Zivilbehörden auf, wobei die Beginenhofstatuten bei den Stadtältesten eingetragen und diese in wichtige Entscheidungen einbezogen wurden.

Die Lebensregel legte die genaue Vorgehensweise fest, wenn eine Frau sich entschloss – oder gebeten wurde –, die Beginengemeinschaft zu verlassen. Wenn eine Begine den Beginenhof freiwillig verließ, wurde ihr „Eintrittsgeld" zum größten Teil vom Haus einbehalten. Die Regel legte fest, wie viel von dem Geld, das eine Frau bei ihrem Eintritt in die Gemeinschaftskasse eingezahlt hatte, zurückgezahlt werden sollte – wenn überhaupt. Viele Beginen besaßen selbst Eigentum, und dieses blieb ihnen erhalten. Manche Beginenregeln sahen vor, dass eine austretende Begine mit beträchtlichen finanziellen Mitteln eine Zuwendung an das „arme Haus" leistete – das Haus, das die Beginen für mittellose Frauen aufrechterhielten.

Beginen, die Eigentum besaßen, vermachten es in ihrem Testament: an Verwandte, an Freunde, an einzelne Beginen sowie an ihre Beginenhöfe. Häufig wurde die Armenfürsorge bedacht. Beginen, die wenig Besitz hatten, hinterließen nach ihrem Tod ihren Psalter (wenn sie das Glück hatten, einen zu besitzen), Bettzeug, Kleidung und Haushaltsgeräte den anderen. Noch erhaltene Testamente zeigen, dass wohlhabendere Beginen auch Geld oder andere Einkünfte dafür hinterließen, dass an ihrem Todestag ihrer gedacht würde. Manchmal bedeutete dies, dass ein Teil des Nachlasses einer Begine für den Kauf von Wein, Fleisch, Fisch oder Brot verwendet werden sollte, um sie an ihrem Todestag oder ihrem Lieblingsfesttag an die Kranken und die Armen zu verteilen.

Criste Tsflogheleere zum Beispiel, eine Begine von St. Alexis in Dendermonde (östlich von Gent), vererbte 1471 ihre Rechte an einem halben Haus im Beginenhof an jegliche Tochter ihres Bruders, die den Wunsch äußerte, Begine zu werden, bevor sie fünfzehn wurde. Christine Coucke, Mitglied des Beginenhofs St. Elisabeth in Kortrijk, vermachte kurz darauf ihr Haus ihrer elfjährigen Enkelin, allerdings nur, wenn sie Begine wurde.[6] (Freunde und Verwandte, Gönner und andere Unterstützer der Beginen legten in ihrem Testament ebenfalls Vermächtnisse in Form von Grundbesitz, Mieten oder Bargeld an, um die Beginen zu unterstützen, solange sie im Beginenhof blieben.)

Wenn eine Begine die Gemeinschaft in Schande verließ, normalerweise aufgrund einer unerwarteten Schwangerschaft, verlor sie all ihr Hab und Gut. In vielen Beginenhöfen in Nordeuropa erforderte die Ausweisung einer Begine in der Regel den Konsens des Hauses. Obwohl der Auszug normalerweise als endgültig galt, gibt es einige Geschichten von Beginengemeinschaften, die eine Frau, die aufgrund einer Schwangerschaft „in Schande" hatte ausziehen müssen, erneut aufnahmen – oft brachte sie das Kind mit, um es in der Gemeinschaft aufzuziehen. Die ältesten Statuten des Beginenhofs St. Katharina in Mechelen (verfasst zwischen 1286 und 1300) besagten, dass jede schwangere Begine nach Feststellung ihres Zustandes für mindestens ein Jahr aus der Beginengemeinschaft entlassen werden musste. Die Satzung erlaubte der „gefallenen" Begine die Rückkehr, wenn ihr gutes Benehmen dies rechtfertigte.[7] Zwar reagierten die Beginen empfindlich auf ein Verhalten, das ihr unabhängiges Leben aufs Spiel setzte, erkannten aber auch, dass eine „in Ungnade gefallene" Frau von der Gesellschaft an den Rand gedrängt wurde und nur begrenzte Möglichkeiten hatte, ein würdiges Leben zu führen. Durch die Rückkehr in ihre Beginengemeinschaft und die Erziehung ihres Kindes im Beginenhof wurde eine Frau vor einer Zwangsheirat oder einem Leben in der Prostitution bewahrt.

Schon zu Anfangszeiten wurden Beginen von ihren Mitbürgern für ihre Selbstständigkeit bewundert. Bettelorden – Franziskaner und Dominikaner – erbettelten Almosen für ihren Lebensunterhalt. Nonnen verließen sich auf ihre Mitgift, auf kluge Investitionen und Almosen für den Unterhalt des Klosters. Aber Beginen betrieben kleine Geschäfte und waren im Handel tätig, um für ihren Lebensunterhalt zu sorgen und die von ihnen gewählten Dienste zu finanzieren. Selten waren Geschichten von Beginen zu hören, die um persönliche Unterstützung bettelten, da sie sich der vielen wirklich mittellosen Menschen in den Städten, die für ihr tägliches Überleben von Almosen abhängig waren, bewusst waren. (Eine Ausnahme könnten einige der Poenitentiae/Büßerinnen Italiens gewesen sein, die aus Demut um Almosen baten.)

Beginen waren kluge und umsichtige Geschäftsfrauen. Sie besaßen nicht nur Grundbesitz und kassierten Pachtzinsen, sie besaßen auch Bauernhöfe und erhielten Naturalrenten in Form von Getreide oder Fleisch. Aus juristischen Dokumenten geht hervor, dass die Beginen den Landbesitz genau überwachten und durchaus bereit waren, die Behörden zur Ausübung ihrer gesetzlichen Rechte aufzufordern, wenn sie sich in diesen verletzt fühlten. Diese Frauen nahmen aktiv am Immobilienmarkt teil und kauften und verkauften kleine und große Grundstücke.

Beginen vergaben Kredite und kauften Renten, wobei die jährlichen Zahlungen als Einkommen dienten. Einige von ihnen verdienten ihren Lebensunterhalt in der Finanzwelt: mit Geldwechsel, Beglaubigung von Geldgeschäften und Kreditvergabe. In bestimmten Städten, die der Hanse angehörten – dem mächtigen Handelsverband der Städte in Norddeutschland, den Niederlanden, Skandinavien und England –, waren Beginen registrierte Kauffrauen.

Die Beginen waren in der Textilindustrie sehr engagiert, in Kauf und Verarbeitung von Schaffellen, im Spinnen, Färben und Weben der feinen gewebten Wolle, für die die Niederlande und Norditalien berühmt wurden. Beginen haben Wolle gehäckselt, gekämmt und gesponnen, gewebte Wollstoffe aufgeraut und veredelt, zum Färben vorbereitet und auch Flachs für die Leinenherstellung geschnitten und aufbereitet. Beginen arbeiteten als Schneiderinnen und Stickerinnen und übernahmen auch kleine Näh- und Wascharbeiten. Und sie bildeten die Ungelernten aus, damit sie in bestimmten Bereichen der Textilproduktion arbeiten konnten.

Nachdem im 12. Jahrhundert der schwere Webstuhl eingeführt worden war, der die Produktivität der Weberinnen steigerte, wuchs der Bedarf an Frauen, die die Wolle vorbereiten und das Tuch veredeln konnten. Beginen versammelten sich zu Arbeitsgruppen, und während der Arbeit wurden der Psalter oder andere religiöse Texte gelesen und diskutiert. Sie beschäftigten auch andere Beginen, versorgten sie mit Rohstoffen und handelten mit dem fertigen Produkt auf dem lokalen Markt.

Aufzeichnungen zeigen, dass Beginen in Aalst (bei Brüssel), Antwerpen, Bergues (bei Calais), Brügge, Diest, Herentals (bei Antwerpen), Maastricht, Mechelen und Tongeren im 13. und 14. Jahrhundert webten und mit Stoffen handelten. Sie standen damit in direkter Konkurrenz zu den mächtigen Zünften. Die ausgeprägten kaufmännischen Fähigkeiten vieler Beginen konnten ihnen Ärger mit Konkurrenten, wie den Gilden, bereiten und sogar zu offener Feindseligkeit führen.

Beginen sollten, wie Frauen im Allgemeinen, nicht mit Männern in der Öffentlichkeit konkurrieren oder sie überflügeln. In den Niederlanden und anderswo in Nordeuropa fühlten sich die Zünfte durch die Bereitschaft der Beginen bedroht, für weniger Einkommen zu arbeiten, sowie durch ihre Fähigkeit, Stoffe zu niedrigeren Preisen als die Zunfthandwerker herzustellen. Es wurden verschiedene Gesetze erlassen, die nur für Beginen galten und ihr Einkommen und ihre Tuchproduktion einschränkten – alles aufgrund des politischen Drucks der Zünfte, die nicht in der Lage waren, effektiv mit den Beginen zu konkurrieren. Schließlich wurden in verschiedenen Teilen Europas Gesetze erlassen, die die Verwendung von Spindeln durch Beginen einschränkten. Jede Begine, die gegen diese Beschränkung verstieß, wurde mit einer Geldstrafe belegt, und alle von Beginen produzierten Stoffe, die über die zugewiesene Menge hinausgingen, wurden an die Armen gegeben. In Straßburg zum Beispiel wurde den Beginen Anfang des 14. Jahrhunderts der Gebrauch des Spinnrades aufgrund des Zunftdrucks untersagt. Ein ähnliches Verbot erging 1375 in Köln. Im späteren 15. Jahrhundert erklärten die örtlichen Seidenspinnergilden, dass die Vergabe von Arbeit an Beginen ein Grund für den Ausschluss sei.

Auch die Bizzoche und Poenitentiae Norditaliens waren an allen Stufen der Tuchherstellung beteiligt – trafen aber nicht auf die Kampfansagen mächtiger Zünfte wie die Beginen nördlich der Alpen. Es wurden keine Gesetze gegen das Gewerbe dieser italienischen Frauen erlassen, und sie entwickelten ein unverwechselbares Tuch für die Armen, das als *Panni Humiliati* bekannt wurde.

Die Beginenhöfe litten sehr unter den Verwüstungen durch Kriege und die Pest, feindselige Politik und sich ändernde kulturelle Einstellungen. Dennoch gelang es einigen Beginengemeinschaften durch schiere Führungsstärke, entschlossene Mitgliedschaft und kreatives Denken, bis ins 20. Jahrhundert zu überleben. Ein Beispiel ist der große Beginenhof St. Elisabeth in Kortrijk, der um 1240 gegründet wurde. Mit der wohlwollenden Unterstützung durch Gräfin Johanna kamen in St. Elisabeth im Laufe der Jahre Gebäude hinzu und die Kapelle wurde 1284 fertiggestellt. 1302 überlebte dieser Hof die fast völlige Zerstörung durch kriegerische Truppen.

Die Beginen bauten 1315 St. Elisabeth wieder auf und betrieben bis 1349 dort ein Krankenhaus. Während der Schlacht von Westrozebeke 1382 plünderten und beschädigten bretonische Söldner den Beginenhof. Doch zwischen 1425 und 1450 schlossen sich mindestens 52 Frauen St. Elisabeth an, und 1464 war die Kapelle wieder aufgebaut. Die älteste erhaltene Regel des Beginenhofs, verfasst von ihrer Magistra Marie vanden Brande, stammt aus dem Jahr 1440.

1572 und 1578 wurde der Beginenhof durch calvinistische Truppen beschädigt. Die Beginen wurden vertrieben und ihre Häuser von Soldaten besetzt. Doch einige Jahre später konnten die Frauen ihr Leben im Beginenhof wieder aufnehmen. Junge Frauen schlossen sich an und bis 1612 wurde der Komplex noch einmal vergrößert. In den 1630er Jahren lebten dort mehr als 140 Beginen.

1684 nahmen die Franzosen Kortrijk ein und der größte Teil des Beginenhofs wurde niedergebrannt. Viele Jahre lang wurden die überlebenden Beginen von den Franzosen stark besteuert, schafften es jedoch, ihre Lebensweise beizuhalten. Da sie in den Augen der Zünfte nach wie vor deren Macht und Reichtum bedrohten, war es den Beginen von Kortrijk unter Androhung der Beschlagnahmung und Vertreibung aus dem Beginenhof verboten, mit Spitzen, Leinen oder anderen Waren zu handeln.

Während der Französischen Revolution wurden die Beginen tatsächlich aus ihrem Hof vertrieben, aber als Sophia Decruenaere 1801 zur Magistra gewählt wurde, gewann sie das Recht für die Beginen, in St. Elisabeth zu leben und ihre traditionelle Beginenkleidung zu tragen, zurück.

Dann fand die Säkularisation statt, aber 1846 „vermietete" die französische Regierung einen Teil des Beginenhofs an die Beginen zurück. Die damalige Magistra Maria-Joanna Maertens versuchte, den Rest des Komplexes von der Regierung zurückzuerhalten. Die letzte offizielle Magistra von St. Elisabeth war Clementia Hiers (1819–1899). Die Anlage wurde während des Ersten Weltkriegs schwer beschädigt, aber mit Laura Deconick (die 1990 starb) und Marcella Pattyn kam es zu einem Versuch, das Beginenleben fortzusetzen. Die lange wechselvolle Geschichte des Beginenhofs St. Elisabeth ging mit dem Tod von Marcella Pattyn im Jahr 2013 zu Ende.

Beginen europaweit schafften es mit Einfallsreichtum und Entschlossenheit, die Jahrhunderte zu überdauern. Es übersteigt unser heutiges Verständnis, wie sehr diese Frauen in der Hingabe an ihren Dienst miteinander verbunden waren. Ihre unabhängige Lebensform war ein Werkzeug, um mit den Ausgegrenzten und Armen zu arbeiten, auf eine Weise, die sie persönlich wählten – und nicht unter der Weisung und Kontrolle eines Bischofs oder Adligen. Ihr Dienst war ein Ausdruck der Liebe Gottes zu allen, eine Liebe, die die Beginen verkörpern wollten.

Hadewijch, die im 13. Jahrhundert lebte, schrieb in einem Brief der spirituellen Anleitung an eine junge Begine: „Ich fordere Sie wieder und wieder auf, wahre Liebe zu praktizieren und nach Wahrheit und Vollkommenheit zu streben, damit Sie Gott gerecht werden, Ihm [Gott] gefallen, und Ihm Ehre und Gerechtigkeit entgegenbringen. Zuerst Ihm [Gottes Gegenwart] und dann den guten Menschen, die Er liebt und die Ihn lieben. Mögen Sie ihnen alles geben, was sie brauchen, was auch immer ihr Rang sein mag. Ich fordere Sie auf, dies unaufhörlich zu tun, und dies habe auch ich getan, seit ich zu Ihnen gekommen bin, denn es ist der beste und gefälligste Weg, Gott zu dienen."[8]

Kapitel 4
Die Dienste der Beginen

Durch ihre Leidenschaft für den Dienst – ihr christliches Tun – waren die Beginen in ihrer Geschäftstätigkeit hoch motiviert. Um die Dienste, zu denen sie sich berufen fühlten, leisten zu können und die Einmischung von außen in diese von ihnen gewählten Dienste auf ein Minimum zu beschränken, brauchten Beginen eine unabhängige Finanzierung. Empört über eine laxe Kirchenleitung, der das geistliche Wohl der Laien scheinbar gleichgültig war, betrachteten Beginen das Predigen und Lehren der Heiligen Schrift und die geistliche Ausbildung – neben der Hilfe für Arme und Kranke – als ihre erste und wichtigste Aufgabe. Sie sehnten sich danach, die Botschaft von Jesus Christus so zu verkörpern, wie sie sie verstanden: Gottes Liebe zu allen Menschen zu bringen und sie zu verkündigen. Und in Nachahmung Jesu und seiner frühen Nachfolger speisten die Beginen die Hungrigen, gaben den Durstigen zu trinken, kleideten die Nackten, beherbergten die Obdachlosen, besuchten Kranke und Gefangene und begruben die Toten. Doch diese Frauen gingen über die eher „traditionellen" Dienste von Anhängern der Vita apostolica hinaus, indem sie Krankenstationen gründeten und finanzierten, Kinder erzogen und den Armen Fertigkeiten beibrachten, damit sie für sich und ihre Familien sorgen konnten.

Von ihren frühesten Tagen an besuchten die Beginen Europas Kranke in ihren Häusern, brachten häufig Lebensmittel mit und sorgten für eine grundlegende sanitäre und medizinische Versorgung. Sie beteten mit den Kranken und lasen an ihrem Bett die Heilige Schrift und Gebete und identifizierten sie mit dem leidenden Christus, den sie in den Kranken sahen und liebevoll betreuten. Beginen bündelten ihre Ressourcen, um Medikamente zu beschaffen und grundlegende medizinische Praktiken von den Heilerinnen in ihrer Umgebung zu erlernen. Als die Nachfrage nach ihren Hilfs- und Heildiensten wuchs, kauften die Beginen vermutlich ein kleines Stück Land und bauten eine Stätte zur Pflege der Kranken und Mittellosen: ihre Krankenstationen. Diese Krankenstationen waren eine interessante Mischung aus medizinischer Versorgung, Gebets-Präsenz und Sterbebegleitung, sowie ein sicherer Ort für die Mittellosen. Jakob von Vitry war so beeindruckt von den Beginenkrankenhäusern, die er in den Niederlanden besucht hatte, dass er sie (in seiner *Historia Occidentalis*) als „Hospize der Frömmigkeit, Häuser der Rechtschaffenheit, Werkstätten der Heiligkeit, Klöster des rechten und frommen Lebens, Zufluchtsorte der Armen, Nahrung für die Elenden, Trost für die Trauernden, Refektorium für die Hungrigen, Trost und Erleichterung für die Kranken" bezeichnete.[1] Diese Orte der Heilung scheinen wichtige Zentren des Dienstes und der Hoffnung gewesen zu sein, die häufig nicht nur als Krankenstation, sondern auch als Zufluchtsort für die Armen dienten.

Beginen erhielten eine medizinische Ausbildung (soweit überhaupt verfügbar) in Krankenpflege und Geburtshilfe von Ärzten oder Hebammen oder auch von Mitbeginen. Die örtlichen Amtspersonen setzten für fachkundige Krankenpflege auf die Beginen und würdigten ihre entsprechende Fachkompetenz. Beginen betrieben auch Findelstationen für verwaiste oder ausgesetzte Babys. Und in Notfällen wurden sie häufig auch in der Nacht gerufen. Bei diesen Besuchen Schwerkranker (oder Sterbender) versuchten die Beginen, den Schmerz der Patienten zu lindern und sie zu trösten – und beteten auch für ihre Seelen, wenn sie von dieser Welt in die nächste übergingen.

Um 1350 erhielten in Nordfrankreich und den Niederlanden einige Beginengruppen aufgrund ihrer Kleidung den Spitznamen *Sœurs Grises* (Graue Schwestern). Sie waren bekannt für ihre einfühlsame Betreuung der Kranken, die sie sowohl in deren Zuhause als auch in den Krankenstationen pflegten. Bis 1388 pflegten die Grauen Schwestern einen losen

Verbund mit den Franziskanern. 1483 versammelten sich die unabhängigen Gemeinschaften der Grauen Schwestern und stellten für sich selbst eine Reihe von Regeln auf. Ihre Statuten sind das früheste erhaltene Beispiel dafür, dass Frauen in Europa ihren aktiven Dienst ausdrücklich selbst als heilbringend, d.h. heilig machend, ansahen, im Gegensatz zu der Ansicht, das kontemplative Gebet sei der einzige Weg zur Heiligung.

Die Statuten der Grauen Schwestern erlaubten es den Frauen, Krankenbesuche zu machen, wenn sie dazu aufgefordert wurden (um Gerüchte zu vermeiden, gingen die Grauen Schwestern zu zweit), über Nacht im Heim der Kranken zu bleiben und notfalls auch dem Stundengebet fernzubleiben, wenn sie sich um die Kranken kümmern mussten. Dieser letzte Punkt wurde damals als ziemlich radikal angesehen – diese Frauen verkündeten damit, dass der Dienst – das christliche Tun – genauso wichtig sei wie die Teilnahme am Gebet! Die Grauen Schwestern gingen davon aus, dass jede Heiligkeit erlangen könne, wenn sie sich um Kranke kümmerte.

Viele Beginenkonvente und große Beginenhöfe bildeten sich um bereits bestehende Krankenstationen herum, in denen die Frauen arbeiteten. Oft erweiterten Beginen ihre Krankenstationen im Rahmen des im Bau befindlichen Beginenhofkomplexes. Frühe Beginengruppen, einschließlich der Gruppen, die sich um Jutta von Huy, Maria von Oignies, Ida von Nivelles und Ida von Löwen gebildet hatten, betreuten sowohl Frauen als auch Männer. Aufgrund politisch motivierter Anschuldigungen wegen skandalösen Verhaltens fanden es Beginen schließlich notwendig, ihre Gesundheitsversorgung auf Frauen zu beschränken (aber manchmal pflegten sie trotzdem weiterhin Männer).

Aussätzige waren in der mittelalterlichen Gesellschaft wahre Ausgestoßene, da es ihnen verboten war, Städte zu betreten. Die einzige Möglichkeit für einen Aussätzigen, Unterstützung zu erhalten, bestand darin, vor den Toren und Mauern um Almosen zu betteln. Der Kirche war es jedoch gelungen, Leprakranken einen gewissen Schutz zu gewähren. Unter Papst Alexander III. schützte das Dekret des Dritten

Laterankonzils (1179) – obwohl Lepra als Folge von Sünde und insbesondere sexueller Abweichung betrachtet wurde – das Recht der Aussätzigen, sich zu versammeln und Gemeinschaften zu bilden, um sich gegenseitig zu unterstützen und zu schützen, sowie das Recht, einen eigenen Kaplan und Friedhof zu haben und in Ruhe gelassen zu werden.

Medizinische Versorgung war für Leprakranke praktisch nicht vorhanden, es sei denn, sie wurde von Beginen geleistet – diese taten sich mit den Leprakranken zusammen, indem sie mit ihnen lebten, sie betreuten und mit ihnen beteten. Beginen nahmen das Dekret der Kirche über Leprakranke an, indem sie Grundstücke auf dem Land kauften, um dort als *Leprosorien* bekannte Hospize zu errichten. Und sie gründeten bewusst Gemeinschaften aus Leprakranken und Beginen, indem sie einfache Hütten um ein Hospiz herum gruppierten und eine bescheidene Gebetskapelle errichteten. Dieses Beginen-Engagement wurde schon früh von Maria von Oignies zum Ausdruck gebracht, die, wie erwähnt, Teil einer Lepra-Beginen-Gemeinschaft in Willambroux war.

Es wurde angenommen, dass Beginen die Grenze zwischen Leben und Tod auf kraftvolle Weise überwanden und so den Sterbenden in ihren letzten Tagen beistehen und ihren Weg in den Himmel erleichtern konnten. Die Betreuung der Sterbenden und Toten war ein Dienst, der im Mitgefühl und der Liebe der Beginen zu ihren Mitmenschen wurzelte. Im Laufe der Zeit identifizierten sie sich so sehr mit ihrem Dienst der Sterbebegleitung, dass sie als „Seelschwestern", „gut Leut" oder „Trösterinnen" bekannt wurden.

Beginen wurden häufig in die Häuser der Sterbenden gerufen, um mit ihnen zu beten und die Heilige Schrift vorzulesen, und sie leisteten diesen Dienst auch für die vielen Armen, die in den Beginenhospizen im Sterben lagen. Wie im Mittelalter üblich, beteten die Beginen den Psalter der Jungfrau (das Stundengebet mit Schwerpunkt auf marianischen Texten). Dieser Psalter umfasste oft die Sieben Bußpsalmen, Marienlieder und das Totenoffizium. So konnten sie aus einer

Vielfalt möglicher Gebete wählen, um ihren eigenen Andachtsbedürfnissen oder den Bedürfnissen der Menschen, die sie begleiteten, gerecht zu werden.

Nachdem ein Mensch gestorben war, wuschen die Beginen den Leichnam und bereiteten ihn für die sogenannte Aufbahrung vor – die Mahnwache vor der Beerdigung, bei der Familie und Freunde bei dem Verstorbenen sitzen und beten konnten. Die Beginen blieben auch während der Totenfeiern und bis zur Beerdigung bei den Verstorbenen.

Da der Übergang von dieser Welt in die nächste für die mittelalterliche Gesellschaft ein wichtiges Thema war, hinterließen etwas begüterte Menschen in ihrem Testament bestimmte Anweisungen für ihre Totenwache, ihre Beerdigung und das Begräbnisfest. Das Geld wurde den Beginenhöfen überlassen mit der Festlegung, dass eine bestimmte Anzahl von Beginen beim Sterben des Spenders oder der Spenderin dabeibleiben sollten, um für sein oder ihr Heil zu beten und ihn oder sie beim Trauerzug und der Totenmesse und auch bis zum Grab zu begleiten. Verständlicherweise hatten die Menschen im Mittelalter Angst vor dem Sterben und dem Fegefeuer und glaubten, dass die Anwesenheit von Beginen diesen Prozess erleichtern und möglicherweise sogar einen schnelleren Eintritt in den Himmel gewährleisten würde.

Ursprünglich kümmerten Beginen sich um jeden, der sie um Sterbebegleitung gebeten hatte. Bis zum 14. Jahrhundert häuften sich Anschuldigungen der Unschicklichkeit – die Beginen wurden beschuldigt, sich unter dem Vorwand, an Sterbebetten zu sitzen, mit Männern zu treffen und zu vergnügen. (Wie wir gesehen haben, mussten Beginen europaweit mit Vorwürfen der sexuellen Unmoral leben, weil ihre Ankläger davon ausgingen, dass unabhängige Frauen sich immer unmoralisch verhielten.) Die Beginen entschärften diese Anschuldigungen, indem sie nicht mehr allein zu den Sterbenden gingen, aber bald wurde es notwendig, sich in Gruppen von mehreren Beginen zusammenzutun und ausschließlich Frauen auf dem Sterbebett beizustehen (es sei denn, es lag ein Mann im Sterben, der ein enger Verwandter oder ehrenhafter Kleriker war). Auf der anderen Seite durften die Beginen die Sterbenden in den Krankenstationen der Beginenhöfe jederzeit betreuen.

Testamente aus dem Mittelalter verraten viel über die persönliche Frömmigkeit der Menschen und die besondere Sorgfalt und Aufmerksamkeit, die sie ihren letzten Stunden und dem Tod widmeten. Häufig legten Menschen die Anweisungen für ihre letzten Tage, ihre Beerdigung und die Jahrgedächtnisse mit großer Sorgfalt im Detail fest. Diese Sechswochenämter und Jahrgedächtnisse wurden Memorien genannt. So waren Stiftungen zur Feier von Messen und Gebeten zu Ehren eines Verstorbenen oder einer Familie üblich. Ein Seitenaltar oder eine Kapelle in einer großen Kirche konnte auch gestiftet und einer bestimmten – üblicherweise wohlhabenden – Person oder Familie gewidmet werden. Da Beginen der Messe nicht vorstehen konnten, stellten sie Priester ein, die die Gedenkmessen nach ihrer Anweisung feierten. In größeren Städten verwalteten Beginenhöfe so viele Memorien, die ihnen in Testamenten vermacht wurden, dass sie einen Priester nur für die Feier solcher Totengedenkmessen anstellten.

Die Testamente legten oft fest, welche Gebete für die Toten bis zur Beerdigung gesprochen werden sollten, und stellten das Geld für eine bestimmte Anzahl Kerzen, die zum Gedenken an den Verstorbenen abgebrannt werden sollten, bereit. Mitunter sollten die Kerzen in dem unmittelbar auf den Tod folgenden Monat abgebrannt werden, manchmal auch am Todestag, bis das Geld aufgebraucht war. Eine ähnliche Praxis gab es für bestimmte Gebete am Todestag.

Es gibt Hunderte von Beispielen, in denen Menschen großen und kleinen Beginengemeinschaften Stiftungen aus Mieten, Eigentum und Geld hinterließen, um Gottesdienste zu feiern oder Messen zum Wohle ihrer Seele zu halten, normalerweise am Todestag, dem Fest ihres Schutzheiligen oder eines weiteren Lieblingsheiligen. So spendete Ghillain de Saint Venant in den 1260er Jahren die Mieteinnahmen von zwei Häusern, die sie in Douai besaß, an eine Beginengemeinschaft, um eine Gedenkmesse für ihre Seele zu bezahlen, die alljährlich an ihrem Todestag gefeiert werden sollte.[2] Ebenfalls im 13. Jahrhundert ordnete Bernhard Pilates an, dass die zehn Beginen des von ihm gegründeten Konvents in Douai vor einem Bild der Jungfrau täglich fünf Vaterunser und fünf Ave Maria rezitieren sollten.[3] Peter von Taviers, Kaplan an der Kathedrale St. Lambert in Lüttich, hinterließ in seinem Testament von 1291 Mittel für den Kauf eines Hauses für zwölf Beginen in einer örtlichen Pfarrei mit der Bitte, die Mahnwachen des Totenoffiziums und die Sieben Bußpsalmen zur Errettung seiner Seele zu beten.[4]

Von Beginen verwaltete Memorien waren aber häufig auch materieller Art: Eine Familie konnte Geld oder Mieteinnahmen spenden und im Gegenzug spendeten Beginen am Todestag der Person, der man gedachte, Bier und Brot an die Armen. So legte die Witwe Elzebe Raesfeldt von Bocholt (im Nordwesten Deutschlands) 1509 eine Memoria an, bei der ein Teil ihrer Schenkung verwendet werden sollte, um fünfmal im Jahr Brot zu Ehren der fünf Wunden Christi zu backen. Dieses Brot sollte an den Abenden der vier großen Jahresfeste (Weihnachten, Ostern, Mariä Himmelfahrt und Pfingsten) sowie am Michaelisfest verteilt werden. Die Brote sollten gebacken und an die dreizehn ältesten und ärmsten Bocholter:innen sowie an drei fleißige Schüler:innen verteilt werden. Die Magistra sollte einen Teil des Geldes verwenden, um Butter oder Fleisch zum Brot zu geben. Die Tage, die Raesfeldt für ihre Memoria ausgewählt hatte, spiegelten den Glauben der Laien wider, dass die spirituelle Kraft dieser heiligen Tage so groß ist, weil der Schleier zwischen Himmel und Erde dann dünner und somit die Gebete wirksamer seien.[5]

Diese Memoria-Gelder und die Betreuung der Sterbenden durch Beginen verursachten Probleme – denn die für die Finanzaufsicht ihrer Pfarreien verantwortlichen Priester verloren ihre Bestattungsgelder an diese Frauen. Traditionell wurden die Sterbegelder beim Tod eines Familienmitglieds an die Pfarreien gezahlt. In zunehmendem Maße gingen diese Gebühren nun an die Beginen, die für die Bestattung sorgten, und folglich wuchs die Feindseligkeit der Pfarrer und Bischöfe gegenüber den Beginen. Dieser schwelende Konflikt wurde 1303 angegangen, als Papst Bonifatius VIII. den Beginen befahl, ein Viertel der Sterbegelder an die Geburtspfarrei der Verstorbenen zu übermitteln. Alle das Jenseits betreffenden Angelegenheiten beinhalteten einen wirtschaftlichen Faktor: Kirchengesänge, Memoria und Sterbegelder, von denen man annahm, dass sie direkten Einfluss auf die Erlösung eines Menschen hatten, waren eine gewinnbringende Einnahmequelle und ein wesentlicher Bestandteil der lokalen Wirtschaft.

Im mittelalterlichen Europa mussten Prostituierte, wie Lepra-Kranke, besondere Kleidung tragen. Diese Kleidung setzte sie sexuellen Übergriffen aus und erschwerte den Ausstieg aus der Prostitution – gesellschaftlich wie wirtschaftlich. Die Beginen arbeiteten mit Frauen, die versuchten, der Prostitution zu entkommen, indem sie ihnen für einen Neuanfang eine neue Bleibe (unter Beginen) gaben und ihnen die Fertigkeiten und Mittel zur Verfügung stellten, um sich selbst zu ernähren. Zu viele Töchter aus armen Familien wurden regelmäßig von ihren Familien auf die Straße verkauft. Manchmal holten Beginen diese jungen Frauen direkt von der Straße, aber die meisten wurden von Geistlichen und anderen Männern (normalerweise Anhänger der Vita apostolica) vor der Prostitution gerettet, die sie dann für weiteren Beistand zu den Beginen brachten. Die Beginen konnten mit ihrem Hausnetzwerk und ihren Kontakten Prostituierte aus der Stadt an sichere Orte schleusen, wo sie nicht bekannt waren und mit einem „sauberen" Ruf einen Neuanfang machen konnten. Einige der Krankenstationen, die Beginen unterhielten, boten solchen stigmatisierten Frauen ebenfalls Unterschlupf. Allerdings verurteilten viele Menschen die Bereitschaft der Beginen, Prostituierte zu beherbergen und mit ihnen zu arbeiten, und erneut wurden Beginen der sexuellen Unmoral verdächtigt.

Beginen betreuten auch entflohene Sklaven und Sklavinnen. Während man Leibeigene als Erweiterung des Landes betrachtete, an das sie rechtlich gebunden waren, und sie damit zum „Eigentum" des Grundbesitzers wurden, war Sklaverei der Kauf und Verkauf von Menschen unabhängig von Land. Die Sklaverei im Mittelalter ergab sich hauptsächlich daraus, dass Eroberer das eroberte Volk an Händler verkauften, um es ins Byzantinische Reich und weiter nach Osten zu bringen. Mädchen wurden auch an Bordelle in ganz Europa verkauft. Obwohl die Kirche die Sklaverei verurteilte und verbot, wurde sie dennoch fortgesetzt. Die Beginen boten entflohenen Sklaven, insbesondere Frauen und Kindern, einen sicheren Zufluchtsort.

Die große Hafenstadt Venedig war einer der Knotenpunkte dieses Sklavenhandels. Wie die Beginen Nordeuropas stammten auch die semireligiosen Frauen in Venedig aus allen sozialen Schichten und arbeiteten mit Ausgegrenzten jeder Herkunft. Im frühen 16. Jahrhundert förderten und finanzierten diese Frauen Heime für Waisenmädchen und geläuterte Prostituierte. In den 1540er Jahren durchquerten Paola Antonia Negri[6] und ihre Pinzochere-Gefährtinnen Venedig, um Krankenhäuser und informelle Gemeinschaften für Frauen zu besuchen, die sie gegründet und geleitet hatten. Negris Dienst entzündete heftige Kontroversen und sie wurde schließlich gezwungen, in ein geschlossenes Kloster einzutreten. Laut ihrem Hauptankläger wurde Negris Arbeit, nur weil sie eine Frau war, als unangemessen erachtet.

Einige Jahrzehnte später brachten Adriana Contarini und Helena Priuli in Venedig eine Gruppe finanziell unabhängiger Frauen zusammen und schufen ein sicheres Zuhause für junge Mädchen, die in die Prostitution verkauft worden waren. Contarini und Priuli erstellten rechtliche Schutzdokumente und verfassten eine Regel für ihr Haus, bekannt als *Le Constituzioni et Regole della Casa delle Cittelle di Venetia*. In einem Brief schrieb Adriana Contarini: „Es ist uns gelungen, dreißig kleine Mädchen in Obhut zu nehmen, die alle der Macht des Teufels entrissen wurden; wir sehen die Entwürdigung dieser Mädchen, die mit zwölf oder dreizehn Jahren oder in noch jüngerem Alter von ihren eigenen Müttern verkauft wurden; sie kommen aus allen sozialen Schichten, aus dem Adel, dem Bürgertum, der Arbeiterschaft. Unsere Zeiten sind so katastrophal, dass die Erbärmlichkeit mancher Fälle unaussprechlich ist."[7] Diese Gruppe von Frauen vergrößerte ihr Zuhause, zog mehrmals um, um die Kinder noch sicherer unterzubringen, und baute eine Kapelle, Santa Maria della Presentazione, die 1588 geweiht wurde.

Die Beginen traten während einer neuen Alphabetisierungswelle in Erscheinung. Während nur sehr wenige Menschen Latein lesen konnten – der ultimative Bildungsstandard –, kam es im 12. und 13. Jahrhundert zu einer Zunahme der Bildung von Kindern. Sowohl der Adel als auch das einfache Volk erkannten den praktischen Wert der Bildung, sogar für ihre Töchter, als Segen für die Wirtschaft.

Wie wir gesehen haben, genoss die eigene Aus- und Weiterbildung bei den Beginen hohe Priorität. Bei der Gründung des Beginenhofs von Champfleury in Douai im Jahr 1245 sicherten sich die Beginen die Zusage des Stiftskapitels St. Amé von Douai, einen kompetenten Kleriker zu ernennen, der die Frauen des Beginenhofs in den „gelehrten Disziplinen" unterrichten sollte. Dort und anderswo handelten Beginen mit Mönchen, Klerikern und weiteren Lehrern den Zugang zu Bildung aus, um ihr Wissen zu erweitern.

Viele zukünftige Beginen wurden von Beginen (von denen einige Einsiedlerinnen/Inklusen waren) erzogen, die die Mädchen unterwiesen und anleiteten. Die junge Ida von Nivelles, Beatrijs von Nazareth und Ida von Gorsleeuw wurden alle von anonymen Einsiedlerinnen betreut und unterrichtet. Jutta von Huy zog, nachdem sie Einsiedlerin geworden war, mindestens drei Mädchen auf.

So wurden Beginen als Erzieherinnen bekannt, ja sogar verehrt. Sie lehrten die Kinder Lesen und Schreiben, Anstand und Manieren, Moral und Musik. Manchmal kamen, besonders für begabte Schülerinnen, Latein und eine weitere Fremdsprache hinzu. Beginen lehrten die Bibel, Gebete und Andachten und manchmal Theologie. In den 1270er Jahren verwendeten einige Beginen ihre eigenen informellen Bibelübersetzungen und -kommentare in der Landessprache für den Religionsunterricht, obwohl viele Theologen und Kleriker der Ansicht waren, dass jede Frau, die die Bibel in die Landessprache übersetzte, radikal sei und daher verurteilt werden müsse.

Kinder waren in der Umgebung von Beginenhöfen ein alltäglicher Anblick. Während einige Kinder Waisen waren, die von der Beginengemeinschaft aufgezogen wurden, kamen die meisten Kinder entweder aus der Nähe zum täglichen Unterricht oder waren „Kostkinder", die bei den Beginen wohnten und die Beginenschule besuchten. Während die meisten Beginengemeinschaften jeweils eine kleine Anzahl Kinder zur gleichen Zeit aufzogen, nahmen einige Beginenhöfe, darunter die in Avesnes (Nordfrankreich), Herentals, Kortrijk und Diest, im 15. und 16. Jahrhundert[8] so viele Kinder auf, dass sie gesonderte Schulhäuser bauen mussten, um ausreichend Platz zu schaffen.

Manche großen Beginenhöfe umfassten eine *Schola* oder spezielle Musikschule, um Kindern elementares Latein und Gesang für den Chordienst beizubringen. Geistliche wie auch volkstümliche Musik war den Beginen wichtig. Sie waren dafür bekannt, bei ihrer gemeinsamen Arbeit zum Vergnügen zu singen, schätzten aber auch wohl intonierte Kirchenlieder und geistlichen Gesang bei Messen und anderen Gebetsdiensten sehr.

Die Barmherzigkeit der Beginen galt vor allen Dingen den vielen (städtischen) Armen. Immer wieder baten Bettler:innen an ihren Türen und Toren um Hilfe. Die Beginen stellten Kleidung und Schuhe, Nahrung und Ratschläge zur Verfügung. Bei Einbruch der Dunkelheit konnten sich die Armen durch die Tore der großen Beginenhöfe einschleichen und ungestört im Hof schlafen.

Die große Zahl wirklich mittelloser Armer war ein Phänomen, das mit der zunehmenden Urbanisierung auftauchte. Bevor die mittelalterlichen Städte entstanden, lebten die Armen in den Dörfern, in denen sie bekannt waren und wo Bauern und Handwerker eine weitere Person ernähren konnten. In den Städten waren die Armen von der ländlichen Versorgungsstruktur und etwaigen Verwandten getrennt. Um die städtische Armut zu bekämpfen, wurde ab 1306 in städtischen Gemeinden Nordeuropas die sogenannte „Tafel des Heiligen Geistes" entwickelt. Dies war ein Fonds – aus Münzgeld und Lebensmitteln –, der zur Unterstützung der Krankenhäuser und Armen von vertrauenswürdigen Personen in der Gemeinde verwaltet wurde. Die Beginen betrieben ebenfalls Tafeln des Heiligen Geistes in den Beginenhöfen; die Mittel wurden unter Beginen und ihren Freunden gesammelt und von den Ältesten der Beginengemeinschaft verwaltet.

Im Jahr 1284 schrieben die Beginen von St. Elisabeth von Gent an ihren wichtigsten Wohltäter, den Grafen Guy Dampierre (ein Sohn der Gräfin Margareta), und teilten ihm mit, dass ihr Beginenhof eine Tafel des Heiligen Geistes eingerichtet habe für die alten Armen des Beginenhofs – geschätzt auf etwa dreihundert Frauen –, nachdem sie erkannt hatten, dass diese Armen in ihrer Mitte lange Zeit nur Brot gegessen hatten.[9] Erhalten gebliebene Testamente zeigen eine gängige Praxis, dass Beginen und ihre Freunde jährliche Renten zahlten, die der Tafel des Heiligen Geistes zugutekamen. Die Verantwortlichen der Tafeln koordinierten die Verteilung von Roggen, Brot, Fisch, Öl, Stoffen und Schuhen an die Armen.

Da die Beginen sich sowohl um mittellose Beginen als auch um ältere Frauen kümmerten, umfassten die meisten großen Beginenhöfe ein oder mehrere separate Heime für diese Frauen. Und als die boomende Textilindustrie in den Niederlanden alleinstehende Frauen vom Land in die Städte zog, kauften Beginen zusätzliche Häuser, um diesen Frauen, die allein und ungeschützt waren, einen sicheren Hafen und moralische Unterstützung zu bieten. Da Beginen bedürftigen Frauen marktfähige Fertigkeiten beibrachten, um ein Gewerbe oder Geschäft aufzubauen, damit sie sich selbst versorgen konnten, und weil so viele Beginen im Tuchhandel tätig waren, konnten viele bedürftige Frauen von Beginen lernen und mit ihnen in diesem Gewerbe arbeiten.

In Spanien besaßen die Beatas auch Häuser, um mittellosen Frauen einen Zufluchtsort zu bieten. Als eine Vielzahl von Männern im 16. Jahrhundert Spanien verließen, um Amerika zu kolonisieren, mussten mehr Frauen für sich und ihre Kinder sorgen. Aber die spanische Gesellschaft lehnte eine öffentliche Rolle für Frauen ab. Den Beatas gelang es, einen Mittelweg auszuhandeln und die Möglichkeit zu schaffen, dass Frauen für ihren Lebensunterhalt sorgen konnten, ohne bedroht oder verletzt zu werden. Sie setzten sich auch intensiv für die geistliche Betreuung der Frauen im Gefängnis ein. Die Zahl der weiblichen Häftlinge war aufgrund von Armut, Häresievorwürfen (gewöhnlich als Sippenhaft) und Prostitution erschreckend groß geworden. Die Beatas besuchten die weiblichen Gefangenen und halfen, wo immer möglich, bei ihrer Freilassung.

Der Dienst – die Werke der Barmherzigkeit – der Beginen wurde von ihrem spirituellen Seelenleben angetrieben und genährt. Ihre tiefe Erfahrung der göttlichen Gegenwart trieb sie dazu, den Verletzten und Wehrlosen um sie herum zu dienen; und ihre Hingabe im Dienst bereicherte ihr Gebetsleben. Dienst und Spiritualität waren Fäden, die dasselbe Tuch webten. Die große Beginenmystikerin Marguerite Porète erklärte, dass „Güte anderen gegenüber nichts außer Liebe schafft. Güte anderen gegenüber besitzt nichts Eigenes, und wenn sie etwas besitzt, sagt sie nie, dass es ihr gehört. Freundlichkeit gegenüber anderen übergeht die eigenen Bedürfnisse, um einer Nachbarin zu helfen […]. Freundlichkeit gegenüber anderen gibt ihren Nachbarinnen und Nachbarn alles, was sie hat, was etwas wert ist. Sie behält nichts für sich. Ihre erstaunliche Großzügigkeit lässt sie oft versprechen, was sie nicht hat, weil sie weiß, je mehr sie gibt, desto mehr empfängt sie in ihrer Seele. Freundlichkeit gegenüber anderen ist eine so weise Geschäftsfrau, sie macht überall Gewinne, wenn andere ihr Geschäft aufgeben."[10] Und Mechthild von Magdeburg sagte, der Tag ihres geistigen Erwachens sei der Tag gewesen, an dem sie sah – und wusste, dass sie sah –, dass alles in Gott und Gott in allem ist.

Kapitel 5

Die Spiritualität der Beginen

Sie machen noch einmal eine Zeitreise zum mittelalterlichen großen Beginenhof in Flandern. Wieder werden Sie am Tor von einer der älteren Beginen begrüßt. Drinnen sehen Sie Familien, die – sicher vor marodierenden Banden – wohl im weitläufigen Innenhof übernachtet haben. Kinder jagen Hühner und Gänse, und Wäsche trocknet an den unteren Ästen der Bäume und Sträucher. Einige dieser Familien werden wohl jetzt, nachdem die geschäftigen Markttage vorbei sind, aufs Land zurückkehren. Sie nähern sich dem Beginenhaus, das Sie schon einmal besucht haben, und hören drinnen das Lachen der Kinder: Ihre Gastgeberin und ihre Mitbeginen haben drei verwaiste Mädchen aufgenommen, am Anlegeplatz aufgelesen und vor dem Bordell gerettet, um sie aufzuziehen und in der Tuchveredelung zu unterrichten.

Nach einem ausgelassenen Mahl mit Lamm und Gemüse zu Ehren der Osterzeit gehen Sie alle zur Kirche des Beginenhofs. Andere Beginen, viele in Begleitung von Kindern, und sogar ein paar Männer gesellen sich zu Ihnen. Zu Ihrer Überraschung beginnt die Glocke zu läuten. In Pfarrkirchen hört man das Glockengeläut nur zur Messe und zu bedeutenden Ereignissen wie dem Tod eines Herrschers.

In der Kirche tragen die Beginen die Holzstühle und Gebets-Tische an die Wände und schaffen so einen großen Bewegungsraum. Einige ältere Beginen setzen sich auf die Stühle an den Wänden; andere Beginen bauen Musikinstrumente auf und stimmen sie.

Die Musik und der Gesang beginnen; die Lieder sind lebendig und vertraut. Fröhlich machen Sie mit. Die Beginen klatschen im Takt der Musik und beginnen, sich sanft zu wiegen. Mit dem dritten Lied beginnen Sie alle, sich sacht und ungezwungen tanzend zunächst nach links und dann nach rechts zu bewegen. Die Füße stampfen und die Hände schwingen im Rhythmus der Musik. Bald drehen sich die Beginen in einer Art umeinander, die an Volkstänze erinnert. Die Kirche ist erfüllt von harmonischem Klang und Bewegung. Die Kinder, die mitgetanzt hatten, kuscheln sich irgendwann zusammen und ruhen sich eine Weile bei den Älteren aus.

Die Beginengemeinschaft beginnt ein Lied nach dem anderen – Lieder voller Poesie mit Texten aus der Heiligen Schrift. Das Kircheninnere ist warm; die Gesichter glühen. Irgendwann beruhigt sich das Treiben und die Beginen stehen oder sitzen schweigend da. Einige der Älteren zünden Kerzen an. Die Magistra des Beginenhofs steigt die Stufen zur Kanzel hinauf und es scheint eine göttliche Energie unter den Beginen zu fließen. Ihre Gastgeberin flüstert aufgeregt, dass ihre Oberste nun durch die Inspiration des Heiligen Geistes spricht. In die Stille beginnt die Magistra:

„Wenn du Glauben willst, bete. Wenn du Hoffnung willst, bete. Wenn du Freundlichkeit willst, bete. Wenn du freiwillig arm sein willst, bete. Wenn du Gehorsam willst, bete. Wenn du Ganzheit willst, bete. Wenn du Demut willst, bete. Wenn du Sanftmut willst, bete. Wenn du Stärke willst, bete. Wenn du jegliche Tugend willst, bete.

Und zwar so: Lies immer das Buch des Lebens, das das Leben des Gottmenschen, Jesus Christus, ist, der in Armut, Schmerz, Verachtung und wahrem Gehorsam lebte. Überfliege dieses Buch nicht. Lass es dich durchdringen, während du es liest. Es wird dir alles beibringen, was du wissen musst, unabhängig von deinen aktuellen Umständen. Es wird dich mit einem brennenden Feuer erfüllen, das dein größter Trost sein wird.

Und je mehr du betest, desto mehr wirst du erleuchtet. Während du betest, wirst du Gottes Güte tiefer erkennen. Und je tiefer und vortrefflicher dein spirituelles Sehvermögen ist, desto mehr wirst du lieben. Je mehr du liebst, desto mehr Freude wirst du an allem haben, was du siehst, und je größer deine Freude, desto größer dein Verständnis. Dann wirst du die Vollkommenheit des göttlichen Lichts erspüren, weil du begreifst, dass du überhaupt nichts davon verstehen kannst!"[1]

Die Magistra predigt noch einige Zeit und ermahnt ihre Zuhörerinnen zu einer tieferen Liebe zu Gott und zur Barmherzigkeit für die Armen und Unglücklichen. Schließlich steigt sie von der Kanzel herab.

Es herrscht intensive Stille, bis das leise Weinen einiger Beginen zu hören ist. Andere beginnen zu singen. Die Magistra bewegt sich langsam zwischen den betenden und singenden Beginen hin und her. Sie bleibt hier und da stehen und legt ihre Hände auf eine der Frauen und betet leise. Jemand ruft und bittet die Magistra, für sie zu beten. Und dann winkt eine andere Begine zum Gebet. Schließlich werden die Instrumente aufgenommen – die Beginen beginnen wieder zu tanzen und erfüllen ihre schöne Kirche mit Freude.

Das ausdrucksstarke Gebet der Beginen Nordeuropas und der Beatas Spaniens war so tiefgründig wie das der amerikanischen Quäker, Shaker und anderer religiöser Gruppen in späteren Jahrhunderten. Sowohl diese Frauen im Mittelalter als auch die religiösen Gruppen in Amerika waren bereit, unter dem – nach ihrer Auffassung – machtvollen Einfluss des Heiligen Geistes ihren inneren Erfahrungen nach außen hin Ausdruck zu verleihen. Jede verkörperte ihre tiefste Hingabe mit Tränen, Lachen, Tanz und „Getroffenwerden vom Hl. Geist" (= ein Mensch fällt in intensiver Stille zu Boden).

Das geistige Innenleben der Beginen war reich an inneren Bildern. Diese Frauen und einige ihrer klösterlichen Zeitgenossinnen leiteten einen drastischen Wandel im Bereich der Vorstellungskraft ein, indem sie ihre verkörperte Gotteserfahrung und ihren spirituellen Weg in eine erweiterte, vertiefte Innenwelt brachten. Die Beginenmystikerinnen erlebten eine heftige innige Begegnung mit dem Göttlichen – das sie sowohl „Gott" als auch „der, die, das Eine" nannten – bis zu dem Punkt, dass der Begriff „mystisches Bewusstsein" hier zutreffender sein könnte als „mystische Erfahrung". Die Mystikerinnen haben darauf bestanden, dass ihre Erfahrungen mehr als nur ungewöhnliche Empfindungen seien, sondern vielmehr neue Wege des Wissens und der Liebe umfassten, die auf einer gesteigerten Wahrnehmung des Göttlichen basierte als direktem, transformierendem Zentrum ihres Lebens.

Beginen waren stark an der Entwicklung und Förderung dessen beteiligt, was wir heute „inkarnatorische Frömmigkeit" und „affektive Hingabe" nennen.[2] Sie *verkörperten* ihr Gebet und ihre Hingabe und suchten emotional in ihre Gebetserfahrung einzutreten. Dies waren private Dramen ihres Herzens. Während die Kirche des Mittelalters ihre Verehrung und Verkündigung im Allgemeinen auf den gekreuzigten Christus konzentrierte, widmeten sich die Beginen besonders dem irdischen Menschen Jesus. Sie waren bekannt für diese Hingabe an das Menschsein Jesu und an die Ereignisse seines irdischen Lebens. Die Beginen meditierten über bestimmte Evangelientexte und durchlebten in ihrer Vorstellung die Geschichte noch einmal, indem sie sich selbst in die Evangelien-Szenen wie die Geburt Jesu, den jugendlichen Jesus im Tempel, seine Predigtmissionen hineinversetzten. Und sie erlebten insbesondere den Jesus in seinem Verratenwerden, seiner Prüfung, seiner Geißelung und seiner Kreuzigung mit. Während mittelalterliche Theologen intellektuelle Abhandlungen über die Gegenwart Christi verfassten, suchten Beginen und erhielten, Berichten zufolge, körperliche Erfahrungen mit Christus, den sie als gegenwärtig in ihrer Mitte wussten.

Douceline von Digne zum Beispiel wies ihre Anhängerinnen an, die Passion Christi zu fühlen und darüber zu weinen. „Denn alle Christen", sagte sie, „haben eine große Pflicht, mindestens einmal am Tag des Leidens des Herrn zu gedenken. Denn wir dürfen diesen Segen nie vergessen, sondern müssen den Tod Christi beständig in unseren Herzen tragen, für den wir als Witwen leben mit bedecktem Kopf!"[3] Die Beginen wollten nicht nur der Kreuzigung gedenken; sie strebten danach, die Erfahrung zu verkörpern, wollten fühlen, wie es sich für Jesus angefühlt haben könnte, gemartert und gekreuzigt zu werden.

Die Beginen versetzten sich in dieses Ereignis, häufig während des Gebets, auch mit Andachtsbildern wie einer geschnitzten Pietà, einem „Schmerzensmann" (ein gemaltes Bild von Christus, der den Betrachter anschaut und seine Wunden zeigt) oder einem Kruzifix, und suchten dabei nachzufühlen, was Jesus erlebt haben könnte, und dies im Gebet zu verkörpern. Häufig wurde von einer erschütternden emotionalen Reaktion berichtet, zusammen mit einem tiefen Gefühl verstärkter Liebe und des Erbarmens. Maria von Oignies umarmte in leidenschaftlichem Gebet die Füße eines Kruzifixes. Bei anderer Gelegenheit berichtete sie, dass Lichtstrahlen vom Kreuz ausgegangen seien und ihr Herz durchbohrt hätten. In Lüttich betete die Rekluse Eva des Heiligen Martin (um 1210 – nach 1264), während sie eine sogenannte Veronika hielt, ein Tuch, auf das ein Bildnis des gekreuzigten Jesu gemalt war – in Anlehnung an die barmherzige Frau in der Passionsgeschichte, die Jesus die Stirn abwischte, als er nach Golgatha geführt wurde. Veronika-Schweißtücher waren unter Beginen üblich. Einmal, nachdem sie mit ihrer Veronika gebetet hatte, zeigte Eva es ihrer Lehrerin und Mentorin Juliana von Cornillon, die Berichten zufolge den Schmerz der Passion Christi verspürte und daraufhin ohnmächtig wurde.

Ida von Löwen (ca. 1212 – ca. 1275) soll im Gebet „das Jesuskind gebadet" haben. Zahlreiche Beginen sprachen davon, beim Anblick der Eucharistie – in der für alle gut sichtbar hoch erhobenen Hostie – das Jesuskind in der Messe zu sehen. Einige Beginen beteten mit einer sogenannten liturgischen Wiege, einer Säuglingswiege, in die eine Figur des Christuskindes gelegt werden konnte. Die Beginen schaukelten dann offenbar diese Wiege, während sie beteten, und „trösteten so das Jesuskind".[4] Solche körperlichen und sinnlichen Reaktionen im Gebet oder auf Andachtsgegenstände wurden im Mittelalter keineswegs als außergewöhnlich oder ungewöhnlich angesehen.

Juliana von Cornillon nahm ebenfalls im 13. Jahrhundert die Stationen des Lebens Jesu tief in sich auf, und „am Fest der Verkündigung des Herrn begann ihr emotionales Jahr. Mit frommen und liebevollen Schritten folgte sie jeder rettenden Tat, die Christus im Fleisch vollzogen hatte und an die die heilige Kirche erinnert, und so durchlief sie wunderbar den Kreislauf des liturgischen Jahres. An der Verkündigung des Herrn, dem ersten Fest, empfand sie große Freude und Trost in der Ansprache des Engels an Maria und in der bescheidenen, aber weisen Antwort der Jungfrau. Denn so wie Christus sie mit wunderbarer Erkenntnis und Liebe beschenkte, als sie das Sakrament seines Leibes und Blutes betrachtete, so wurde sie auch barmherzig von der Jungfrau Maria mit dem Feuer der Liebe und dem Licht der Erkenntnis erleuchtet, als sie die Menschwerdung des Herrn betrachtete."[5] Wir können darauf vertrauen, dass diese Hingabe für Juliana sehr real und persönlich war. Und noch etwas geschah: Sie lehrte ihre Anhängerinnen die heiligen Geschichten rund um das irdische Leben Jesu zusammen mit einer recht anspruchsvollen Theologie.

In ihrem verkörperten Gebet fielen viele Beginen am Kreuz mit Jesus Christus in Ohnmacht – nicht als passive Beobachterinnen, sondern in Teilnahme am Schrecken der Kreuzigung; andere Beginen gerieten in Verzückung mit Maria unter dem Kreuz. Luitgard von Aywières, eine Zeitgenossin von Juliana, wurde, Berichten zufolge, beim Schweben beobachtet, während sie im Gebet war; Licht ging von ihr aus, Öl tropfte auf wundersame Weise von ihrem Finger und sie trug eine mystische Krone auf dem Kopf. Douceline von Digne fand man – in entrücktem Gebet – „vor Kummer weinend über den Schmerz der Jungfrau und ihres Sohnes. Sie weinte laut, in so bitterem Kummer, dass es alle schmerzte, sie so verzweifelt und außer sich zu hören. Ihr Weinen und Klagen war von weitem zu hören. Sie hatte ein solches Mitleid mit der Jungfrau und war so von Trauer erfüllt, dass es schien, als müsste sie mit ihr sterben. Aus allem, was sie tat und äußerte und aus ihrem großen Schmerz wurde deutlich, dass ihr das Leiden offenbart worden war, das Jesus Christus erduldet hatte. Sie fühlte es so stark, dass es so wirkte, als ob jede Ader ihres Körpers vor Schmerz durch das, was sie gesehen hatte, platzen würde."[6]

Durch ihre genaue Nachahmung des Lebens Christi und die Wertschätzung der Körperlichkeit von Jesus und Maria erhöhten die Beginen den menschlichen Körper im Allgemeinen. Frauen gebären, Frauen stillen Säuglinge, Frauen bereiten Essen für die Familie zu und Frauen kümmern sich um Kranke und Sterbende. Für die Beginen bekräftigte Jesus als „Gottmensch" die Würde der Menschheit in ihrer ganzen Körperlichkeit und Einfachheit: Jeder Mensch war erlösungsfähig, einschließlich der Frauen und Ausgestoßenen der Gesellschaft, wie Aussätzige, Prostituierte und Sklaven. Die Beginen hatten sich dem christlichen Konzept der Menschwerdung – dem Glauben, dass Gott in Jesus von Nazaret Mensch geworden war – zutiefst hingegeben, und dies war für sie eine intensive Erfahrung und nicht nur ein intellektuelles Verstehen.

Das Eintauchen der Beginen in die Evangelien-Texte schuf eine mittelalterliche „Literatur des Mitgefühls", die Gelehrte als Literatur definieren, die zum „Leiden mit" der Jungfrau Maria und Jesus Christus, zusammen mit der emotionalen Beteiligung am Drama der Passion Christi, ermutigt. Den Beginen ging es darum, bei sich selbst und bei ihren Anhängerinnen eine mitfühlende Reaktion auszulösen. Wichtig ist, dass ihre tiefe Identifikation mit der Passion Christi sie nicht zum Erleben der Opferrolle führte, die sie in einen Kreislauf von Selbsthass, Selbsterniedrigung oder Passivität verstrickt hätte; stattdessen führte diese Art des Eintauchens zu einem Gefühl der Ermächtigung für die Beginen in einer Gesellschaft, die Frauen wenig Macht zugestand. Durch das Mitteilen einer verkörperten Erfahrung des menschlichen Jesus schufen die Beginen einen gemeinsamen Erfahrungsschatz (und Literatur), der die Kluft von Jahrhunderten zwischen ihrem eigenen Leben und dem Leben Jesu überwand.

Für diese Frauen bedeutete das Gebet, in der Gegenwart Gottes zu sein und ihren Geist und ihr Herz mit dem Einen zu vereinen, den sie liebten. Ein zentrales Ziel im Leben der Beginen war die Einheit des Willens – dass ihr persönlicher Wille so sehr mit dem Willen Gottes eins wurde, dass sie im Wesentlichen als ein einheitliches Ganzes funktionierten. Gottes

Herz wäre das Herz der Suchenden; das Herz der Suchenden würde in Gott und allein in Gott eine Heimat finden. Diese Einheit des Willens, diese Einung (unio mystica) würde sich durch Freude, Barmherzigkeit, Mitgefühl und Liebe zeigen.

„Im Gebet findet man Gott" – so lehrte Angela von Foligno. Die Beginen gestalteten ihren Alltag um das Gebet herum. Sie standen im Morgengrauen auf und besuchten die Messe, entweder in ihrer örtlichen Pfarrkirche oder (soweit vorhanden) in ihrer eigenen Kapelle oder Kirche. Sie trafen sich auch morgens und abends entweder in ihren Häusern oder in einer Kapelle zum gemeinsamen Gebet, wobei sie statt der traditionelleren Liturgie der Klöster oder des Klerus ein von jedem Beginenhof zusammengestelltes informelles Kompendium von Gebeten verwendeten. Beginen-Psalter waren normalerweise eine Kombination von Maria gewidmeten Gebeten: *Ave Maria, Credo in unum Deum, Confiteor, Miserere mei Deus* und verschiedene Segnungen. Auch Gebete und Gedichte, die Beginen selbst verfasst hatten, gehörten zu ihren Andachten. Einige Beginengemeinschaften hatten zusätzliche Gebetszeiten und/oder „geistliche Lesungen" (ihrer Lieblingspredigten oder Schriften von Theologen), oft neben ihrer Handarbeit. Das private Gebet beinhaltete die Verpflichtung, siebenmal täglich das Vaterunser und das Ave Maria zu beten. Diese Gebete waren leicht auswendig zu lernen und gaben jeder Frau ein Gefühl der Verbundenheit mit anderen Beginen und weiteren Freundinnen, die ebenfalls diese alten Gebete beteten. Sie pflegten auch festgelegte Zeiten der Stille: nach dem Abendessen bis zum Morgen.

Sowohl in ihren Gebeten als auch in ihrem Alltag waren die Beginen Maria – Unserer Lieben Frau – zutiefst ergeben. Zu Beginn der christlichen Bewegung wurde Maria der Titel *Theotokos* verliehen, was Mutter Gottes oder Gottesgebärerin bedeutet. Als Mutter Jesu hat sie „die Menschwerdung geboren, den gegenwärtigen Gott in unserer Mitte". Dies waren starke theologische Aussagen in einer Gesellschaft, die so frauenfeindlich war. Maria als Mutter Gottes gab den Frauen einen legitimen Platz in der Gesellschaft und vor allem in der Heilsgeschichte, und die Beginen waren raffiniert und geschickt im Umgang mit diesen Konzepten.

Die Beginen konnten sich auf Maria beziehen, die als Vorbild für das Leben der Beginen galt. Sie hatte die Freuden und Herausforderungen einer Frau erlebt: ein Kind aufzuziehen, sich um die Bedürfnisse einer Großfamilie zu kümmern und in einer gewalttätigen Welt zu leben. Maria war eine Frau in einer Gesellschaft, die Frauen weder respektierte noch schützte; und vor allem hatte sie ihren Sohn leiden und sterben sehen.

Thomas von Cantimpré schilderte eine der Visionen, die Margarete von Ypern (1216–1237) von Maria hatte, und sagte, dass „ihr (Margarete) die Heiligste Jungfrau Maria erschienen sei und, wie es ihr im Geiste vorkam, die Ehrwürdige Liebe Frau eine Hand auf Margaretes Brust gelegt und gefragt habe, ob dies der Ort des Kummers und Übels sei, der sie belaste. Sie habe geantwortet: ‚Ja, meine Liebe Frau.' Und die Heilige Jungfrau habe gefragt: ‚Was ist der Grund für solche Schwäche und Trauer?' Sie habe geantwortet: ‚Weil ich dich und deinen Sohn durch so viele schändliche Sünden gekränkt habe.' Unvermittelt habe sich die Gottesmutter ihr genähert wie einer Leidensgenossin und mit der Hand durch ihr (Margaretes) ganzes Herz und ihre Brust gestrichen und genau diese Worte gesagt, die ich schreiben werde: ‚Ich heile dich an Leib und Seele. Wisse, dass dir alle deine Sünden von meinem Sohn vergeben wurden.' Wahrlich gesegnet und höchst ehrenwert ist sie, zu deren Segnung und Heilung von allem Leid die glorreiche Jungfrau Maria sich herabließ!"[7] Solche Visionen offenbarten eine respektvolle „Freundschaft" mit Maria, eine große Heilige, die die Beginen als zugänglich empfanden. Da sie nicht selten selbst Mütter oder Großmütter waren, fühlten sich die Beginen der nährenden und leidenden Gottesmutter auf natürliche Weise verbunden. Mittelalterliche Frauen spürten, dass Maria ihre Gebetsbitten auf eine Weise erhören würde, wie es eine rein männliche Gottheit nicht könnte. Maria war „echt", eine irdische Freundin und auch eine wirksame Fürsprecherin.

Beginen ermahnten ihre Anhängerinnen zu erkennen, dass es kein Hindernis für ein tiefes und sinnvolles Gebetsleben gäbe. Ganz gleich, in welcher Lebenssituation ein Mensch ist, ob gebildet oder ungebildet, arm oder wohlhabend, es hindere ihn nichts daran, Gott in seinem Leben zu erkennen oder zu leugnen. Gott sehne sich danach, allen nahezukommen. In einer Gesellschaft, die von Königen, Herzögen und Lords regiert wurde, die die Mehrheit der Menschen unterdrückten, und in einer Kirche, die lehrte, dass Bischöfe und Priester entscheiden, wer den Himmel verdient, hatten Beginen einige radikale Dinge zu sagen. Sie lehrten, dass gewöhnliche Menschen direktes Einssein und Vertrautsein mit Gott erfahren könnten, ohne dass ein Kleriker für sie einträte – kein Vermittler war erforderlich.

Angela von Foligno glaubte, dass eine liebevolle Beziehung zu Gott im Gebet nicht die ausschließliche Domäne der Ordensleute sei, sondern allen zugänglich – und beschrieb dann in ihren *Unterweisungen*, wie dieser innere Weg aussehen könnte.

Angela lebte in Foligno, einer umbrischen Stadt in der Nähe von Assisi. Reich und schön, temperamentvoll und schlagfertig, war Angela verheiratet und hatte Kinder. Um 1285, als sie Ende dreißig war, erlebte sie eine dramatische Bekehrung. Dann, nachdem ihr Mann und ihre Kinder gestorben waren, konzentrierte sie ihr tägliches Leben auf das Gebet, das Fasten, die freiwillige Armut und den Dienst an den Armen. Sie verschenkte ihren Reichtum, wurde Franziskaner-Tertiarin und gehörte einer Gruppe von Franziskanerinnen (sowohl Laien als auch Ordensfrauen) in ihrer Heimatstadt an. Auch über ihren Kreis von Anhängerinnen hinaus galt sie als Magistra.

Angelas Beziehung zum Göttlichen war außergewöhnlich und manches von ihrem Verhalten erschreckte andere. Sie weinte öffentlich über ihre Sünden, quälte sich über ein verlorenes Gefühl für die Gegenwart Gottes, zog einige ihrer Kleider aus, um ihre Solidarität mit der Armut Christi zum Ausdruck zu bringen, und „versetzte" sich in die Passion Christi. Ihre mystischen Erlebnisse diktierte sie einem Geistlichen, der sie (in Latein) aufschrieb. Das Ergebnis war *Das Buch der seligen Angela von Foligno*, das zwei Hauptteile enthält: *Erinnerungen* und *Unterweisungen*.

Angelas *Erinnerungen* enthalten ihr spirituelles Zeugnis und ihre Lehren über das spirituelle Leben, das als Pilgerfahrt beschrieben wird – in erster Linie ihre eigene Reise der Bekehrung zu einer tiefen und vertrauten Beziehung zu Gott, die „eher als eine Spirale denn als eine gerade Linie beschrieben wurde, denn auf ihren jeweiligen Reisen kommen Gott und Angela zusammen und trennen sich, sie nähern sich und verlassen einander, so dass diese Reise, obwohl sie aus Schritten besteht, kein gerader Weg ist und sein kann."[8]

In ihren *Unterweisungen* lehrte Angela ihre Anhängerinnen, dass drei Formen des Gebets – wie sie durch die göttliche Weisheit offenbart wurden – zu Selbsterkenntnis und Gotteserkenntnis führen.[9] Körperliches Gebet ist der Ausdruck des Herzensstrebens durch Worte und körperliche Bewegung (zum Beispiel das Niederknien). Mentales Gebet ist, wenn sich unser Geist in tiefer Meditation befindet und ohne Ablenkung ausschließlich über die göttliche Gegenwart nachdenkt. Und übernatürliches Gebet ist, wenn Gott – der diese Gabe gibt und sie mit göttlicher Gegenwart durchdringt – die Seele erhebt, so dass sie über ihre normalen Grenzen hinaus ausgedehnt wird. Denn die Seele versteht mehr von Gott, als es sonst möglich wäre, ein „Wissen", das sich nicht erklären lässt.

Weiter lehrte sie, dass diese drei Gebetsformen uns lehren würden, wer wir sind und wer Gott ist. Und wenn wir wissen, wer wir sind und wer Gott ist, lieben wir. Und wenn wir lieben, wollen wir besitzen, was wir lieben. Das ist das Zeichen wahrer Liebe. Die oder der Liebende wird – nicht nur teilweise, sondern ganz – in die Angebetete oder den Angebeteten hineinverwandelt.

Selbsterkenntnis und Selbstbewusstsein waren für Angela von Foligno wichtige Aspekte der inneren Reise. Sie ermutigte ihre Anhängerinnen, zuallererst darüber nachzudenken, wer und was Gott ist. Wenn wir dann eine gesunde, betende Distanz zu uns selbst erfahren, können wir das Eine, das Unsichtbare sehen, das Unerkennbare erkennen, das Nicht-Wahrnehmbare spüren und so das Unbegreifliche begreifen. Indem wir Gott sehen, kennen, fühlen und begreifen, können wir uns – jede gemäß ihrer einzigartigen Fähigkeiten – in Gott ausdehnen und durch Liebe mit der göttlichen Gegenwart erfüllt werden. Wir finden unsere Freude an Gott, der Freude an uns findet.

Beginen strebten danach, eine intensive Erfahrung des Leidens und Sterbens Christi zu machen, um zu fühlen, was er hatte fühlen müssen. Einige von ihnen nahmen Krankheit und harte asketische Übungen auf sich und glaubten, dass sie Jesu Leiden auf Erden nachahmen könnten, um die Tiefen der Menschheit Christi im Moment seiner eindringlichsten und erschreckendsten Menschlichkeit – im Moment seines Sterbens – verstärkt zu erleben.[10]

Beginen verehrten die „Wunden Christi", eine Referenz an die Wunden, die Jesus während seines Leidens erlitt, wie in den Evangelien berichtet wird: die Nagelspuren an Händen und Füßen, die Lanzenspur, wo der Hauptmann die Lanze in seine Seite gestoßen hatte und die Kopfwunden von der Dornenkrone, die ihm die römischen Soldaten aufgezwungen hatten. Einige Mystiker:innen verkörperten ihre betende Hingabe an diese Wunden Christi so sehr, dass sie angeblich die Wunden selbst „empfingen" – sie trugen die Stigmata. Stigmata wurden in der mittelalterlichen Gesellschaft als besonders heilig und stark spirituell verehrt. Franz von Assisi und Maria von Oignies gehörten zu den frühesten Stigmatisierten, die in der Geschichte des Christentums verzeichnet wurden. Unter den Beginen, von denen berichtet wurde, dass sie stigmatisiert waren, waren Ida von Löwen, Elisabeth von Spalbeek, Christina von Stommeln und Gertrud von Oosten. Aber Stigmatisierte trugen nicht unbedingt sichtbare Wunden. Die Stigmata von Katharina von Siena konnten von anderen nicht gesehen werden, und Guglielma von Mailand könnte sichtbare oder unsichtbare Stigmata getragen haben – ihre Anhängerinnen bezeugten beides. (Unter unsichtbaren Stigmata wurde verstanden, den Schmerz der Kreuzigung ohne die sichtbar blutenden Wunden zu erleben.)

Die meisten religiösen Traditionen lehren und fördern gesunde asketische Praktiken: Fasten, einige Entbehrungen der Annehmlichkeiten des Lebens, Zeit, die dem Gebet gewidmet ist, und Almosen für die Armen. Solche Praktiken können unser Wachstum zu einem authentischen Selbst unterstützen, Mitgefühl für andere und die Schöpfung kultivieren und unser Bewusstsein für die Gegenwart Gottes in unserer Mitte vertiefen. Ungesunde Askese hingegen beeinträchtigt unser Wohlbefinden, kann Selbsthass oder Narzissmus verursachen, nährt ein falsches Gottesverständnis und schwächt unsere Beziehungen zu anderen.

Die Mehrheit der Beginen pflegten gesunde asketische Praktiken, um Gott näherzukommen und die Welt um sie herum zu verändern, und sie ermutigten ihre Anhängerinnen, dasselbe zu tun. Beginen, die ein stabiles Leben führten, fasteten oft mittwochs und freitags, sowie in der Advents- und Fastenzeit. Aber einige Beginen fasteten häufiger, selbst dann, wenn sie ermahnt wurden von denen, die sich sehr um ihre Gesundheit sorgten. Aus Hingabe an Gott konnten sie sich weigern, etwas anderes als die geweihte Hostie zu verzehren. Im Mittelalter galt strenges Fasten als „Wunder" und als ein Zeichen der Gegenwart Gottes. (Heute bezeichnen wir solche Praktiken als „heilige Anorexie" und verstehen sie als eine Form der Selbstverletzung, die den menschlichen Körper verunglimpft, indem sie seine Gesundheit zerstört.)

In dem Wunsch suchenden Gefährtinnen einen Weg zu einer vertrauten Beziehung zu Gott zu zeigen, lehrten Beginen in erster Linie durch ihr Vorbild. Sie lebten nach eigenem bestem Wissen, was sie predigten. Sogar ihre Kritiker, die sich mit dem Unterrichten und Predigen der Beginen unwohl fühlten, erkannten widerwillig das Gute an, das diese Frauen vollbrachten. Beginen waren leidenschaftlich in ihrem Wunsch, die Kirche zu reformieren, und ermahnten die Menschen persönlich und individuell, ihr Leben nach den Evangelien und den frühen Heiligen zu gestalten. Beginen forderten, schmeichelten, ermahnten und beteten inbrünstig für weitere Bekehrungen in ihrer Umgebung.

In einem von Hadewijchs Briefen rät sie einer jungen Begine, sich bewusst zu sein: „Heutzutage gehen die meisten Menschen in die Irre und betrügen sich selbst, wenn sie sich nach Heiligkeit sehnen, während sie sich in Wirklichkeit in zweitklassigen Tröstungen wohlfühlen, das ist schade. Deshalb musst du in allen Dingen allein Gottes Willen wählen und lieben [...]. Aber heute liebt jeder sich selbst, anstatt Gottes Willen zu lieben: es ist jedermanns Wille, Frieden und Ruhe zu haben, mit Gott in Reichtum und Vollmacht zu leben und eins mit Ihm (Christus) in Seiner Freude und Herrlichkeit zu sein. Wir alle wollen Gott sein mit Gott, aber Gott weiß, dass es nur wenige von uns gibt, die mit Ihm (Gott) in Seiner (Christi) Menschlichkeit sein können; Sein Kreuz mit Ihm tragen; mit Ihm daran hängen; um mit Ihm die Schuld der Menschheit zu bezahlen. Wenn wir uns selbst betrachten, können wir sehen, dass dies wahr ist: Wir leiden und ertragen nichts, wir halten nichts aus. Lass unsere Herzen von der geringsten Trauer durchbohrt werden, lass nur jemanden ein verächtliches oder verleumderisches Wort über uns sagen, lass jemanden gegen unseren Ruf oder unseren Frieden oder unseren Willen handeln und sofort sind wir tödlich verletzt: wir wissen genau, was wir wollen und was wir nicht wollen, es gibt so viele verschiedene Dinge, die uns Freude oder Schmerzen bereiten, jetzt wollen wir dies und dann wollen wir das, unsere Freude heute ist unser Leid morgen, wir möchten hier sein, wir möchten dort sein, wir wollen etwas nicht und dann wollen wir es doch, und bei alledem denken wir nur an unsere eigene Zufriedenheit und wie wir sie am besten finden können."[11] Hadewijchs Worte klingen sehr modern. Sie forderte ihre Zuhörerinnen auf, den schwierigeren Weg zur spirituellen Reife zu gehen.

Bei dem Versuch, die tiefe, herzliche Liebe zu Gott auszudrücken, fühlten sich Beginen sehr wohl dabei, diese Sehnsucht nach Gott mit der sexuellen Sprache des biblischen Hoheliedes zu beschreiben. Sie bedienten sich auch der raffinierten Sprache der höfischen Minne, die von den Troubadouren populär gemacht wurde. Göttliche Liebe – im engeren Sinne ein weiblicher Christus – wurde in den weiblichen Ausdrücken von „Caritas", „Fine Amour" oder „Frau Minne" personifiziert. Dies waren mittelalterliche Ausdrücke für eine sehr feine und erhabene Liebe, meist in Bezug auf eine Liebe, die niemals erfüllt werden kann.

Als Agnes Blannbekin von einer intensiven Gebetserfahrung sprach, die sie „Entrückung" nannte, lehrte sie, dass „die Seele nach einer solchen Entrückung drei Dinge mitbringt: erstens eine gewisse edle Empörung und Verachtung gegen alles Weltliche, und Abscheu gegen alles, was existiert, außer Gott. Und solche Verachtung steht wie eine Mauer gegen die Sünde. Zweitens gibt es eine gewisse verborgene Süße. Drittens gibt es eine brennende Sehnsucht und schmachtende Liebe zu Gott. Das erste gibt die Seele frei. Das zweite gießt die Seele in Gott hinein, damit sie umso tiefer in Gott aufgenommen wird, je mehr sie von solcher Köstlichkeit schmeckt. Das dritte erleuchtet die Seele und lässt sie leuchten."[12]

In ihrer siebten Vision beschrieb Hadewijch einen Pfingstsonntag, während ihre Mitbeginen die Frühmesse sangen: „Mein Herz und meine Adern und alle meine Glieder zitterten und zuckten vor eifrigem Verlangen und wie so oft befiel meinen Verstand solch Wahnsinn und Angst, dass es mir schien, als ob ich meinen Geliebten nicht zufriedenstellte und mein Geliebter mein Verlangen nicht erfüllte, so dass ich sterbend wahnsinnig werden müsste, und würde ich wahnsinnig, so müsste ich sterben. An diesem Tag wurde mein Geist so ängstlich und schmerzlich von sehnsüchtiger Liebe heimgesucht, dass alle meine Glieder zu brechen drohten und alle meine Adern sich plagten. Die Sehnsucht, in der ich damals war, kann durch keine Sprache oder Person, die ich kenne, ausgedrückt werden, und alles, was ich darüber sagen könnte, wäre nicht zu verstehen für die, die Liebe nie als etwas verstanden haben, das man durch tiefes Verlangen erwerben kann, und die Liebe hätte sie nie als ihre anerkannt. Was ich sagen kann ist: Ich ersehne, meinen Geliebten in vollem Umfang zu erfahren und ihn in vollen Zügen zu verstehen und zu schmecken. Ich ersehne, dass seine Menschlichkeit sich in vollem Umfang Eins sein ließe mit meiner Menschlichkeit. Und meine sollte dann ihren Stand halten und stark genug sein, um in die Vollkommenheit einzutreten, bis ich ihn, der an sich durch Reinheit und Einheit und in allen Dingen vollkommen ist, in jeder Tugend voll und ganz zufrieden stellen könnte."[13]

Während viele von uns sich heute schwer damit tun, eine solche Erfahrung mystischer Liebe nachzuempfinden, war sie für mittelalterliche Beginen und ihre Anhängerinnen sehr real, da brennende Leidenschaft für die spirituelle Welt von ihnen so sehr erstrebt wurde.

Die Beginen vermittelten ihren Anhängerinnen eine tiefe Einsicht in das Geheimnis Gottes, das *mysterium tremendum*, sowie in Gottes tiefe Liebe zur Menschheit. Das Wort „Theologie" bedeutete „auf Erfahrung beruhende Worte über Gott". Diese Frauen sprachen aus der Tiefe ihrer Gotteserfahrung und führten nicht eine rein rationale, philosophische Debatte. Die Gotteserkenntnis wurde in erster Linie dadurch gewonnen, dass man Gottes Liebe erfahren und Gott im Gegenzug lieben konnte. Die Beginenmystikerinnen verschmolzen emotionale und intellektuelle Visionen und schufen so neue Einsichten in das Göttliche. Diese Visionen waren eine vollständige, verkörperte und bewusste Erfahrung des Göttlichen. Gott war ein Geheimnis, worüber es nachzudenken galt – mit Freude und Hochachtung –, und die Beginen verwendeten verblüffend sinnliche und vertraute Bilder für das Göttliche wie Tanzpartner:in, Magnet oder Ozean.

In ihren Schriften drückten die Beginen ihr Gottesverständnis in Metaphern und Bildern aus. Marguerite Porète zum Beispiel verwendete nach Belieben Ausdrücke für Gott wie Göttliches Licht, Kraft, Weisheit und das Eine Gute, während Hadewijch unter anderem von Gott als Ganz Anderem und Antlitz sprach. Häufig nannte sie Gott Liebe und benutzte die weibliche Form des Substantivs. Angela von Foligno sprach von Gott als „Unbekannter Liebe".

Bilder sind mit mehreren Bedeutungen verbunden und offen für viele Interpretationsebenen. Eine Bildsprache ist reich und vielfältig und erschöpft sich selten in ihren Möglichkeiten. Die Macht der Bilder liegt in ihrer Fähigkeit, in einer Vielzahl von Bedeutungen zu uns zu sprechen. Die Bildsprache ermöglichte es den Beginen, ihre zutiefst persönlichen Gotteserfahrungen ohne Einschränkungen zu benennen. Gott war der Ganz Andere, aber auch der engste Freund und der Liebhaber; so suchten die Beginenmystikerinnen passende und angemessene Ausdrücke für ihre Beziehung zu Gott.

Bilder des Göttlichen, die von Beginen verwendet wurden:

Musik	Christus als Mutter
Süße	Handwerker
Quelle des Lebens	Weisheit
Liebhaber	Ehepartner
Liebesfeuer	Bräutigam
Ewige Wahrheit	Weise Liebe
Mein bester Freund	Höchste Schönheit
Sanftes Lamm	Widder
Strudel	Fruchtbare Dunkelheit
Liebe allein, die genügt	Der/die/das Eine
Meerestiefen	Brunnen der Güte
Abgrund	Geliebte
Liebster Schatz	Strahlendes Herz
Süßer Tau	Anführer des Tanzes
Ruhestätte	Fließendes Licht
Das Alles in allem	Winzer
Fülle	Allherrliche

Das dynamische Gottesgefühl, das die Beginen zum Ausdruck brachten, verband die Immanenz und die Transzendenz des

Göttlichen. Immanenz war das sehr reale Gefühl von Gottes Gegenwart in der erschaffenen Welt – dass Gott erfahren werden kann. Transzendenz war das tiefe menschliche Bewusstsein um die Andersartigkeit des Göttlichen, das Ehrfurcht und Respekt hervorrief. Während viele mittelalterliche Theologen und Prediger dem einen oder anderen dieser Ausdrücke zugeneigt waren, verbanden die Beginen die beiden mit Leichtigkeit. Sie lebten mit einem außergewöhnlichen Bewusstsein des Göttlichen, und aufgrund der Wirksamkeit ihres Gebets glaubte man, dass sie einen einzigartigen Raum zwischen dieser Welt und der nächsten einnähmen.

Die Beginen hatten einen enormen Einfluss auf die Beziehung der Laien zur Eucharistie und auf das, was als eucharistische Anbetung bekannt werden sollte. Das Leben von Juliana von Cornillon (auch bekannt als Juliana von Lüttich) beleuchtet dies. Juliana wurde 1193 in der Nähe von Lüttich geboren und wurde im Alter von fünf Jahren Waise. Sie wurde von der Begine Sapientia (lateinisch „Weisheit") aufgezogen, die in der Nähe des Leprakrankenhauses in Mont-Cornillon (außerhalb von Lüttich) lebte. Das von Laienmännern und -frauen versorgte Krankenhaus war von den Bürgern Lüttichs gegründet worden.

Juliana trat um 1207 in diese gemischte (und etwas chaotische) Gemeinschaft in Mont-Cornillon ein und empfing kurz darauf angeblich eine göttliche Vision, die sich im Laufe der Jahre wiederholte: Sie sah den Vollmond scheinen, aber dieser enthielt einen Riss. Christus offenbarte ihr, dass der Mond die Kirche sei und der Riss die laxe Haltung der Gläubigen gegenüber der Eucharistie symbolisierte, und er bat darum, einen Festtag ins Leben zu rufen, um das „Sakrament seines Leibes und Blutes" feierlich zu verehren. Dieser Tag sollte Fronleichnam heißen.

1222 wurde Juliana zur Leiterin dieser gemischten Gemeinschaft gewählt. Sie versuchte, die Finanzen zu ordnen und etwas Ordnung und Disziplin in die Lebensweise der Mitglieder zu bringen. 1237 zwang ein Kampf um die Finanzen und die Führung der Gemeinschaft Juliana, diese zu verlassen, aber einige Jahre später wurde sie rehabilitiert und kehrte zurück. Im Jahr 1246 begannen Juliana und der Domherr Johann von Lausanne mit der Zusammenstellung des Fronleichnamsamtes, des neuen liturgischen Festes, zu dessen Begründung sie sich von Gott berufen glaubte. Doch um 1247 musste Juliana aufgrund eines erneuten Machtkampfes wieder gehen.

Nachdem Juliana und ihre Gefährtinnen – Isabella von Huy, Agnes und Odilia – einige Jahre herumgewandert waren, fanden sie im Zisterzienserinnenkloster Salzinnes (bei Namur) unter der Äbtissin Imène einen sicheren Zufluchtsort. Dort lebten sie als Beginen bis 1256, als die weltliche Politik sowohl die Beginen als auch die Zisterzienserinnen zur Flucht zwang. Nachdem Juliana einen Herzinfarkt erlitten hatte, konnte die im Exil lebende Äbtissin Imène eine Klause ausfindig machen, in der Juliana ihre restlichen Tage verbrachte. Juliana starb 1258, angeblich an einem Freitag um drei Uhr nachmittags, in Nachahmung des Todes Christi.

Man erinnerte sich an Juliana wegen ihrer intensiven Frömmigkeit, die sich auf Jesus als Mensch konzentrierte. Sie sprach von der „wunderbaren inneren Süße", die sie beim Empfang der Eucharistie geschmeckt habe. Berichten zufolge, weinte sie oder wurde ohnmächtig, wenn sie der Passion Christi gedachte, und machte häufig intensive mystische Erfahrungen (insbesondere beim Empfang der Eucharistie). Ihre Biografin berichtete: „Wenn die heilige Kirche die liturgischen Gedenktage feierte, ging Juliana ganz in dem betreffenden Ereignis auf. Daher war sie, als die Kirche von der Passion Christi sang, von so großem Mitgefühl ergriffen, dass sie vor Kummer kaum an sich halten konnte. In Gottesdiensten weinte sie so stark, dass der Strom der Tränen aus ihren Augen, „gepresst aus der Kelter des Kreuzes", den Teil der Kirche, in dem sie saß, reichlich benetzte. Und als sie hörte, wie das Lied *Vexilla regis prodeunt* (Des Königs Banner ziehen voran ...) angestimmt wurde, wurde die Passion Christi für sie plötzlich wieder erlebbar und sie schrie laut auf, bis man sie rasch aus der Kirche trug. Beim Gedenken an die Passion zerfloss sie geradezu und konnte sich nicht mehr beherrschen; es sei denn, sie lebte durch solche Aufschreie, die nicht mit Billigung ihres Verstandes, sondern aus den unvermittelten Regungen ihres leidenschaftlichen Herzens hervorbrachen, wieder etwas auf."[14] Indem sie ihre öffentlichen Andachtsübungen an den liturgischen Kalender anpasste, lehrte und predigte Juliana in der Öffentlichkeit.

Juliana ließ nie davon ab, zum neuen Fronleichnamstag aufzurufen. Gelehrte und Theologen ihrer Zeit wie auch Laien unterstützten ihr Anliegen zunehmend. Während Juliana die Erfüllung ihrer Vision nicht mehr erlebte, ordnete Papst Urban IV., ihr früherer Bischof, 1264 die Feier des Fronleichnamsfestes an.

Die Beginen wünschten sich zutiefst, die Menschlichkeit Jesu in der Eucharistie zu erfahren. Hadewijch beschrieb dieses „erfahrungsbezogene Wissen" in ihrer siebten Vision folgendermaßen: „Er [Jesus] gab sich mir in Form des Sakraments, in seiner äußeren Form, wie es der Brauch ist; und dann gab er mir aus dem Kelch zu trinken, in Form und Geschmack, wie es die Sitte ist. Danach kam er selbst zu mir, umfasste mich ganz mit seinen Armen und drückte mich an sich, und alle meine Glieder fühlten seine volle Glückseligkeit, in Einklang mit dem Wunsch meines Herzens und meines Menschseins. So war ich äußerlich zufrieden gestellt und völlig entzückt."[15] Die Beginen glaubten, dass ein Mensch beim Empfang der Kommunion zum gekreuzigten Leib Christi wurde, und dies war für sie eine Erfahrung der vollständigen göttlichen Vereinigung. Sie lehrten, dass der Empfang der Eucharistie eine mystische Ehe und eine körperliche Vereinigung mit Christus sein könne.

Die Eucharistie war für diese Frauen in erster Linie eine intensive Erfahrung und kein intellektuelles Konzept. Sie sahen und erlebten Christus in der Eucharistie auf emotionale, sinnliche und leidenschaftliche Weise. So verbrachten sie Stunden in Meditation und Kontemplation vor dem Allerheiligsten (der in einer Pyxis oder einem Tabernakel aufbewahrten geweihten Hostie), und diese kontemplative Form des Gebets wurde als eucharistische Anbetung bekannt. Das früheste Zeugnis für diese Praxis bei Beginen stammt von Maria von Oignies. Von Maria wurde gesagt, „das heilige Brot stärkte ihr Herz [...], der heilige Leib sättigte sie; das lebensspendende Blut reinigte sie durch Reinwaschen. Und sie konnte es nicht ertragen, lange auf solchen Trost zu verzichten. Denn Leben war ihr, den Leib Christi zu empfangen; und Sterben war, vom Sakrament getrennt zu sein, indem sie sich lange Zeit enthalten musste [...]. Und wenn sie ihren Durst nach dem belebenden Blut nicht mehr ertragen konnte, blieb sie manchmal nach der Messe noch lange und betrachtete den leeren Kelch auf dem Altar."[16] Maria predigte ihren Anhängerinnen durch ihr Beispiel.

Die Beginen waren begierig, die Hostie im Moment der Wandlung zu sehen, und viele von ihnen berichteten, dass sie Christus beim Zeigen der Hostie manchmal als Säugling und manchmal am Kreuz „gesehen" hätten. Schon als Kind war Margarete von Ypern „zufällig dabei, als die Gemeinde das Sakrament des Leibes des Herrn empfing, und nahm einen wunderbaren Duft wahr. Sie richtete daher ihre Aufmerksamkeit ganz darauf, obwohl sie Gott noch nicht kannte. Sie erkannte dennoch durch das intensive innere Wirken und die Manifestation der göttlichen Kraft, dass Jesus, unser Heil und unsere Erlösung, auf den Altar gekommen war."[17]

Während im Mittelalter der Empfang der Eucharistie nur zu Weihnachten, Lichtmess (2. Februar), Ostern und Pfingsten „erforderlich" war, war die Anbetung der Eucharistie zu allen Zeiten von zentraler Bedeutung für die Spiritualität der Beginen. Viele Beginen begnügten sich damit, die erhobene Hostie zu betrachten; es ging ihnen weniger darum, sie zu empfangen. Ihre Leidenschaft war es, die geweihte Hostie zu sehen und zu bestaunen – nicht, ihrer teilhaftig zu werden. Für die Beginen war die Enthaltung aus Ehrfurcht gleichbedeutend mit dem Empfang mit Zuversicht und Freude. Dieser Beginen-Glaube war eine Gegenwarts-Frömmigkeit, die besagte, dass der tatsächliche Empfang der Eucharistie nicht so wichtig sei wie den Glauben an die vollständige Gegenwart

Jesu durch privates Gebet und Anbetung vor der geweihten Hostie auszudrücken. (Einige Beginen forderten jedoch den häufigen Empfang der Eucharistie.) Die mystische Ekstase, die Beginen beim Anblick der Eucharistie erlebten, diente auch als Alternative zur Autorität des Priesteramtes.

Für die Beginen war die Hingabe an Leib und Blut Christi eine klare Bestätigung der religiösen Bedeutung des menschlichen Körpers und seiner Emotionen. Die Eucharistie zu sehen, vor allem in der hochgehobenen Hostie, war ein Moment, in dem sie in die ekstatische Vereinigung mit Christus gerieten. Es war der Moment, in dem der Auferstandene auch zutiefst menschlich und verletzlich war.

In einer Zeit, in der Frauen wenig gesetzlichen Schutz genossen und von kirchlichen Institutionen kaum beachtet wurden, forderten die Beginen durch die Eucharistie ihr vollstes Menschsein ein: Wenn Gott Mensch werden konnte, wenn Christus in der Eucharistie vollständig gegenwärtig war, dann waren Frauen auch gewürdigt. So glaubten die Beginen inbrünstig daran, dass die Anwesenheit Christi in der Eucharistie für sie ein Akt der Befreiung sei und sie in ihrer kontemplativen Andacht die priesterliche Autorität „umgehen" könnten – besonders in Zeiten korrupter Geistlichkeit und politisch motivierter Auseinandersetzungen zwischen Päpsten und Königen.[18]

Diese innige Erfahrung des kontemplativen Blicks auf die Eucharistie war ein ständiges Thema in den Schriften der Beginen. Mechthild von Magdeburg beschrieb diese Erfahrung mit den Worten: „reine Liebe findet allein in Gott Ruhe, weil diese beiden einen Willen haben und niemand sie stören kann."[19] Und von Agnes Blannbekin wurde berichtet, dass „im Jahr des Herrn 1293, am Pfingsttag, als sie [Agnes] die Kommunion empfangen hatte, sie plötzlich von einer solchen Süße des Geistes erfüllt war, die sich so in ihr Fleisch ergoss, dass es an ihrem ganzen Körper keine Stelle gab, an der sie die unschätzbare Süße nicht körperlich spüren konnte. Und sie blieb den ganzen Tag körperlich wie geistig in dieser Süße, überflutet von Wonne und geistlicher Freude."[20]

Kapitel 6

Die Barmherzigkeit der Beginen

Was passiert, wenn wir sterben? Das Christentum glaubt, wie viele Glaubensrichtungen, an ein Leben nach dem Tod. Der „Ort" der freudvollen Ewigkeit, an dem Gott wohnt, wird gewöhnlich als Himmel oder Paradies bezeichnet. Und der „Ort" der Qual, wo Gott abwesend ist, wird Hölle genannt. Viele religiöse Traditionen in der Antike – etwa in Ägypten und im Iran, in Griechenland und in Rom – hatten Gemeinsamkeiten bezüglich der „Reise von hier nach dort". Die Religionen der Welt erzählen heilige Geschichten über das Leben nach dem Tod, die oft eine Reise oder Passage beinhalten, die den Einzelnen verwandelt und auf die Ewigkeit vorbereitet. Dieser „Dazwischen"-Ort, der eine Umwandlung anbietet, wurde auf Sanskrit *Antarabhava*, auf Tibetisch *Bardo*, im Judentum *Sheol*[1] und im Christentum Fegefeuer genannt.

Viele frühe Christen waren von der Sünde besessen. Trotz des zentralen Glaubens an das Heilswerk Christi – dass er für unsere Sünden gestorben ist und uns würdig gemacht hat, in Gottes Gegenwart zu sein – zweifelten kirchliche Theologen im Laufe der Jahrhunderte zunehmend daran, dass ein Mensch ins Paradies kommen könne, wenn er es nicht schaffe, kurz vor dem Tod „eine gute Beichte abzulegen". Wie sonst könnte ein unvollkommener Mensch in die Gegenwart Gottes gelangen? Wenn aber Gott nur die Anwesenheit sündloser und vollkommener Menschen dulden kann, wie Theologen behaupteten, wie könnte dann ein sündiger Mensch gerettet werden? Im 4. Jahrhundert kamen prominente Kirchenführer zu der Überzeugung, dass Sünder (ihrer Meinung nach die meisten Menschen) immer noch gerettet werden können, indem sie sich nach dem Tod einer Prüfung – einer reinigenden

Phase – unterziehen, um die anhaltende Sünde zu tilgen und sich darauf vorzubereiten, in Gottes Gegenwart zu wohnen.

Das Fegefeuer wurde traditionell als „der Zustand des sowohl strafenden als auch erlösenden Leidens von auserwählten Seelen zwischen dem Moment des Todes und ihrer späteren Aufnahme in den Himmel"[2] verstanden. Einige moderne Gelehrte vermuten, dass das Konzept des Fegefeuers[3] am Ende des 12. Jahrhunderts zu einem „dritten Ort" der räumlichen Verkörperung neben Erde und Himmel/Hölle geworden war. Während Theologen des ersten Jahrtausends vermuteten, dass das Fegefeuer ein beschleunigter Prozess sein könnte, der vielleicht nur einen kurzen Augenblick nach dem Tod dauerte, wurde es um 1100 als Ort des Feuers verstanden, an dem die Verstorbenen von Sünden gereinigt würden, um am Ende in den Himmel zu kommen. Auch wenn die Sünden zu Lebzeiten eines Menschen durch Beichte vergeben werden konnten, wobei der die Beichte abnehmende Priester die Buße auferlegte: Was geschah, wenn die Zeit nicht reichte, um diese Buße vor dem Tod zu erfüllen? Das Fegefeuer galt als der Ort, an dem die Buße für die Sünden abgeleistet werden konnte. Und anstatt die Reinigung blitzartig zu vollziehen, nahm die im Fegefeuer verbrachte „Zeit" ein weltliches Ausmaß an: Tage und Monate und Jahre des Leidens. Die Kirche des Mittelalters lehrte jedoch auch, dass Menschen für Seelen im Fegefeuer beten könnten und dass ihre Gebete diese Seelen bei ihrem Übergang vom Fegefeuer in den Himmel wirksam unterstützen würden.

Den Beginen wurden, wie wir gesehen haben, außergewöhnliche spirituelle Kräfte zugeschrieben. Die Menschen glaubten, dass man, wenn eine Begine für sie vor Gott Fürsprache einlegte, sicher sein könne, dass ihre Bitte von Gott erhört würde – und das galt vielleicht in keinem Fall mehr als für „diese armen Seelen im Fegefeuer". Und die Beginen glaubten, dass sie tatsächlich die Macht hätten, unzählige Seelen aus dem Fegefeuer zu befreien. Viele in den Lebensläufen der Beginen enthaltenen Geschichten setzen sich mit dem

Schicksal der Verstorbenen im Fegefeuer (oder in der Hölle) auseinander.

Im *Leben der Maria von Oignies* wird uns zum Beispiel erzählt, dass Maria eines Tages, als sie „in ihrer Zelle neben der Kirche von Oignies war, eine Vielzahl von Händen vor sich sah, die flehend wie zum Bittgebet erhoben waren. Sie wusste mit dieser Vision nichts anzufangen, sodass sie ein wenig Angst bekam und in die Kirche floh. Als sie ein anderes Mal in ihrer Zelle war, sah sie wieder dieselben Hände und war erschrocken, aber als sie wieder in die Kirche fliehen wollte, wurde sie zurückgehalten und von den Händen festgehalten. Dann lief sie zur Kirche, als ob die Kirche selbst ein Tabernakel wäre, um Rat vom Herrn zu bekommen. Sie bat den Herrn, er solle ihr sagen, was diese Hände von ihr wollten. Der Herr antwortete, dass die gequälten Seelen der Toten im Fegefeuer um ihre Fürbitt-Gebete baten, die ihre Leiden lindern würden, als ob diese Gebete eine kostbare Salbe wären. Wegen der Süße dieser Betrachtung unterbrach sie ihre üblichen Gebete für eine Weile und konnte weder ihren Mund öffnen, noch an etwas anderes denken als an Gott."[4]

Luitgard von Aywières (1182–1246) galt als Schutzpatronin des Fegefeuers. Ihre Zeitgenossinnen hielten sie für eine tiefgründige, aber bescheidene Frau, die als geistliche Leiterin, Prophetin, begehrte Heilerin und Fürsprecherin (insbesondere für Sünder und Seelen, die im Fegefeuer litten) und Exorzistin wirkte. Geboren in Tongeren, begann sie 1194 als Begine der Hl. Katharina im nahegelegenen Sint-Truiden. Zwischen 1200 und 1205 half sie beim Aufbau eines Benediktinerinnenklosters, für das sie widerstrebend das Amt der Priorin übernahm. Der Verantwortung als Leiterin müde und in der Hoffnung auf mehr Zeit für das Gebet, wechselte Luitgard 1210 in ein neu gegründetes Zisterzienserinnenkloster in Aywières (heute das Dorf Awirs bei Lüttich), wo sie angeblich hoffte, dass ihr Französisch so unzureichend sei, dass sie nie in ein Amt gewählt werden würde. Offensichtlich versuchte Luitgard, der Verantwortung als Priorin zu entgehen. In der ganzen Zeit blieb sie in engem Kontakt mit den Beginen.

1216 begann Luitgard die erste von drei siebenjährigen Fastenzeiten. In dieser Zeit musste sie auch dreimal umziehen, stets auf der Suche nach einem dauerhaften Zuhause. Ihr erstes Fasten widmete sie der Bekehrung der Albigenser:innen (Katharer:innen). Ihr zweites Fasten war für die Bekehrung von Sündern im Allgemeinen bestimmt. Und das dritte Fasten nahm sie für die Kirche auf sich, die ihrer Meinung nach durch ein drohendes politisches Bündnis (wahrscheinlich zwischen Kaiser Friedrich II. und den Tataren) gefährdet sein könnte. Diese drei siebenjährigen Fastenzeiten gaben auch Luitgards Biograf Thomas von Cantimpré (ca. 1200 – ca. 1265/70) einen Rahmen, um ihre *Vita* in drei Phasen zu gliedern: als spirituelle Anfängerin – als Begine und Benediktinerin –, die Phase ihrer intensivsten visionären Erfahrung; als fortgeschrittene Kontemplative und Zisterzienserin; und zuletzt als vollendete Heilige.[5] Der viel jüngere Thomas sah sich als ihr „geistlicher Sohn" und Schützling und verfasste schließlich Luitgards *Vita*.

In der christlichen Tradition wurde ein Apostel gesandt, um die christliche Botschaft zu verbreiten. Luitgards Botschaft war für Sünder ohne Hoffnung auf Erlösung und für im Fegefeuer leidende Seelen gedacht. – Maria von Oignies sah Luitgard als die mächtigste und wirksamste Fürsprecherin bei der Errettung der Seelen aus dem Fegefeuer an. Luitgards *Vita* beschreibt ausführlich ihre Fähigkeit, den Heilszustand eines Menschen zu sehen und dann wie eine Ärztin das am besten geeignete Heilmittel anzubieten: den Menschen zur Buße zu rufen, seiner Verzweiflung die Hoffnung auf Gottes Trost entgegenzusetzen oder Gebet und Fasten zu empfehlen, damit Gott dem Menschen vergeben könne. Ihre *Vita* berichtet, dass Luitgard direkt aus dem Fegefeuer Besuch bekam – von Abt Simon von Foigny, Papst Innozenz III., Herzogin Maria von Brabant, Jakob von Vitry und ihrer eigenen Schwester – sie alle baten Luitgard um Hilfe für ihre Entlassung in den Himmel.

Thomas beschrieb in Buch II von Luitgards *Vita*,[6] dass sie „den Schrei der Wunden Christi" hörte, die unablässig für die Sünder bluteten – sozusagen als Zeichen dafür, dass Jesus aufgrund der menschlichen Sünde noch immer gekreuzigt wird. In einer überlieferten Vision wurde Luitgard in den Himmel aufgenommen, wo sie Christus sich vor dem Vater niederwerfen und inständig um die Seelen der Kinder Gottes flehen sah. Christus wandte sich dann an Luitgard und beauftragte sie, zur Erde zurückzukehren und dasselbe zu tun. Luitgard galt als „Mit-Erlöserin", was bedeutete, dass sie neben Jesus erlösend für andere leiden konnte (durch ihre Gebete, Tränen und Fasten) und es so Sündern ermöglichte, in den Himmel zu kommen. Thomas berichtete, dass Luitgard im Namen der Sünder mit dem Himmel verhandelte, fastete und betete, bis sie eine direkte Antwort von Gott erhielt.

Nach Angaben der Zeugen von Luitgards verkörperten Visionen wurde – wenn ihre Visionen das Nachvollziehen der Passion beinhalteten – ihr ganzer Körper rot, als wäre sie blutgetränkt. Ein Zeuge, ein vertrauenswürdiger Priester, hatte sich still und leise in die Kapelle geschlichen, wo Luitgard an einer Wand lehnte, tief in innigem Gebet versunken. Um die Wahrhaftigkeit dessen zu überprüfen, was er sah, schnitt dieser Priester eine Strähne ihres blutgetränkten Haares ab. Als Luitgard aus ihrer Verzückung erwachte und das Blut von ihrem Körper und ihrer Kleidung „verschwand", sah der Priester, dass auch ihre Haarlocke wieder ihre natürliche Farbe angenommen hatte.[7]

Luitgard verehrte das heilige Herz Jesu, das Zeichen für Barmherzigkeit. Diese Wahl stand in direktem Zusammenhang mit ihrem Dienst an den Seelen im Fegefeuer: Beide gründeten auf tiefer, beständiger Barmherzigkeit. Nach ihrem Tod (wie ihr Geist angeblich kurz darauf einem Freund erzählte) empfand sie ein solches Erbarmen, als sie an den Seelen im Fegefeuer vorbeiging, dass Gott einer ganzen Schar von ihnen erlaubte, ihr ins Paradies zu folgen.[8]

Der mittelalterlichen Welt war das Reich des Fegefeuers sehr vertraut. Die Menschen waren sich der Verstorbenen intensiv bewusst, empfanden sie als real anwesend und gingen zu „Familienbesuchen" auf die Friedhöfe. Sie nahmen auch oft an der Messe teil und sprachen viele Gebete für ihre Liebsten, die, wie sie befürchteten, in den Flammen des Fegefeuers litten. Die Menschen des Mittelalters waren sich ebenso der sehr realen Präsenz einer bösen Kraft bewusst, die danach strebte, die Grundlagen der bürgerlichen Gesellschaft zu untergraben, die Saat des Unglaubens und der Blasphemie zu säen und die Gläubigen von der Erlösung in die Verdammnis zu führen. Gespenster und böse Geister wurden als real angesehen, und Männer wie Frauen fühlten sich diesen Realitäten gegenüber völlig machtlos. An wen könnten sie sich Hilfe suchend wenden?

Die Beginen übten im Umgang mit dem Fegefeuer die größte Macht und pastorale Barmherzigkeit aus, mehr als Kleriker und Mönche. Für Kirchenführer und Laien gleichermaßen stand vollkommen außer Zweifel, dass Beginen aufgrund der Wirksamkeit ihres Gebets die Macht besaßen, Seelen aus dem Fegefeuer zu befreien. Die Beginen empfanden tiefstes Mitgefühl, wenn sie Bitten annahmen, vor Gott Fürsprache einzulegen für Menschen, von denen man glaubte, dass sie im Fegefeuer litten und schmachteten. Und laut den Angaben in manchen Biografien und Visionen „verhandelten" die Beginen erfolgreich mit Gott über das Schicksal der Seelen im Fegefeuer.

Während die Lebensregeln in den Beginengemeinschaften unterschiedlich waren, so war ein gemeinsamer Nenner die Verpflichtung, für die Seelen im Fegefeuer zu beten und Werke der Askese (wie Selbstverleugnung, Fasten und Almosengeben) anzubieten, um die Befreiung der Seelen aus dem Fegefeuer zu erreichen. So erwähnt beispielsweise die *Règle des Fins Amans* aus dem 13. Jahrhundert – eine Lebensregel, die für einige französische Beginen aufgestellt wurde –, es sei Pflicht, für die Toten zu beten, die Barmherzigkeit erwarten, damit Gott ihre Qualen lindern und ihre Aufnahme in seine

Herrlichkeit beschleunigen könne.[9] Gilles von Orléans hielt 1272/73 den Beginen von St. Catherine in Paris eine Reihe von Predigten über das Fegefeuer. Diese Predigten spiegelten genau wider, wie die Beginen selbst das Fegefeuer wahrnahmen. Drei Aspekte wurden hervorgehoben: Das Fegefeuer war Gottes Gefängnis und daher hatten die Beginen die Pflicht, für die Seelen im Gefängnis zu beten (diese Praxis geht auf die alte Tradition zurück, in Zeiten der Verfolgung für Christen in römischen Gefängnissen zu beten); das Fegefeuer schuf Verbundenheit zwischen den Lebenden und den Toten; und das Fegefeuer stand mit der Buße in enger Beziehung – entweder befreite die Buße die Seele aus dem Fegefeuer, oder das Fegefeuer vollendete den Bußprozess.[10] (Predigten mit dieser Bedeutung könnten eine Zusammenarbeit zwischen Predigern und Beginen gewesen sein, da Prediger durch diese Predigten den Dienst der Beginen für die Seelen im Fegefeuer in der Öffentlichkeit begründeten und bekräftigten.)

Zweifelsohne war das Verständnis, das die Beginen vom Fegefeuer hatten, in erster Linie pastoral. Mit leidenschaftlicher Hingabe suchten sie das Leben ihrer Anhängerinnen und Nachbar:innen zu „reformieren" und riefen alle zu einem Leben voller Gebete, Rechtschaffenheit und Barmherzigkeit auf. Wie bereits erwähnt, praktizierten einige Beginen die Gabe des „Seelenlesens" – sie konnten den Heilszustand von Menschen erkennen und sie mit nicht gebeichteten Sünden konfrontieren. Manchmal „verfolgte" eine Begine nach einer Vision berüchtigte Sünder und rief sie auf, ihr Leben umzukrempeln. Die Absicht der Begine war es, den betreffenden Menschen zu ermutigen, sein Leben zu ändern und Gott näherzukommen. Doch die Beginen waren sich über die menschliche Natur im Klaren – die Menschen würden ins Wanken geraten und in die Sünde zurückfallen – und so ermutigten sie ihre Anhängerinnen, auf die Liebe Gottes zu ihnen zu vertrauen. Das war eine natürliche Erweiterung ihrer geistlichen Aufgabe, den Seelen, die im Fegefeuer litten, Barmherzigkeit zu erweisen.

6 · Die Barmherzigkeit der Beginen

Maria von Oignies brachte ihre Freunde dazu, sie beim Gebet für die Seelen, die im Fegefeuer von Gott getrennt waren, zu unterstützen. Mechthild von Magdeburg betete für eine Vielzahl von Menschen, die sie im Fegefeuer weilen „sah", darunter einen Mönch, eine Begine, einen Priester und ein durch und durch lasterhaftes Mordopfer. Mechthild betete: „Gib mir, O Heiliger, die schuldigen Seelen aus dem Fegefeuer; ich allein bin ihr Lösegeld."[11]

Rixenda, eine Begine aus Narbonne in Südfrankreich, bezeugte, dass sie um 1280 „in den Himmel hochgetragen worden war und dort Jesus, sowohl stehend als auch sitzend, und seine Mutter Maria direkt neben ihm und in der Nähe den Heiligen Franziskus sah [...]. Sie sah auch ihren Vater und ihre Mutter im Fegefeuer bei der Sühne für ihre Sünden ... und sie sagten ihr, dass dank ihrer Gebete viele Seelen aus dem Fegefeuer geholt würden, insbesondere ihr Vater und ihre Mutter und eine Cousine, Aucradis. Rixenda sagte auch, dass sie bei ihrem Flug eine Frau gesehen habe, Feralguière von Béziers, im Fegefeuer mit Strafen überhäuft, drei Tage lang verprügelt und geschlagen ... Sie sah ihren Vater und ihre Mutter am Himmelstor und kurz darauf wurden sie in die Ewigkeit aufgenommen."[12]

Die Beginen „interagierten" so leidenschaftlich mit dem Fegefeuer, dass Berichten zufolge einige von ihnen von dieser Welt in die nächste übergehen, vor Gott für eine gequälte Seele Fürbitte einlegen und ihre Freilassung ins Paradies erringen konnten. Wie wir bei Luitgard gesehen haben, wurden einige Beginen als eine Art „Mit-Erlöserin" mit Jesus betrachtet. So wie die Beginen durch ihre verkörperten Gebetserfahrungen die Passion und Kreuzigung Christi „teilten", „teilten" sie auch die erlösende Folge – den Glauben, dass Jesus nach seinem Tod die Hölle besuchte und alle Seelen befreite, die sich ihm ins Paradies anschließen wollten. Zahlreiche Visionen von Beginen berichteten, dass sie in die Hölle hinabgestiegen seien, um eine Seele zu retten oder zumindest das Leiden derer zu lindern, die in einem Zustand der Sünde gestorben waren, aber in den Himmel wollten. Einige Beginen berichteten, einen Verstorbenen im Fegefeuer gesehen zu haben, der sie bat, für seine Befreiung aus dem Fegefeuer zu beten, während andere von Offenbarungen göttlicher Gerechtigkeit berichteten, die einen in Sünde lebenden Menschen erwartete. Diese Beginen sahen sich dann genötigt, die Sünder vor der Strafe zu warnen, die sie erwartete, wenn sie ihr Verhalten nicht änderten.

Bezeichnenderweise wurden Beginen zwar dafür verurteilt, zu lehren und zu predigen und ein unabhängiges Leben zu führen; ihr Dienst als „Mit-Erlöserin" mit Jesus in Bezug auf die Seelen im Fegefeuer wurde jedoch von den kirchlichen Autoritäten nie in Frage gestellt. Auch Kirchenmänner brauchten jede Hilfe, die sie bekommen konnten, um in den Himmel zu kommen!

Der Glaube an das Fegefeuer – von einem Gelehrten als „Fegefeuerfrömmigkeit" bezeichnet – nahm in den Visionen, Andachten und Diensten der Beginen überwältigenden Raum ein.[13] Letztendlich ging es beim Fegefeuer für sie um Liebe. Die religiöse Frömmigkeit im Mittelalter glaubte, dass das Brennen im Fegefeuer Läuterung bewirkt (während das Brennen in der Hölle ewige Qualen verursacht). Im Paradies war diese brennende Flamme eigentlich ewiges Licht und ewige Liebe. So wurde der oder die Suchende ermutigt, die Hoffnung nicht aufzugeben, sondern noch in diesem Leben den Ruf zu Bekehrung und Buße anzunehmen, eigene Fehler zu überprüfen, den Glauben zu pflegen und nach Liebe zu streben.

Der Schmerz und das Leiden, das Beginen verspürten – Gott nicht so tief und vollständig erfahren zu können, wie sie es wollten –, waren für sie intuitiv real. Sie fühlten sich *jetzt* wie im Fegefeuer und erlebten die brennende Trennung von Gott, ihrem Geliebten. Ihre hoffnungsvolle Einstellung zum Fegefeuer basierte auf ihrem Glauben, dass der Prozess des Fegefeuers sie näher zu Gott führen würde.

Katharina von Genua sprach von der Erfahrung „der feurigen Liebe Gottes, einer Liebe, die sie [Katharina] verzehrte und alles reinigte und läuterte, sodass sie unmittelbar nach dem Verlassen dieses Lebens sogleich in Gottes Gegenwart erscheinen konnte."[14] Diese Hoffnung auf Läuterung, um Gott umfassender erfahren zu können, war für Beginen zutiefst real.

Marguerite Porète verkündete: „Die Wahrheit sagt meinem Herzen, dass ich von Jemandem geliebt werde, der dies bedingungslos tut. Dieses Geschenk erfreut mich über den Punkt des Denkens hinaus. Es verwandelt mich auch, und ich werde eins mit der göttlichen Liebe, die mich daran erinnert. Sie dringt in mich ein und liebt in mir und gibt mir die Kraft zu tun, was immer Sie will. Die göttliche Liebhaberin gibt mir diese spirituelle Kraft."[15]

Die Beginen glaubten, dass das Fegefeuer die Fähigkeit des Menschen vertieft, Gott zu erfahren und bei ihm zu verweilen; sie lehrten, dass es im Fegefeuer um Liebe ginge – Gott „erlaubte" dem Fegefeuer, zu existieren, damit die Menschen letztendlich die Ewigkeit mit Gott verbringen konnten. Während die Kirche „Göttliche Gerechtigkeit" und „Göttliche Vergeltung" betonte und buchstäblich „Schwefel und Feuer" predigte, waren die Beginen zerrissen. Einerseits hatte Gott Recht, Gerechtigkeit zu fordern, weil die Menschheit in ihrer Versündigung Gott ungehorsam war. Andererseits kann Gott, der die Liebe ist, unmöglich wollen, dass jemand in der Hölle bleibt. Manchmal waren die Beginen sehr verunsichert, wenn sie sich Gottes „Recht" „widersetzten", Gerechtigkeit von einem Sünder zu verlangen, weil sie – im Namen des Sünders – die „geschuldete Strafe" auf sich nahmen. Doch die Beginen erklärten, dass die Liebe sie dazu dränge, diese Bürde auf sich zu nehmen, da sie glaubten, dass Gottes Liebe und nicht die Hölle letztendlich siegen würde.

Gott ist Liebe. Die Beginen verstanden die tiefe Bedeutung dieser Realität bis zu dem Punkt, dass sie wie Hadewijch sagen konnten, dass niemand die Hölle zu fürchten braucht, weil selbst der Weg in die Hölle letztendlich zu Gott führt. Schriften von Beginen enthüllen, dass einige Frauen „die Hölle fern von Gott verhandelten", weil sie sich nicht vorstellen konnten, dass Gott, der die Liebe ist, Seelen in der Hölle toleriert. Die Beginen distanzierten sich von der wachsenden

Bequemlichkeit der Männer und Frauen im Mittelalter, sich mit Ablässen den Weg in den Himmel erkaufen oder verdienen zu können, und sie lehrten, dass die Menschen anderen nicht dienen sollten in der Hoffnung, sich auf diese Weise den Eintritt in den Himmel zu verdienen – denn Gottes Liebe könne nicht mit Geld erkauft oder mit guten Taten verdient werden.

Die Beginen widmeten sich häufig der Buße, wie etwa langem Fasten, und verbrachten Stunden im Fürbittgebet für die Verdammten und die der Barmherzigkeit Gottes Bedürftigen. Wegen ihrer verkörperten Gebetserfahrungen, die oft visionäre Erfahrungen beinhalteten, erklärten diese Frauen auch, dass sie ins Fegefeuer gingen und bereitwillig zusammen mit dem Menschen litten, für den sie Fürbitte leisteten. So konnten Verwandte eines Verstorbenen sich bei einer Begine, die für ihre ekstatischen Visionen bekannt war, nach diesem erkundigen und sie bei der Erlösung des Verwandten aus dem Fegefeuer um Unterstützung bitten.

Diese Visionärin begann dann zusammen mit ihren Mitbeginen, einen Strom von Gebeten zu Gott zu senden, und verpflichtete sich, die Qualen der Verstorbenen als eine Form des verkörperten Fürbittgebets zu erleiden, um das Leiden der Verstorbenen zu lindern. Diese Gebete wurden als aktiver Prozess im Gespräch mit Gott verstanden.

Agnes Blannbekin betrachtete das Fegefeuer als einen Ort, der weder die Qual der Hölle noch die selige Schau des auferstandenen Christus war, sondern eher ein Zustand der Zwischen-Existenz. Sie erzählte von einer Vision, in der „sie [Agnes] unter die Erde an angenehme Orte geführt wurde, wo eine große Gruppe schimmernder Menschen mit geschmückten Gesichtern auftauchte, die wie Stumme nicht sprachen. Wie sie später erfuhr, waren dies die Toten, die ohne schwere Sünden gestorben waren. Sie erhielten keine andere Strafe als das Fehlen der Schau Gottes. Aber wie sie selbst sagten, war diese Strafe für sie die schlimmste."[16]

Die Begine Christina Mirabilis (= die „Wunderbare") hatte 1182 eine Nahtoderfahrung. Ihr Biograf schrieb, dass

Christina – nachdem sie gestorben und in der Hölle, im Fegefeuer und im Himmel gewesen war – mit großem Eifer ins Leben zurückkehrte, um Seelen aus dem Fegefeuer zu befreien. Diese Mission wurde zum Mittelpunkt ihres Dienstes. Sie lehrte, dass „nichts den Gott der Barmherzigkeit mehr für Sünder weinen lässt, als wenn Sünder von Barmherzigkeit zu ihren Nächsten bewegt werden, denn Barmherzigkeit und Mitgefühl können letzten Endes nichts anderes als Gutes bewirken."[17] Christina, eine Freundin von Luitgard, suchte bereitwillig Gelegenheiten, für Seelen im Fegefeuer oder in der Hölle zu leiden, sowie für diejenigen, deren Lebensart auf Erden zur Verdammnis führte; sie lebte diese Leiden aus, um die Qualen auf der Erde sichtbar zu machen, in der Hoffnung, die Bekehrung der Sünder zu erreichen. Berichten zufolge empfing sie täglich Offenbarungen von Gott über die geistliche Gefährdung von Menschen, die im Begriff waren zu sterben, die sie dann besuchte und ermahnte, ihr Leben Gott zuzuwenden und sich von der Sünde abzuwenden. Christinas Macht über das Fegefeuer wurde als so wirksam erachtet, dass Graf Louis von Loon bei ihr und nicht bei einem Priester seine Sterbebettbeichte ablegte.

Katharina von Genua (1447–1510) war eine italienische Büßerin, deren mitfühlende, erkenntnisreiche Abhandlung *Läuterung und Fegefeuer* ihre erfrischende Vision von der reinen Liebe Gottes für die Seele offenbarte. Sie glaubte, dass unsere Seele diesen Prozess der Läuterung frei eingeht, um die für die Vereinigung mit Gott notwendige Reinheit zu erreichen. Sie ermahnte die Suchenden, diesen Prozess der Läuterung für sich anzunehmen und, indem sie sich für Gottes Barmherzigkeit öffneten, nicht mit Schuld für vergangene Fehler und Sünden zu leben. Katharina beschrieb ein „Verhältnis von vollkommenem Vertrauen und Übereinstimmung mit dem göttlichen Willen"[18] und brachte die Hoffnung auf die reine Vereinigung mit Gott ins Spiel.

Katharina wurde in Genua in die Adelsfamilie Fieschi hineingeboren und 1463 in eine andere Adelsfamilie, die

Adorno, verheiratet. In einer von Macht und Privilegien geprägten Umgebung lebte sie in einer unglücklichen Ehe; ihr Mann Giuliano war leichtlebig und untreu.

Katharina litt unter intensiver Einsamkeit und Depressionen, erfuhr aber 1473 eine radikale Bekehrung mit einem überwältigenden Gefühl der Liebe und Barmherzigkeit Gottes. Ihre Depression wich einer intensiven innerlichen Zeit des kontemplativen Gebets, sie verspürte aber auch ein starkes Bedürfnis, den Kranken und Armen aktiv beizustehen. Unerwartet erlebte auch Giuliano eine wahrhafte Bekehrung, wurde Franziskaner-Tertiar und verbrachte den Rest seines Lebens an der Seite Katharinas in der Fürsorge für die Notleidenden. Gemeinsam arbeiteten sie im Pammatone-Hospital in Genua, dessen Leitung Katharina von 1490 bis 1496 innehatte.

1493 wurde Genua von der Pest heimgesucht, der zahlreiche Einwohner zum Opfer fielen, darunter auch Giuliano. Katharina baute den Außenbereich hinter dem Pammatone zu zusätzlichen Krankenhausflächen um und überwachte die Versorgung der Patienten.

Läuterung und Fegefeuer ist Katharinas Bericht über ihre eigene spirituelle Reinigung, die sie als feurige Liebe beschreibt, eine Liebe, die sie in einem reinigenden, läuternden Sinne verzehrte, damit sie eines Tages bereit wäre, die Fülle der Gegenwart Gottes im kommenden Leben zu erfahren. Ihre andere Schrift, *Der geistliche Dialog*, ist eher eine spirituelle Autobiografie, eine Geschichte ihres Seelenlebens. Beim Schreiben wurde sie von der Heiligen Schrift, der Poesie des Franziskaners Iacopone da Todi und den Andachtsschriften über Dionysius, geschrieben von ihrer Freundin Tommasa Fiesca, einer Augustiner-Nonne, beeinflusst.

Im Wesentlichen lehrte Katharina, dass Gott die reine Liebe ist und das Objekt unserer totalen Erfüllung, dass aber das spirituelle Leben als Prozess oder Reise – das Wachsen vom Eigenwillen in reine Liebe hinein – nicht einfach ist und nach unserem Tod weitergeht. Eine ihrer berühmtesten Lehren lautet: „Gott ist mein Wesen, mein Ich, meine Stärke, mein

Glück, mein Gutes, meine Freude ... Ich werde nichts mit einer Liebe zu tun haben, die *für* Gott oder *in* Gott wäre. Ich kann das Wort *für* oder das Wort *in* nicht ertragen, weil sie etwas bezeichnen, das möglicherweise zwischen Gott und mir steht. Dies ist die Liebe, die reine Liebe nicht ertragen kann, da die reine Liebe Gott selbst ist."[19]

Motiviert durch ihre tiefe mitfühlende Liebe zu ihren Glaubensschwestern gaben Beginen vielen Menschen Hoffnung. Sie brachten ihre eigenen Gebete und ihre Buße für andere dar, zogen (nach dem allgemeinen Glauben) arme Seelen aus den Flammen des Fegefeuers und stießen sie in die Gegenwart Gottes. Dank der Beginen mussten sich die Menschen nicht völlig hilflos fühlen, wenn sie sich über den Seelenzustand ihrer verstorbenen Lieben oder über ihr eigenes Seelenheil Gedanken machten. Die Beginen konnten für sie Fürsprache einlegen und haben dies auch getan.

KAPITEL 7

Die Beginen als Predigerinnen und Darstellerinnen

Während Luitgard von Aywières als Schutzpatronin des Fegefeuers bekannt war, war es ihre Freundin Christina (ca. 1150–1224), genannt die Wunderbare oder Christina Mirabilis, deren Leben ein ständiges Predigen über das Fegefeuer war. Von ihren Zeitgenossinnen (und auch von modernen Gelehrten und Wissenschaftler:innen) wurde sie zwar als Begine angesehen, doch überbeansprucht ihre Geschichte unser Verständnis davon, was eine Begine ausmacht. Wie viele Beginen predigte sie mit großer Leidenschaft das Seelenheil und jagte ihm nach. Doch die drastische Art, in der Christina predigte und das Heilige darbot (was bedeutet, dass sie ihre Predigten auch aufführte, wovon Vieles für moderne Ohren ziemlich herausfordernd ist), zeigt eine Frau, die sich um ihren Ruf nicht schert. Zutiefst motiviert durch ihre Liebe zu Gott und ihren Mitmenschen, war sie bereit, als Närrin wahrgenommen zu werden, wenn dies dazu führte, dass Menschen ihr Leben änderten.

Als jüngste von drei Schwestern wurde Christina im Dorf Brustem bei Sint-Truiden in Belgien in eine bescheidene Familie hineingeboren und verbrachte ihre Kindheit damit, die Herde der Familie zu hüten. Nach dem Tod ihrer Eltern beschlossen sie und ihre Schwestern, als semireligiose Frauen zu leben.

1182 starb Christina laut ihrer *Vita* nach schwerer Krankheit. Während ihrer Begräbnismesse soll sie sich in ihrem Sarg gerührt, dann erhoben haben und zu den Dachsparren der Kirche hochgeschwebt sein. Dort blieb sie unbeweglich, bis das Agnus Dei gesungen wurde und ihr Körper zum Boden zurückkehrte.

Christina erklärte später, dass sie während ihres „Todes" einen schrecklichen Ort gesehen habe, an dem die Seelen der Toten, darunter Menschen, die sie kannte, grausam gequält wurden. Ein Engel habe ihr gesagt, dass dieser Ort das Fegefeuer sei. Danach wurde Christina ins Paradies gebracht. Sie hatte die Wahl, im Himmel zu bleiben oder auf die Erde zurückzukehren, um den Seelen im Fegefeuer beizustehen. Mit ihrer Rückkehr auf die Erde und der Rückkehr von den Toten während ihrer Trauerfeier begann ihr Leben als Wanderpredigerin.

Thomas von Cantimpré berichtete in seiner *Vita* von Christina, dass Christus sie, nachdem sie „gestorben" und in den Himmel aufgefahren war, gebeten habe, zur Erde zurückzukehren und „das Fegefeuer zu ertragen", während sie in der Welt lebte. Von etwa 1210 bis 1218 lebte sie zeitweise bei der Inkluse Jutta in Borgloon (bei Sint-Truiden). Christina wurde von Verwandten und Freunden unterstützt und bettelte auch, was für sie eine bewusst erlebte Demütigung war.

Christinas ganze Präsenz war eine Predigt über das Fegefeuer. Sie predigte nicht nur, sondern inszenierte geradezu, was sie vermitteln wollte, in dem Bemühen, Seelen zu retten und ihr Publikum zu bekehren. Diese Mission, „das Fegefeuer auf Erden zu leben", war Thomas von Cantimprés[1] Erklärung für Christinas äußerst ungewöhnliches Verhalten. Sie hat sich angeblich in heiße Öfen geworfen, ihre Hände und Füße ins Feuer gelegt, ist in kochende Kessel gesprungen, im tiefsten Winter in eisigen Gewässern gestanden, hat sich an Galgen aufgehängt und ist sogar in Gräber gestiegen – möglicherweise, um auch den Toten zu predigen.

Christina war, Berichten zufolge, in ihren verkörperten Predigten ziemlich aufrüttelnd und anschaulich. Sie fesselte und hielt die Aufmerksamkeit ihres Publikums, das die Moral ihrer Gleichnisse klar erfasste. Einmal wurde berichtet, dass sie sich, als sie eine Kirche betrat, vor den Altar warf, als wäre sie ein Sack voller trockener Knochen. Dann begann sie, bitterlich wehklagend, sich immer wieder auf die Brust und ihren Leib zu schlagen und rief: „Oh Du elender und erbärmlicher

Körper! Wie lange willst du mich quälen, so elend, wie ich bin? Was machst du mit mir? Warum behältst du meine elende Seele so lange in dir? Warum hältst du mich davon ab, das Antlitz Christi zu sehen? Wann wirst du mich verlassen, damit meine Seele frei zu ihrem Schöpfer zurückkehren kann? Wehe dir, elendiger Körper! Und wehe mir, die ich mit dir vereint bin!"[2]

Sie inszenierte das Fegefeuer für ihr Publikum mit der Absicht, die Menschen mit Blick auf die Folgen ihres sündigen Lebens wachzurütteln und darzustellen, welche Erfahrung mit dem Fegefeuer auf sie zukommen könnte. In Anbetracht ihrer Popularität errang sie zweifellos die Aufmerksamkeit des Publikums.

Im Laufe der Jahre ließen Christinas außergewöhnliche Bußhandlungen nach, und es folgte eine Zeit entrückter Visionen – und diese Visionen fanden nicht in der Abgeschiedenheit, sondern immer in der Öffentlichkeit statt. Es hieß, dass Christina in ihren verkörperten Visionen die Seelen der Verstorbenen bis ins Fegefeuer oder durch das Fegefeuer hindurch bis ins Himmelreich führte, ohne sich selbst etwas zuleide zu tun. Mit ihren öffentlichen Bußhandlungen wie auch mit ihren Visionen verkündete sie eine kraftvolle Botschaft.

Christina predigte häufig durch Gesang. Als sie einmal die Benediktinerinnen von St. Katherina in der Nähe von Sint-Truiden besuchte und von Christus sprach, berichteten die Nonnen, dass „sie [Christina] plötzlich und unerwartet im Geiste hingerissen wurde und ihr Körper wie ein Reifen bei einem Kinderspiel herumwirbelte. Sie wirbelte so heftig herum, dass man die einzelnen Glieder ihres Körpers nicht mehr unterscheiden konnte. Als sie sich lange Zeit auf diese Weise im Kreis gedreht hatte, schien es, als wäre sie durch die Heftigkeit der Drehbewegung ermattet, und alle ihre Glieder wurden still. Dann erklang zwischen ihrer Kehle und ihrer Brust eine wundersam-harmonische Melodie, die kein Sterblicher nachvollziehen und die auch kein künstliches Instrument nachahmen konnte. Ihr Gesang hatte nur die Bewegtheit und die Töne der Musik. Aber die Worte der Melodie – wenn man sie überhaupt Worte nennen konnte – klangen auf unbegreifliche Weise zusammen. Kein Ton, kein Atemzug kam während dieser Zeit aus ihrem Mund oder ihrer Nase – es erklang nur eine Harmonie der Engelsstimmen zwischen ihrer Brust und ihrer Kehle."[3] Christina beendete dann ihre „wundersame" Predigt (die wir heute im Wesentlichen als Sprech- oder Zungengesang oder Glossolalie bezeichnen würden) mit dem Singen des Te Deum laudamus.

Christina machte das Fegefeuer für ihr Publikum greifbar und real. Sie verkündete durch ihre verkörperten Reinszenierungen das, was die Kirche ihr niemals erlauben würde, von der Kanzel aus zu predigen, und hinterließ ihr Publikum in Ehrfurcht. In dessen Verständnis waren die Wunder, die Gott durch Christinas Leben vollbrachte, für alle ein heiliges Zeugnis, das von Gottes tiefer Liebe zu den Menschen sprach.

Christina die Wunderbare starb während eines Besuchs im Kloster St. Katharina. Doch sie war noch nicht fertig mit dem Predigen. Sieben Jahre nach ihrem Tod wurde ihr Grab geöffnet, und viele, die dabei anwesend waren, bezeugten geistige und körperliche Heilung. Während in vielen Legenden von Heiligen berichtet wird, dass die oder der Heilige die Gesellschaft floh, um Gott zu suchen, ging man davon aus, dass Christina von Gott in die Welt geflohen war, um sicherzustellen, dass auch andere in den Genuss der Gegenwart Gottes kommen konnten. Christina war in der Tat erstaunlich und wunderbar.

Die Beginen und ihr mittelalterliches Publikum waren mit szenischen Darbietungen vertraut, die sowohl der Unterhaltung als auch der Bildung dienten. Häufig gab es eine Symbiose zwischen weltlichem und religiösem Drama. Mirakelspiele, Moralstücke, Stücke, in denen biblische Geschichten nachgespielt wurden (vor allem in Weihnachtsumzügen und Passionsspielen), sowie Mysterienspiele waren üblich. Die Beginen verstanden es, dieses interaktive Medium zu nutzen, um ihre Lehren zu präsentieren und ihr Publikum zu einem intensiveren spirituellen Leben zu ermutigen. Mechthild von Magdeburg und Marguerite Porète schrieben in Dialogform, wahrscheinlich mit der Absicht einer sakralen Aufführung. Beatrijs von Nazareth und Hadewijch beschrieben ihre Visionen so, dass sie als sakrales Theater aufgeführt werden konnten. Andere Beginen nahmen bekannte Geschichten aus dem Evangelium und führten sie in Kapellen und auf öffentlichen Plätzen für kleine Gruppen auf. Besonders beliebt war die Reinszenierung der Passion und Kreuzigung Christi.

Die Beginen zogen durch die Straßen und riefen die Menschen zur Umkehr auf, wobei sie manchmal ein grobes Holzkreuz trugen. Sie führten aufwändige Puppenspiele auf, lasen ihre Gedichte vor und waren begnadete Geschichtenerzählerinnen. Die Menschen erlebten die Predigt einer Begine als Predigt aus Fleisch und Blut, als inszenierten Kommentar oder Predigt über eine Geschichte aus dem Evangelium. Die Beginen predigten in jeder kreativen Form, die sie sich vorstellen konnten.

Die kirchenpolitische Praxis der Verhängung von Interdikten, um den Gehorsam eines Monarchen zu erlangen – der Papst ordnete eine „geistliche" Strafe für eine Diözese oder ein Reich an –, verwehrte den dort lebenden Laien den Kontakt zu ihrem Klerus. Die Kirchen konnten jedem, der kein Kleriker oder Mönch war, für Monate oder sogar Jahre den Zugang zur Verkündigung der Heiligen Schrift, zur Predigt und zu den Sakramenten verwehren. Dieser Entzug des religiösen Alltags war eine brutale Realität, die Beginen nicht ertragen konnten. So beschlossen sie, die durch ein Interdikt entstandene geistliche Leere mit ihren eigenen Verkündigungen und Predigten in ihren eigenen Kapellen und auf den örtlichen Plätzen zu füllen. Die Beginen waren bestrebt, die spirituelle Transformation ihrer Anhänger:innen zu unterstützen, und indem sie durch Aufführungen mit Schauspiel, Tanz und Gesang predigten, führten sie ihre Theologie vor und gaben so ihrer Mystik eine körperliche Gestalt.

Die Darstellerinnen eines religiösen Theaterstücks und ihr begeistert-ergriffenes Publikum stürzten sich voll in die Erfahrung einer lebendig gewordenen heiligen Geschichte und wurden alle verwandelt. Sakrale Aufführungen waren wirksam, was bedeutete, dass sowohl die Schauspielerinnen als auch das Publikum tief berührt waren, und jeder und jede ging, durch eine erweiterte Perspektive oder vertieftes Mitgefühl, als gewissermaßen andere Person daraus hervor.

Die Beginenmystikerinnen haben in ihren sakralen Aufführungen die ursprüngliche mystische Gotteserfahrung „vergegenwärtigt", „greifbar gemacht". Die Absicht war, das Evangelium zu lehren und zu predigen und die Zuhörer:innen an Gottes tiefe Liebe und Barmherzigkeit zu erinnern. Während die Präsentation des sakralen Stoffes von den Beginen einstudiert wurde und nicht unbedingt spontan erfolgte, konnte keine noch so intensive Planung und Probe die kraftvolle Kreativität ihrer Live-Auftritte schmälern.

Elisabeth von Spalbeek (ca. 1246–1304), deren Verkündigung und darstellendes Apostolat fast ausschließlich in ihrer kleinen Ortskapelle stattfand (an der angeschlossen sie in einer Zelle lebte, die mit großem Fenster zum Altar ausgestattet war), war außerordentlich beliebt. Sie soll ein Publikum von nah und fern angezogen haben, das kam, um ihre lebendigen Reinszenierungen – in Form von Pantomimen – der Passion Christi zu erleben. Und dies trotz ihrer offenkundig mangelnden körperlichen Kraft, die dazu führte, dass sie ihre Zelle kaum ohne Hilfe verlassen konnte. Neben ihren Auftritten war Elisabeth, wie so viele Beginen, für ihre Fähigkeit bekannt, Seelen zu lesen und geistlichen Rat zu geben.

Elisabeth, in eine Adelsfamilie hineingeboren, lebte in dieser Zelle im Dorf Spalbeek bei Hasselt (Belgien). Ihre Mutter und ihre Schwestern lebten in der Nähe und ein Cousin, Wilhelm von Ryckel, der Benediktinerabt von Sint-Truiden, stand ihr als Beschützer zur Seite. Abt Wilhelm, ein Anhänger der Beginen (er gründete 1258 den Beginenhof St. Agnes in Sint-Truiden), verfügte als Sekretär und Kaplan Wilhelms II. von Holland über einflussreiche politische Verbindungen.

Der Zisterzienserabt Philip von Clairvaux besuchte Spalbeek um 1267 und schrieb einen Bericht über seine Beobachtung von Elisabeths heiliger Pantomime. Sie predigte die Passion Christi durch ihre stille Reinszenierung, spielte jede Figur – Jesus, seine verschiedenen Peiniger, Maria, die Zuschauer:innen – mit wunderbarer Liebe zum Detail und lud ihr Publikum ein, fühlbar in die Erfahrung der Passion einzutreten.

Wie im Mittelalter üblich, beschrieb Abt Philip Elisabeths Auftritt im Zeitrahmen des Stundenbuches: Die Matutin (Mitternacht) wurde mit der Agonie im Garten in Verbindung gebracht; die Laudes (Sonnenaufgang) mit dem Verrat; die Prim (6 Uhr morgens) mit dem Erscheinen Christi vor Pilatus; die Terz (9 Uhr) mit der Geißelung; die Sext (mittags) mit dem Tragen des Kreuzes; die Non (15 Uhr) mit der Kreuzigung; die Vesper (Sonnenuntergang) mit der Abnahme des Leichnams vom Kreuz; und die Komplet (Abend) mit der Grablegung.[4]

Abt Philip beschrieb, dass Elisabeth „um Mitternacht [aufstehe], um den Beginn der Passion des Herrn zu würdigen – das heißt, wie Er verhaftet wurde, wie Er gewaltsam weggeschleppt und wie Er von den Händen der Gottlosen auf grausamste Weise gepeinigt wurde. Ich sollte nicht versäumen zu sagen, dass sie in dieser Stunde wie in den übrigen Stunden verzückt war (in Verzückung oder Ekstase), bevor sie sich erhob und lange Zeit ganz starr in derselben Position blieb, in der sie gebannt war (in Verzückung oder Ekstase), wie ein Bildnis aus Holz oder Stein ohne Gefühl, Bewegung oder Atem, so dass kein Teil von ihr berührt oder bewegt werden konnte, nicht einmal ihr kleiner Finger, es sei denn, ihr ganzer Körper wurde bewegt. Nach dieser Trance, wie zu sich selbst zurückgekehrt, erhob sie sich, verließ schnell ihr Bett und schritt auf wundersame und gesittete Weise durch ihr Zimmer."[5]

Nachdem Elisabeth aus einer solchen andächtigen Trance erwacht war, begann sie in ihrer Zelle herumzulaufen und im Stillen Angst und Schmerz auszudrücken. Abt Philip erklärte, dass sie „zuvor nichts gefühlt habe, nun aber durch ihre Darstellung die Erinnerung an die Passion des Herrn feierte. Jetzt

7 · Die Beginen als Predigerinnen und Darstellerinnen 137

drückte sie den tatsächlichen Schmerz Seines Leidens durch ihren eigenen unmittelbaren Schmerz aus, indem sie tatsächlich mit Ihm litt [...]; sie konnte weder gehen noch aufstehen, sondern drehte sich um und um und rollte über den Boden. Sie schlug auch häufig den Kopf hart auf den Boden, verdrehte fast ununterbrochen ihren Kopf, ihre Hände und Arme und verzerrte ihren ganzen Körper auf eine bejammernswerte Weise, die ich nicht beschreiben kann. Zwischen den Schmerzenslauten gab sie häufig schweres Stöhnen und ein fast tödliches Schluchzen von sich, als ob sie nicht nur die Schmerzen einer Frau in den Wehen, sondern die Schmerzen einer Sterbenden erfahren würde."[6]

Elisabeth war die exemplarische Stigmatikerin, die vorgeblich blutende Wunden, wie die von Christus an den Händen, Füßen und an der Seite, aufwies.[7] Es hieß, dass sie die Stigmata freitags bekam; zur Non floss Blut mit Wasser vermischt aus ihrer Seite. Am Karfreitag 1266 soll sie erdrückende Schmerzen und Blutungen erlitten haben, als ob sie die Dornenkrone tragen würde, und verwandelte sich damit als Predigtinstrument in einen lebendigen, gekreuzigten Christus. Abt Philip (der kein Problem hatte, Elisabeths stille Botschaft zu verstehen) schrieb: „In ihren Stigmata und Schmerzen lehrt sie den Glauben an die Passion; in ihrer Freude und Fröhlichkeit nach dem Schmerz lehrt sie den Glauben an die Auferstehung; in ihren Trancen den Glauben an die Himmelfahrt; in ihrer Scham und ihren Offenbarungen und ihrem geistlichen Leben den Glauben an die Mission des Heiligen Geistes. Das oben Gesagte offenbart genug über ihre Gefühle für die Sakramente des Altars und der Beichte und über ihren Wunsch nach der Errettung aller und ihren Kummer über die Undankbarkeit der Menschheit und den Verlust der Absolution. Wie unverzeihlich bist du, oh Mensch, wenn dich solch außergewöhnliches Leben und sinnfällige Argumente nicht zu Glaubensstärke und Nächstenliebe und zur Praxis der Hingabe anregen!"[8]

Das Ziel vieler Predigten von Elisabeth war die Reform des nachlässig und gleichgültig gewordenen Klerus. Ihre Bewegungen und Darstellungen sollten ihr Publikum, dem viele Priester angehörten, dazu auffordern, wirklich schätzen und verstehen zu lernen, was Jesus erlebt hatte. Die Predigten des Klerus sollten eine Unmittelbarkeit, eine Dankbarkeit für die Passionsgeschichte vermitteln. Sie forderte Abt Philip sogar mit dieser ungewöhnlichen Mahnung heraus: „Ihr solltet sehr achtsam sein im Lobpreis Gottes und in der Predigt seines Namens und in der Führung der Seelen zum Heil."[9]

Rose von Viterbo (ca. 1233-1251) war eine Poenitentia (eine Bußfertige oder Büßerin) in Mittelitalien, deren kurzes Leben der Dauer ihres Rufs der Heiligkeit entgegensteht. Berichten zufolge ging sie mit einem Kreuz durch die Straßen von Viterbo und ermahnte die Menge zu mehr Tugend. Die *Vita* von Rose, die verfasst wurde, um ihre Heiligkeit zu beweisen, besagte, dass sie das Wort Gottes vor großen Menschenmengen, Männern wie Frauen, predigte, jedoch ohne kirchliche Zustimmung. Viterbo geriet in einen großen Machtkampf zwischen Kaiser Friedrich II. und dem Papst. Bettelprediger und Kleriker kämpften gleichermaßen leidenschaftlich für ihre eigenen Interessen, und es wurden Anklagen wegen Ketzerei erhoben. Rose predigte im Namen des Evangeliums und vermied es, eine politische Position einzunehmen. Schließlich wurden sie und ihre Familie aus Viterbo vertrieben, weil sie nicht Partei ergriff, aber sie setzte ihre Predigttätigkeit auf dem Land fort. Bedeutungsvoll ist, dass Rose von den kirchlichen Autoritäten wegen ihrer Predigten nie in Frage gestellt oder verurteilt wurde, vielleicht weil die Kraft ihrer Heiligkeit jeden Zweifel an ihrer Legitimität als Predigerin ausgeräumt hatte.

Douceline von Digne war ebenfalls eine einflussreiche öffentliche Predigerin. Sie nutzte ihre Visionen häufig als Sprungbrett für ihre Predigten und war dafür bekannt, mit ihrem Publikum durch ein Frage- und Antwortspiel zu interagieren. Manchmal brachte sie einige ihrer Erkenntnisse in liturgischer Form spontan im Sprechgesang zu Gehör und integrierte raffinierte, komplexe Tanzbewegungen in ihre Predigten. Doucelines Predigten über die Dreifaltigkeit (insbesondere den Heiligen Geist) und über die Armut wurden von ihren Anhänger:innen gesammelt und aufbewahrt.

Die Beginen predigten oft über die Heilige Dreifaltigkeit. Mechthild von Magdeburg beispielsweise sprach von „Gott als dem Einen und Ungeteilten in Drei Personen, und den Drei Personen als einem Ungeteilten Gott".[10] Wenn Beginen öffentlich von der Heiligen Dreifaltigkeit sprachen, brachte ihnen dies in der Regel besonders scharfe Kritik ein, da mittelalterliche Theologen von allen Gebieten der Theologie die trinitarische Theologie als den einen Bereich ansahen, den Frauen am wenigsten lehren könnten.

Marguerite Porète sprach in ihrem Werk *Der Spiegel der einfachen Seelen* von der Dreieinigkeit als „Kraft, Weisheit und Güte", als „Eine Kraft, Eine Weisheit, Ein Wille" und als „Liebhaber:in, Geliebte:r und Liebe" und erweiterte diese Erklärung dann zu „ewige Substanz, wohltuende Erfüllung und liebevolle Verbindung".[11]

Hadewijch sprach bei der Schilderung ihrer Erfahrungen gereifter Kontemplation (in ihrem achtundzwanzigsten Brief) von der Erfahrung von Gottes Ewigkeit und Größe, von Gottes Weisheit und Erhabenheit, sowie von Gottes Gegenwart, Ausgießung und Absolutheit.

Agnes Blannbekin veranschaulichte, wie Douceline, das öffentliche Predigen, indem sie die religiöse Hingabe lebte, die sie von ihren Anhänger:innen erwartete, wie zum Beispiel häufige Kirchenbesuche und den täglichen Besuch der Messe. Ihre Visionen ereigneten sich, Berichten zufolge, während der Messe oder in stillem Gebet nach der Messe und auch während ihres privaten Gebets zu Hause, und ihre Visionen nährten dann ihre Predigt.

In einer Vision sah Agnes am dritten Pfingsttag den auferstandenen Christus nackt und stehend, mit zur Körpermitte erhobenen Armen und ausgestreckten Händen wie ein Priester am Altar und umgeben von den Heiligen. Sie beschrieb eine goldene Flamme, die von der ganzen Gestalt Christi ausging und wie Strahlen zum Himmel und bis zum Mittelpunkt der Erde zeigte und auch die Menschen durchdrang. Sie sagte, dass sie diese Vision nicht verstand, bis einer der Flammenstrahlen ihre Brust durchdrang, ihr Herz in göttlicher Liebe entzündete und es erleuchtete. Dann beschrieb sie die verschiedenen Arten, wie diese Strahlen die Menschen berührten: Manchmal durchdrang ein Strahl viele Menschen, manchmal wurde eine Person von vielen Strahlen berührt und einige Menschen wurden überhaupt nicht von Strahlen berührt.

Agnes erklärte, dass diese goldene Flamme die Gnade des Heiligen Geistes sei, die von Christus ausströmt: Die Flamme, die die Erde durchdringt, bedeutet die Gnade, die alle Auserwählten im Fegefeuer aufsucht; die Flamme, die sich über der Erde unter den Menschen ausbreitet, symbolisiert die Gnade, die unter den guten Menschen, die noch auf der Erde leben, verteilt wird; die Flamme, die durch den Scheitel des Kopfes eindringt, symbolisiert die Gnade, die den Geist zu Höherem erhebt und die Seele mit der Süße des göttlichen Trostes erfüllt; die Flamme, die durch die Ohren geht, bedeutet die Gnade des Heiligen Geistes, die in einen Menschen ausgegossen wird und die Seele durch die Worte einer Predigt tröstet. Doch die Flamme, die durch den Mund eingeflößt wird, symbolisiert die Gnade, die einem Menschen durch das Gebet eingegeben wird, was ein Gebet schmackhaft macht und dann Hingabe hervorbringt, und die Flamme, die die Brust durchdringt, bedeutet die Gnade des Heiligen Geistes, die das menschliche Herz zur Liebe Gottes entzündet und den Intellekt erleuchtet.[12]

Agnes galt, wie andere Beginen, als „liturgische Visionärin", was bedeutet, dass ihre Visionen und ihre anschließende Predigt mit dem liturgischen Kalender der Kirche verbunden waren (mit dem ihr Publikum bestens vertraut war).

Auch Hadewijch war eine liturgische Visionärin. In ihrer siebten Vision hören wir, dass „ich an einem bestimmten Pfingstsonntag eine Vision im Morgengrauen hatte. In der Kirche wurde die Matutin gesungen, und ich war anwesend. Mein Herz und meine Adern und alle meine Glieder bebten und zitterten vor Verlangen, und wie es mir oft geschah, befiel mich ein solcher Wahn und eine solche Furcht, dass ich dachte, meine Liebe nicht befriedigen zu können und dass mein Geliebter meine Liebe nicht erfüllen würde, so dass ich sterbend verrückt würde, und verrückt werdend, sterben würde."[13] Was dachten die anderen Kirchgänger:innen wohl von Hadewijch, als sie zitterte und bebte und das Gefühl hatte, verrückt zu werden? Ihr Publikum muss verstanden haben, dass sie durch ihre Vision predigte. Die Kraft der von Gott gegebenen Vision wurde zu der Autorität, mit der diese Beginen predigten.

Eine der größten Mystikerinnen und Predigerinnen des Mittelalters war Katharina von Siena.[14] Sie wurde 1347 in eine große Sieneser Familie hineingeboren und erstrebte bereits als Mädchen ein dem Gebet und der Askese gewidmetes Leben. Mit fünfzehn schnitt sie sich die Haare ab, ein Akt des Trotzes, der besagte, dass sie nicht heiraten würde. Sie begann ein Leben der Einsamkeit, des Schweigens und der strengen Askese in ihrem Elternhaus, einschließlich körperlicher Geißelung und strengen Fastens, was schließlich zu einer Gefährdung ihrer Gesundheit führte. Sie wurde dann eine dominikanische Tertiarin (Mantellata genannt in Siena).

Obwohl sie sich jetzt zu den örtlichen Mantellatinnen zählte, setzte Katharina ihr von intensivem Gebet und asketischen Praktiken geprägtes Leben fort. Nachdem sie aber im Alter von etwa zwanzig Jahren eine dramatische Vision erlebt hatte, wurde ihr klar, dass der Ort einer Kontemplativen nicht die Flucht in die Einsamkeit war, sondern dass es darum ging, draußen mit denen zu leben, die am bedürftigsten waren. Sie nahm nun ihr sehr öffentliches Leben und ihren Dienst auf. Während sie den Armen und Notleidenden diente, nutzte sie manche Gelegenheit, Theologen und Predigern zuzuhören. Bald zog ihr unstillbarer Hunger nach Wissen und Erkenntnis die Aufmerksamkeit vieler Menschen auf sich, und zu ihren eifrigen Anhängerinnen gehörten junge Frauen, die gleichfalls den Wunsch hatten, Gott zu dienen, sowie Dominikanerbrüder und andere.

1374 wurde Raimund von Capua (ca. 1330–1399) vom Meister des Dominikanerordens zum Beichtvater und Mentor

Katharinas ernannt. In Raimund fand sie einen idealen Partner – intellektuell, spirituell und politisch –, der sie ermutigte, mit ihrem öffentlichen Wirken über die Region Siena hinauszugehen. So kam bei der Vermittlung des politischen Friedens zwischen den Stadtstaaten Italiens und dem Bemühen, das Papsttum aus dem Exil in Avignon zurück nach Rom zu holen, ihr wohlbekanntes Vermittlungstalent zum Tragen.

Obwohl sie die Tochter eines Färbers war und nie eine Schule besucht hatte, hatte Katharina in den Jahren intensiver Einsamkeit das Lesen gelernt. Sie nahm biblische und liturgische Texte in Latein sowie die volkssprachlichen Werke der populären religiösen Schriftsteller ihrer Zeit auf. Sie hatte die intellektuelle Fähigkeit, Erkenntnisse aus den unterschiedlichsten Quellen aufzunehmen, zu integrieren und in ihre eigenen Muster, Zusammenhänge und Bilder umzuformen.

Von Katharinas diktierten *Briefen* sind bis heute etwa 385 erhalten geblieben. Zu den Empfängern gehörten unter anderem: Päpste, Kardinäle und Bischöfe, Mitglieder des Königshauses und Beamte, Familie und Freunde sowie Anhänger, Verbündete und Gegner, und politische Gefangene. Diese *Briefe* setzten sich für den Frieden ein, drängten auf persönliche Besserung sowie eine Kirchenreform und forderten Unterstützung für ihre Anliegen. Katharinas *Briefe* waren eindeutig eine Form der öffentlichen Predigt, da sie wusste, dass sie laut vorgelesen, kopiert und unter ihren Anhänger:innen verbreitet wurden.

Ihre *Briefe* boten auch geistlichen Rat und Trost, sowohl für liebe Freunde und Anhänger:innen als auch für Menschen, die ihren Rat suchten, sie aber nicht persönlich kannten. Sie lehrte, dass Selbsterkenntnis der Weg zu Gott sei, und ermutigte jeden Menschen, Gottes unermessliche Liebe zu ihm oder zu ihr zu erfahren. In einem Brief sagte sie: „In der Selbsterkenntnis wirst du die sanfte Barmherzigkeit des Heiligen Geistes finden, den Aspekt Gottes, der gibt und nichts als Liebe ist. Alles, was der Geist tut, geschieht aus Liebe. Du wirst die Liebesströmung des Geistes in deiner eigenen Seele finden, denn unser Wille ist nichts als Liebe, und jede seiner Neigungen und Regungen kommt aus reiner Liebe."[15]

1377 und 1378 diktierte Katharina über mehrere Monate die Zusammenfassung ihres Verständnisses von der Reise einer Seele zu Gott in einem einzigen Bericht, der als *Der Dialog* bekannt ist. Während sie eine erfrischend originelle Bildsprache verwendete, war ihr Stil der eines Predigers, nicht einer Dichterin. Katharinas *Dialog,* wie auch ihre *Briefe,* offenbaren eine große Begabung in der Anwendung theologischer und dogmatischer Abstraktionen auf die alltäglichen Belange gewöhnlicher Menschen. Wenn auch ihre Zeitgenoss:innen sich einig waren, dass Katharina viele mystische und ekstatische Visionen erlebte, gründete ihre Mystik ausdrücklich auf ihrer Überzeugung, dass die Gottessuche untrennbar verbunden ist mit aktiver Barmherzigkeit für die Welt.[16]

Wie bei vielen Beginen war auch Katharinas Gottesempfinden außerordentlich positiv. „Du bist der höchste, unendliche Gott. Du bist gut über allem Guten. Du bist erfreulich gut. Du bist über alle Maßen und alles Verstehen hinaus gut. Du bist Schönheit über jeder anderen Art von Schönheit. Du bist Weisheit über aller Weisheit. Du bist die Weisheit selbst und die Speise der Engel, und Du bist uns aus brennender Liebe gegeben. Du bist die Kleidung, die alle Blöße bedeckt. Du sättigst den Hungernden mit Deiner Süße. Gott, wie süß Du bist, ohne eine Spur von Bitterkeit!"[17]

Katharina von Siena starb in Rom im Jahr 1380, mit 33 Jahren, erschöpft von ihrer leidenschaftlichen Arbeit und ihrem asketischen Lebensstil.

Die Beata Sor María von Piedrahita[18] war eine auffallende, streitlustige Person und erweitert unser Verständnis davon, was eine Begine ausmacht. Sie war eine ungebildete Bäuerin, die als Mystikerin, Visionärin und Reformerin Berühmtheit erlangte. Auch bekannt als María de Santo Domingo, verband sie sich mit verschiedenen Ordenshäusern der Dominikanerinnen. Sie predigte mit großer Leidenschaft Reformen in diesen dominikanischen Häusern und war daher zuweilen gezwungen, an andere Orte zu ziehen. Sie pflegte einen eher unorthodoxen Lebensstil und kleidete sich weder als Nonne noch als Beata (Begine) oder als konventionelle Spanierin; stattdessen schien sie Hüte, Röcke aus feinem scharlachrotem Tuch und Armbänder zu bevorzugen und trug einen Beutel aus rotem Satin mit Reliquien von Heiligen bei sich. Ihre Verteidiger:innen behaupteten, ihre extravagante Kleidung drücke ihre Demut aus, da sie das trug, was ihr gegeben worden war, und auch, damit andere von ihr schlecht denken sollten; während ihre Gegner:innen sie als eigennützige Betrügerin ansahen.

Sor María wurde im späten 15. Jahrhundert als Kind frommer, ungebildeter Arbeiter-Eltern in einem Dorf in der Nähe von Ávila geboren; über ihre Kindheit ist wenig bekannt. Ein Dorfpfarrer erinnerte sich, dass sie häufig fastete, und dass ihre Buße Selbstgeißelung beinhaltete (eine nicht ungewöhnliche Praxis unter Büßern ihrer Zeit). Sie beichtete und empfing die Kommunion viel häufiger als üblich und gab den Armen Almosen, obwohl sie selbst mittellos war. Mit siebzehn wurde sie dominikanische Laiin in Piedrahita bei Ávila. 1504 zog sie in die dominikanische Drittordensgemeinde Santo Catalina und 1507 nach Santo Tomás, beide in Ávila. Später in diesem Jahr reiste Sor María mit einer Gruppe von Anhänger:innen nach Toledo, um dort die dominikanischen Häuser zu reformieren.

In Toledo stießen die Reformversuche von Sor María auf erheblichen Widerstand. Ihre öffentlichen Entrückungen (die Berichten zufolge stattfanden, wenn sie die Kommunion empfing) wurden von Prophezeiungen begleitet, die göttliche Autorität für ihre Reformversuche beanspruchten. Sie erklärte auch in zunehmendem Maße verschiedene Menschen für gottlos. Ihre Kleidung und ihr Verhalten wurden immer auffallender und die Zahl ihrer Anhänger:innen wie Kritiker:innen wuchs.

Um 1518 entstand das *Gebetbuch* von Sor María. Es enthält ihre Aussprüche, während sie (angeblich) in Ekstase war, sowie nach ihren ekstatischen Erlebnissen diktierte Texte. Das

7 · Die Beginen als Predigerinnen und Darstellerinnen 145

Buch ist eine sorgfältig aufgebaute literarische und theologische Einheit. Zum Beispiel umfasst ihre „Besinnung während der Entrückung am Ostersonntag" (die als Theaterliteratur gilt) drei verschiedene Teile, mit Eröffnungs- und Schlussgebeten, die die Themen Sünde, Buße, Erlösung und Glauben erläutern. Zu den Charakteren zählen die heilige Jungfrau, Maria von Magdala, die Jünger Johannes und Petrus, sowie Sor María.

In ihrem *Gebetbuch* bekräftigt Sor María erneut eine besondere Spiritualität der Beginen. Gott ist Liebe, und Liebe ist die Grundlage des Seins, und im Leben geht es darum, in der Liebe zu und mit Gott zu wachsen. Sie steht in der Tradition affektiver Mystiker:innen, die die mystische Vereinigung suchten. Sie bedient sich der Gartenbilder, des Hackens, Pflanzens und Düngens und musikalischer Bilder, insbesondere des Klavichords. Zum Beispiel singt sie: „Oh süßer, guter Jesus, wer kann die Disharmonie der Seelen kennen, wenn nicht Er selbst, der bei ihrer Erschaffung wusste, wie man sie stimmt, und weiß, wie man sie spielt? Was die Sünde verstimmt hat, hat dein Blut neu gestimmt. Denn Du kennst die Harmonie und Disharmonie der Seelen."[19]

Wie Christina die Wunderbare und Elisabeth von Spalbeek hat Sor María die Passion Jesu entweder in einer Kapelle oder in ihrem Zimmer nacherlebt, zuweilen erstarrt in Form eines Kreuzes. Sie spielte die Dialoge für jede der biblischen Figuren nach und sang sie. Überlieferte Aufzeichnungen zeigen, dass Sor Marías religiöses Drama jeweils von nur wenigen Menschen miterlebt wurde; dennoch genoss sie einen außergewöhnlichen Ruf. Ihre Reinszenierungen waren tief verbunden mit ihrer Hingabe an Jesus, der litt und gekreuzigt wurde. In einem Lied äußerte sie in der Person Jesu: „Mein Blut wird für euch vergossen, damit ihr darin ein kostbares Bad der Nächstenliebe nehmt und Liebe habt, worin ihr euch reinwaschen könnt. Es ist nicht so, dass ich euch nicht in Gnade wachsen lassen und in Gnade halten kann, ohne mein Blut vergießen zu müssen, sondern es war notwendig um euretwillen, dass ich zu euch herabsteige, ein Mensch werde wie ihr und mein Blut für euch vergieße, damit meine Liebe […] euch vielleicht mehr zu mir erhebt und euch mehr mit mir in Einklang bringt und so eure Glückseligkeit mit mir noch steigert."[20]

Sor María war der Eucharistie zutiefst ergeben und behauptete wiederholt, Jesus in der geweihten Hostie „gesehen" zu haben. Zeugen berichteten, dass sie im Moment der Wandlung häufig in Verzückung geriet, obwohl sie sich zu diesem Zeitpunkt in ihrer Zelle und nicht in der Kapelle befand. Auch war Sor María Berichten zufolge eine Stigmatikerin. Zeugen sagten aus, sie habe eine Wunde in ihrer rechten Seite, die gelegentlich blute, und dass die Blutung und die entsprechenden Schmerzen alljährlich an Karfreitag besonders intensiv seien. Es wurde auch angenommen, dass sie die Fähigkeit hatte, „Seelen zu lesen". In ihrem Fall schien diese Fähigkeit in direktem Zusammenhang mit ihren Reformbemühungen bei den Dominikaner:innen zu stehen. Obwohl sie sich einer großen Anhängerschaft erfreute, verärgerte Sor María Menschen auch mit ihrer Behauptung, sie wisse, dass sie ihre Sünden bereuen müssen.

Sor María wurde von ihren Anklägern zeitweise mit den *Alumbrados* (die Illuminati, die Erleuchteten) in Verbindung gebracht, die eher auf das „innere Licht" des Heiligen Geistes als auf die Sakramente der Kirche und andere äußerliche Frömmigkeitswerke setzten. Doch obwohl sie 1509/10 von der Inquisition vor Gericht gestellt wurde, wurde sie freigesprochen. Inquisitionen waren ein langwieriger Prozess. Männer, die in ihrem Fall aussagten, führten aus, ihre Theologie sei in Übereinstimmung mit den Lehren der Kirche geblieben. Sie profitierte auch vom Beistand mächtiger Unterstützer: König Ferdinand von Aragon; Francisco Ximénez de Cisneros, Beichtvater der Königin Isabel und ab 1507 Generalinquisitor; und Fernando Álvarez de Toledo, Herzog von Alba. Die Inquisition konnte ihr also nichts anhaben. Sor María blieb eine beliebte, aber polarisierende Beata und verbrachte ihre letzten Jahre bis zu ihrem Tod um 1524 als Priorin in Aldeanueva.

Die reiche Vorstellungskraft der mittelalterlichen Welt blühte auf in leidenschaftlichen Predigten, religiösen Dramen und Aufführungen. Die Beginen waren einfallsreich darin, diese Vorstellungskraft einzufangen, um ihre Botschaft in einer Weise zu vermitteln, die ihr Publikum zum einen ermutigte, die Liebe Gottes anzunehmen, und es zum anderen aufforderte, dem eigenen Leben eine Wendung zu geben. Die Beginen waren zwar (im Vergleich zu den von kirchlichen Instanzen bestellten Klerikern) keine Predigerinnen im formalen Sinn, aber sie waren Predigerinnen im wahrhaftigsten Sinne: Sie wohnten unter den geistlich Hungrigen und Leidenden.

KAPITEL 8

Die Beginen als Literatinnen

Die Beginen waren nicht nur wirkungsvolle Predigerinnen und Darstellerinnen, sie schufen auch herausragende Texte: spirituelle Autobiografien, mystische Abhandlungen und leidenschaftliche Briefe an ihre Freund:innen und Anhänger:innen, die der spirituellen Anleitung, dem geistlichen Trost oder der moralischen Ermahnung dienten. Beginen schrieben auch Gedichte, von denen einige vertont wurden. Einige der literarischen Texte der Beginen waren höchstwahrscheinlich ausgefeilte Zusammenfassungen jahrelanger Lehr- und Predigttätigkeit, die eine europaweite Verbreitung ermöglichten.

Die meisten Beginen haben keine Bücher geschrieben, wie wir dies heute verstehen. Vielmehr haben die Freund:innen und Anhänger:innen einer Begine wohl manche ihrer Lehren und öffentlichen Predigten aufgezeichnet oder ihre Briefe aufbewahrt. Nach dem Tod einer Begine wurden dann einige Bücher zusammengestellt. Und eine Reihe der geistlichen Texte, die wir von den Beginen haben, wurden in sorgfältiger partnerschaftlicher Zusammenarbeit zwischen der Begine und ihrem Beichtvater verfasst. Die mittelalterliche Welt unterschied nicht klar zwischen einem von einer Person verfassten Text oder Buch (wie Marguerite Porète und ihr *Der Spiegel der einfachen Seelen)* und diktierten Traktaten oder Schriftstücken, die von geistlichen Beratern oder Freund:innen zusammengestellt wurden, oder Ausführungen, die gelehrt oder gepredigt und anschließend von einer der Zuhörerinnen niedergeschrieben wurden. Aber die Menschen des Mittelalters unterschieden zwischen der Fähigkeit zu lesen und der Fähigkeit zu schreiben; diese wurden als getrennt zu erlernende Fähigkeiten betrachtet.

Beginen waren auch in der Buchproduktion tätig, arbeiteten als Kopistinnen in Werkstätten und waren manchmal sogar Inhaberinnen dieser Werkstätten. Sie kopierten und illuminierten Texte für Kund:innen und arbeiteten als Miniaturmalerinnen, das heißt, sie beschäftigten sich mit dem filigranen, akribischen Malen sehr kleiner Bilder und Porträts. Beginen erwarben Manuskripte – Autobiografien und Biografien, Geschichten und Schriften anderer Frauen – mit der Absicht, sie zu kopieren und die Kopien zum Kauf anzubieten. Einige Beginen verdienten ihren Lebensunterhalt als *notaria* oder Schreiberinnen für Geschäfte und den Adel.

Vor Gutenberg und der Druckerpresse war der Besitz von Büchern ein großer Luxus. Welche Art von Büchern besaßen die Beginen – wenn sie sich diese leisten konnten? Wir wissen nur so viel über ihre Leseinteressen: Sie haben die Bibel, Gebetsbücher und Psalter besessen. Wir wissen, dass einige Beginen mit den Schriften bestimmter Theologen (insbesondere Augustinus von Hippo und Bernhard von Clairvaux) vertraut waren und theologische Abhandlungen und die Heilige Schrift frei aus dem Lateinischen in ihre eigenen Sprachen übersetzten; sie schrieben auch ihre von befreundeten Klerikern gehaltenen Lieblingspredigten nieder und stellten sie anderen zur Verfügung. Die Beginenmystikerinnen diktierten ihre visionären Erfahrungen zusammen mit ihren sorgfältig wiedergegebenen Auslegungen und anderen Lehren möglicherweise ihren Schreiberinnen (unter denen auch Mitbeginen waren), und solche Texte konnten dann kopiert und verteilt werden.

Im Gegensatz zu Königen und Päpsten, führenden Adligen und Geistlichen oder wohlhabenden Klöstern besaßen Beginen keine großen Büchersammlungen – aus naheliegenden finanziellen Gründen und weil sie ihre Beginenhöfe nicht für die Ewigkeit bauten. Ausnahmen waren einige wenige der großen Beginenhöfe, die im 15. und 16. Jahrhundert damit begannen, Bibliothekssammlungen für den gemeinschaftlichen Gebrauch aufzubauen. Viele Beginen-Konvente verschwanden zusammen mit ihren Büchern innerhalb von ein oder zwei Generationen. Aber die Testamente von Beginen enthielten wohlüberlegte Bestimmungen zur Weitergabe von Büchern an Verwandte, Freund:innen und Mitbeginen (Psalter wurden häufig in Testamenten erwähnt, wobei die Besitzerin ihren geliebten Psalter einer Person vermachte, die ihr wichtig war), und wir wissen, dass es einen Austausch von Büchern gab, sowohl innerhalb von, als auch zwischen Beginengemeinschaften.

1439 verkaufte zum Beispiel die Pinzochera (die Ergebene) Jacobella de Tostis (die einem bedeutenden römischen Clan angehörte) ein Haus, um einen Psalter im Wert von 100 Gulden zu kaufen. Dieser Psalter war zusammen mit zwei anderen Gebetsbüchern für den Gebrauch durch ihre Pinzochere-Mitschwestern bestimmt. Um 1500 legte eine flämische Begine testamentarisch fest, dass ihre Bücherspenden im Genter Beginenhof *Ter Hoyen* bleiben sollten, aber die dortigen Beginen die Bücher jederzeit ausleihen durften. Etwa zur gleichen Zeit erhielt *Ter Hoyen* von der Witwe Elisabeth de Gruutere ebenfalls eine beachtliche Sammlung von siebzig Büchern.[1]

Psalter waren bei den Beginen die am häufigsten besessenen und erhaltenen Bücher und wurden oft für private Gebete verwendet. Zu den Psaltern gehörten die 150 Psalmen der Bibel sowie Cantica (Lobgesänge), ein liturgischer Kalender und jeweils eine kleine Auswahl aus dem Alten und Neuen Testament, alle in einem Vierwochenzyklus angeordnet. Einige Psalter waren für den täglichen Gebrauch und andere für kirchliche Festtage bestimmt. Viele Psalter enthielten das Stundenbuch der Jungfrau Maria, mehrere Andachtstexte, die (neben anderen heiligen Ereignissen) der Geburt Marias (8. September) und der Verkündigung gedenken und im Fest Mariä Himmelfahrt und Krönung im Himmel gipfeln. Zu den Psaltern gehörte auch das Totenoffizium (Vesper, Matutin und Laudes für die Mahnwachen vor dem Requiem).

Im Mittelalter wurden Handschriften selten signiert. Einer der wenigen Namen, die Historiker ausfindig gemacht haben, ist der der Begine Babekin Boems von Brügge, die zwischen 1459 und 1488 als professionelle Manuskript-Illuminatorin arbeitete.² Ebenfalls in Brügge besuchte Grietkin Sceppers, eine erfahrene Miniaturmalerin und Mitglied der örtlichen Gilde des Heiligen Johannes des Evangelisten, Ende der 1480er Jahre das neue Karmelitinnenkloster Sion, um die dortigen Schwestern zu Miniaturmalerinnen auszubilden. Eine der ersten Druckmaschinen Italiens wurde 1476 gekauft und von einer Gruppe von Nonnen in San Jacopo di Ripoli in Florenz betrieben.

Die literarische Produktion der Beginen ist Teil der großen christlich-mystischen Schriften des Mittelalters. Häufig nahmen die Beginen die Struktur und den Stil einer bekannten Literaturform auf und schufen etwas erfrischend Neues. Bedeutende mystische Volkstexte des 13. Jahrhunderts wurden von vier Beginen verfasst: Mechthild von Magdeburg, Beatrijs von Nazareth, Hadewijch und Marguerite Porète.

Mechthild von Magdeburg wurde 1207 in der Nähe von Magdeburg in ein sächsisches Adelsgeschlecht hineingeboren und wuchs vermutlich an einem kleinen Hof auf. Im jungen Alter von zwölf Jahren erlebte sie ihre erste „Begrüßung durch den Heiligen Geist", die sie tief beeindruckte. Als sie ungefähr 22 Jahre alt war, beschloss Mechthild, ihr Leben ganz Gott zu widmen, wurde Begine in Magdeburg und diente schließlich als Magistra. Sie hatte weiterhin Visionen, und erst mit Anfang vierzig offenbarte sie dies ihrem Freund und Beichtvater, dem Dominikaner Heinrich von Halle, der sie dazu brachte, alles zu dokumentieren.

Sie verbrachte Jahre damit, den Kern ihrer Visionen und ihres spirituellen Lernens niederzuschreiben und sorgfältig zu formulieren, bis sie damit zufrieden war. Heinrich von Halle diente als Resonanzboden für die von ihr „empfangenen" Lehren und half nur bei der Formulierung von Abschnitten, die sich mit schwierigen theologischen Konzepten befassten (wahrscheinlich, um ihr Manuskript vor einer Überprüfung durch die Inquisition zu bewahren).

Mechthilds Meisterwerk *Das fließende Licht der Gottheit* wurde in Mittelniederdeutsch geschrieben, auf Pergament übertragen und unter ihren Anhänger:innen und Freund:innen verbreitet. Es besteht aus sieben „Büchern" oder Teilen, die überwältigend schöne und provokative Äußerungen in Form von Poesie und Prosa, Monolog und Dialog enthalten – Visionen, Briefe, Gleichnisse, Reflexionen, Allegorien, Gebete, Kritik und Ratschläge – und damit ein Bild von Mechthilds innerem Weg zu Gott zeichnen. Die ersten vier Bücher vollendete sie in ihren Vierzigern, das fünfte und sechste Buch in ihren Fünfzigern und Sechzigern. Das siebte und letzte Buch entstand nach etwa 1270, als sie bei den Zisterzienserinnen in Helfta (bei Halle) wohnte. Sie blieb in Helfta bis zu ihrem Tod 1284 und erfreute sich einer bedeutenden – weiblichen wie männlichen – Anhängerschaft, die sie „Freunde Gottes" nannte.

Wie viele Frauen ihrer Zeit, die sich ihre Autorität als Autorin und Predigerin erst erarbeiten mussten, begann Mechthild das erste Buch von *Das fließende Licht der Gottheit* mit einem Gespräch zwischen sich und Gott:

„Ach, Herr, wer hat dieses Buch gemacht?"
„Ich habe es in meinem Unvermögen geschaffen,
denn ich kann mich nicht zurückhalten mit meinen Gaben."
„Nun, Herr, wie soll der Titel des Buches sein,
was allein zu deiner Ehre ist?"
„Es soll ein fließendes Licht meiner Gottheit genannt werden
in alle Herzen, die frei von Heuchelei leben."[3]

Mechthild wandte eine in ihrer Zeit übliche Verteidigungstaktik an und nahm ihren Kritikern den Wind aus den Segeln, indem sie auf Gott als denjenigen verwies, der ihr, einer bloßen Frau, „befohlen" habe, Gottes Worte aufzuschreiben. Somit konnte jeder Leser, der über den Inhalt des Buches diskutieren wollte, diese Auseinandersetzung direkt mit Gott führen.

Das fließende Licht der Gottheit verwebt drei Stränge aus Mechthilds eigener Welt: ihre Vertrautheit mit der Kultur des Landadels und des höfischen Lebens mit seiner einzigartigen

Literatur (dem Minnegesang); Aspekte der urbanen Subkultur der Beginen und ihrer Spiritualität; und ihre Freundschaft mit gelehrten Dominikanermönchen. Mechthild kannte auch die jüdische Gemeinde in Magdeburg und jüdische mystische Lehren über das weibliche Antlitz Gottes im Exil (genannt *Shekhinah*).[4]

Mechthild porträtiert Gott in ausdrucksstarken Allegorien: Gott ist „dreieinig", „fließend" und „pulsiert vor erotischer Liebe zu seinen Geschöpfen". Gott ist Liebe und Liebe bricht paradox aus; Liebe ist feurig und kühl, barmherzig und doch quälend. Gottes Verhältnis zur Welt wird mit einem edlen Hof, einer in sich geschlossenen Kugel, einem Weinkeller, einem Saiteninstrument, einer Armbrust und einem Baum verglichen.[5] Die Beziehung des oder der Suchenden zu Gott drückt sich in Ekstase und Qual, in Gottes Gegenwart und Abwesenheit aus; dennoch beharrt Mechthild darauf, dass der oder die Suchende mit Gott vereint ist, auch wenn er oder sie sich der Immanenz Gottes nicht bewusst ist.

Mechthild verwendet in ihren Schriften gängige Bilder der höfischen Liebesliteratur und Erzählkultur ihrer Zeit, darunter die Seele als Braut und Christus als Bräutigam, die Reise der Seele zum Hof Gottes und die Jagd. Um die Sehnsucht der Seele nach Gott auszudrücken, schreibt sie:

„Ach allerliebste Liebe, wie lange
hast du mir aufgelauert!
Was, oh was kann ich tun?
Ich bin verfolgt, gefangen, gefesselt,
so schrecklich verletzt,
dass ich nie geheilt werden kann.
Geschickte Schläge hast du mir versetzt,
Werde ich mich jemals von dir erholen?
Wäre es nicht besser gewesen
Dass ich dich nie gekannt hätte?"[6]

In ihren fortwährenden Versuchen, ihren Hunger nach dem Göttlichen wiederzugeben, spricht Mechthild von einer Unruhe, die sie allem und jedem, das nicht Gott ist, zuschreibt, was dann zu Kummer führt.

Mechthild wollte, dass ihre Anhänger:innen in der Tradition der lectio divina (der göttlichen Lesung) gebeterfüllt über ihre Worte nachdachten, sie studierten und diskutierten. Sie wusste, dass ihre Anhänger:innen ihre Lehren nur über intensive Auseinandersetzung, Debatte und Diskussion der Texte in ihr Leben integrieren würden. Sie schrieb: „Wollt Ihr wissen, wie ihr Gottes heilige Gunst am besten nutzen und sie so genießen könnt, wie Er es von Euch möchte? Ihr wisst, dass Gottes Wille Euch dies selbst lehren wird, wenn ihr es äußerlich (über die Tugenden) und innerlich (durch eure Sehnsucht) begrüßt. Respektiere es demütig. Lass es nie los. Sei unterwürfig, wenn Dinge in deinem Leben schiefgehen. Gib Gottes Güte Zeit und Raum in dir. Das ist alles, was Gott verlangt. Dann wirst Du so tief mit Gott verschmelzen, dass du weißt, was Gottes Wille ist: Du wirst verstehen, wie lange du nach Seinen intensiven Liebkosungen suchen solltest, und du wirst wissen, wie und wann du deinen Nächsten freundlich begegnen sollst."[7]

Mechthild ermutigte ihre Anhänger:innen, ihrer Beziehung zu Gott, der jeden Menschen lehren und formen möchte, zu vertrauen. Wie ihre Mitbeginen bestand sie darauf, dass selbst das bescheidenste Mitglied der Gesellschaft eine persönliche und innige Beziehung zu Gott haben kann.

Mechthild kritisierte die Korruption innerhalb der Kirche offen und sagte: „Ich arme Frau war so kühn in meinem Gebet, dass ich dreist und unverfroren das korrupte Christentum in die Arme meiner Seele nahm und es wehklagend hochhob."[8] Es heißt, sie habe in einer Vision Gott zum Papst sagen hören: „Wer den Weg zur Hölle nicht kennt, der schaue auf die korrupte Geistlichkeit."[9]

Als sie von solch korrupten Geistlichen angegriffen wurde, berief sich Mechthild auf Gott als Legitimation für ihr Schreiben. Bei zahlreichen Gelegenheiten wurde ihr die Verbrennung ihres Werkes angedroht, und sie sagte ihren Anhänger:innen, dass Gott sie angesichts dieser Bedrohung mit dem

Hinweis getröstet habe: „Die Wahrheit kann niemand verbrennen", denn kein Mensch ist stärker als Gott. Gott habe ferner gesagt, dass „der höchste Berg die Offenbarung Meiner Gnade nicht empfangen kann, denn die Flut Meines Heiligen Geistes fließt von Natur aus in das Tal. Du findest viele weise Meister, die in der Schrift gelehrt sind, doch selbst Narren sind in Meinen Augen."[10] Mechthild berief sich nicht nur auf Gott als ihre Autorität und als derjenige, der ihr „befohlen" hatte, dieses Buch zu schreiben, sondern sie äußerte auch, dass es Gottes Absicht war, dass die Autorin dieser Worte das demütigste Geschöpf Gottes sei.

In einer 1261 in Magdeburg abgehaltenen Synode widerrief Erzbischof Rupert von Magdeburg das Recht der ortsansässigen Beginen auf Selbstbestimmung, ihre Beziehungen zu den Dominikanern wurden unterbunden, und die Frauen wurden der örtlichen Geistlichkeit unterstellt. Diese Veränderungen kamen bei den Beginen nicht gut an, und Mechthild wurde gegenüber der institutionellen Kirche zunehmend kritisch.

In *Das fließende Licht der Gottheit* behauptete Mechthild, dass „Gott die Domherren Ziegenböcke nennt, weil ihr Fleisch in Bezug auf die ewige Wahrheit vor Seiner Heiligen Dreifaltigkeit nach Unreinheit stinkt ..." und sie fuhr fort: „Ach, Krone der heiligen Kirche, wie befleckt bist du geworden. Deine kostbaren Steine sind von dir abgefallen, weil du schwach bist und den heiligen christlichen Glauben entehrst. Dein Gold ist besudelt im Schmutz der Unkeuschheit, denn du bist armselig geworden und hast keine wahre Liebe. Deine Reinheit ist verbrannt im gierigen Feuer der Völlerei, deine Demut ist in den Sumpf deines Fleisches gesunken, deine Wahrheit wurde in der Lüge dieser Welt zerstört, die Blumen all deiner Tugenden sind von dir gefallen. Ach, Krone des heiligen Priestertums, du bist verschwunden und hast nur noch deine äußere Gestalt – nämlich priesterliche Macht –, damit kämpfst du gegen Gott und Seine auserwählten Freunde. Darum wird Gott dich demütigen, bevor du weißt, was passiert ist."[11] Mechthild hatte es mit ihren Gegnern aufgenommen und sich gewehrt.

Mit harten Worten wie diesen machte sie sich sowohl Feinde als auch Freunde und Gefolgsleute. Auf Rat ihres Beichtvaters verließ die betagte und fast blinde Mechthild die Beginengemeinschaft, mit der sie lange verbunden war, und suchte Zuflucht in der Zisterzienserinnen-Gemeinschaft Helfta. Dort beeinflusste sie maßgeblich die geistliche Entwicklung der Helfta-Mystikerinnen Gertrud die Große (1256 – ca. 1301) und Mechthild von Hackeborn (1240–1298).

Obwohl Beatrijs von Nazareth einen Großteil ihres Erwachsenenlebens in einem Zisterzienserinnenkloster verbrachte, wird sie oft in einem Zug mit Mechthild, Hadewijch und Marguerite Porète genannt. Beatrijs (auch bekannt als Beatrijs von Tienen) galt als herausragende Intellektuelle und Künstlerin. Sie war von Beginen erzogen worden, die für ihre frühe spirituelle Bildung wichtig waren, und pflegte eine lebenslange Freundschaft zu Beginen.

Beatrijs wurde 1200 in Tienen (bei Löwen) geboren; ihre Mutter lehrte sie Lesen sowie die Grundlagen der Grammatik. Nachdem ihre Mutter um 1206 gestorben war, wurde das Mädchen zu den Beginen in Léau geschickt, um ihre Ausbildung fortzusetzen. Um 1210 wurde Beatrijs Oblatin der Zisterzienserinnengemeinschaft Bloemendaal (Florival), die ihr Vater Barthelmy De Vleeschouwer, ein wohlhabender, frommer Kaufmann, gegründet hatte. (Er gründete später auch die Zisterzienserinnenklöster Maagdendaal bei Tienen und Nazareth bei Antwerpen).

Beatrijs liebte diese Lebensweise und strebte mit fünfzehn an, Novizin zu werden; 1216 legte sie die ewige Profess ab. Sie wurde nach La Ramée (in der Nähe von Nivelles) geschickt, um die Kunst des Kopierens und Illuminierens von Manuskripten zu erlernen. Hier entwickelte sie eine enge Freundschaft mit Ida von Nivelles und setzte auch ihre Ausbildung bei mehreren akademisch gebildeten Magistern fort. Sie verbrachte noch einige Zeit in Bloemendaal, ging dann nach

Maagdendaal (Val-des-Vierges) und zog 1236 in das neu gegründete Kloster Nazareth. Dort diente sie bis zu ihrem Tod 1268 als Priorin.

Wir haben nur ein kurzes Prosawerk von Beatrijs, *Die sieben Arten des Liebens*,[12] welches das Produkt jahrelanger gebeterfüllter Reflexion über ihre kraftvolle Gotteserfahrung war. Die sieben Arten werden nicht als Schritte in aufsteigender Reihenfolge dargestellt, sondern als verschiedene Arten, *Minne* (Liebe als Person dargestellt) zu erleben. Beatrijs beginnt mit den Worten: „Es gibt sieben Arten des Liebens, die aus dem Höchsten kommen und zum Höchsten zurückkehren."[13]

Beatrijs spricht von der ersten Art des Liebens als aktivem Verlangen, die eigene Seele in das Bild Gottes zurückzuführen, in dessen Bild die Seele geschaffen wurde. Dieser Wunsch treibt einen zu der harten Arbeit, in der Selbsterkenntnis, in den Tugenden und damit in der Gotteserkenntnis zu wachsen. Beatrijs merkt an, dass dieser Wunsch durch Liebe und nicht durch Angst motiviert ist.

Die Seele hat eine zweite Art des Liebens, wenn sie sich Gott zuweilen anbietet, um Gott zu dienen, ohne eine Rendite zu erwarten, wobei sie dieses Angebot nur in Liebe macht und dabei keine Antwort, keinen Lohn in Form von Gnade oder Ehre erbittet. Die Seele sehnt sich einfach danach, Gott (der reine Liebe ist) zu dienen. Auf diese Weise brennt die Seele vor Verlangen nach Gott und ist bereit, freudig für Gott zu leiden.

Beatrijs' dritte Art des Liebens besteht darin, die radikale Natur des Glaubens zu erkennen und zu akzeptieren – dass der Glaube und das Vertrauen auf Gott nicht unbedingt bedeuten müssen, Gott so zu erleben, wie wir es uns wünschen. Dieses starke Verlangen nach tieferem Glauben kann – bei den Versuchen, ihn zu erreichen – Enttäuschung nach sich ziehen. Dieses Nichterreichen tieferen Glaubens oder einer bedeutenderen Gotteserfahrung führt zu Leiden, da sich die Seele danach sehnt, für Gott (die Liebe) hinreichend zu sein. Doch diese reife Liebe (unsererseits) kann alle Dinge ertragen und durch alles, was uns das Leben bietet, zu reifer Ganzheit wachsen.

Ihre vierte Art des Liebens ist eine Eingießung überfließender göttlicher Liebe. Die Seele ist so erfreut über die unmittelbare Gegenwart Gottes und so in die Liebe versunken, dass sie selbst Liebe zu sein scheint. Beatrijs beschreibt das Herz als „von der Liebe zärtlich berührt und eifrig in die Liebe hineingezogen und leidenschaftlich von der Liebe getroffen und heftig von der Liebe überwältigt und liebevoll in der Liebe umarmt, dass sie [die Seele] ganz und gar von der Liebe erobert wird."[14] Beatrijs fährt fort zu beschreiben, dass „sie [die Seele] sich im Überfließen der Verzückung und in der großen Fülle des Herzens wähnt, ihr Geist völlig in der Liebe versinkt und ihr Körper ihr entflieht, ihr Herz schmilzt und all ihre Kraft dahin ist. Sie ist so von der Liebe erobert, dass sie kaum noch bei Sinnen ist und oft die Kontrolle über alle ihre Glieder und ihre Sinne verliert."[15] Diese Erfahrung überwältigender Liebe lässt die suchende Person scheinbar ohne jegliches Körpergefühl zurück.

Die fünfte Art des Liebens liegt dann vor, wenn die Liebe mächtig gestärkt wird und machtvoll aufsteigt – eine „stürmische Liebe" oder „ein Liebessturm" – mit großem Aufruhr und Kraft, als würde sie mit ihrem Angriff das Herz brechen und die Seele bei der Übung und Wonne der Liebe aus sich herausziehen. Die Seele wird von dem Verlangen der Liebe dazu bewegt, die großen, reinen Taten der Liebe und die durch die vielen Eingebungen der Liebe eingepflanzten Wünsche zu erfüllen. Beatrijs schreibt: „Die Liebe erwacht in der Seele, erhebt sich stürmisch mit großem Ungestüm und heftiger Leidenschaft, als ob sie mit ihrer Raserei das Herz brechen und die Seele aus sich selbst und über sich hinausreißen würde. Die Liebe wird so grenzenlos und so überfließend in der Seele – wenn die Liebe sie stark und heftig innerlich erschüttert –, dass es ihr so vorkommt, als ob ihr Herz immer wieder schwer verwundet würde und ihre Wunden Tag für Tag mit wachsendem neuem Schmerz erneuert und verstärkt würden."[16]

In der sechsten Art des Liebens hat die Liebe jeglichen Mangel der Seele überwunden und die Sinne gemeistert und die Menschlichkeit der Seele verschönert und das Wesen der Seele erhöht und verherrlicht, und es ohne jeden Widerstand völlig überwältigt. Auf diese Weise wird die Seele im Vertrauen fest verankert und kann alle Übungen der Liebe frei praktizieren, sich an der Liebe ergötzen und in der Liebe ruhen – mit anderen Worten, die Seele erfährt reine göttliche Liebe.

In der siebten Art des Liebens von Beatrijs ist die Seele ganz in die Liebe eingetaucht, die eine ewige Liebe jenseits des menschlichen Verständnisses, jenseits von Zeit und Raum ist. Beatrijs beschreibt diese Liebe als die Liebe, die in der Dreifaltigkeit gelebt wird – oder in der grenzenlosen Tiefe des Göttlichen.[17]

Beatrijs' Spiritualität wurde sowohl von der höfischen Liebe (Minne) als auch von den Schriften Bernhards von Clairvaux beeinflusst. Doch ihre Worte machten die Inquisition misstrauisch: Hier war eine Frau, die eigenverantwortlich schrieb, eine Frau, die eine direkte Gotteserfahrung bezeugte und über die „Seele" ohne Geschlecht reflektierte und damit nahelegte, dass Frauen den Männern in den Augen Gottes gleich wären. Wissenschaftler:innen glauben, dass Anhänger:innen von Beatrijs ihr Originalmanuskript zum Schutz vor der Inquisition verbrannten und davon existierende Kopien versteckt wurden.

Wir haben einen bedeutenden Textschatz der flämischen Begine Hadewijch, doch wissen wir wenig über ihr Leben. Hadewijch war ein gebräuchlicher mittelalterlicher Name und es gibt kaum Belege dafür, dass diese große Dichterin und Mystikerin zu ihren Lebzeiten Ruhm genossen hat. Ihre umfangreichen Schriften – einunddreißig Briefe, fünfundvierzig Gedichte in Strophen, vierzehn Visionen und sechzehn Gedichte in Versen – wurden im 14. Jahrhundert in zwei Klostergemeinschaften aufbewahrt. Sie wurden dann im 19. Jahrhundert „wiederentdeckt". Ihre Schriften zählen heute zu den Meisterwerken der flämischen Literatur.

Hadewijch war eine im 13. Jahrhundert lebende – vielleicht mit Antwerpen oder Brabant verbundene – Begine, deren Vertrautheit mit dem Vokabular des Rittertums und der höfischen Minne darauf hindeutet, dass sie aus aristokratischen Verhältnissen stammte. Vielleicht war sie sogar Musikerin oder Troubatrix, bevor sie Begine wurde. Sie konnte Latein und Französisch und kannte die Schriften von Origenes, Augustinus von Hippo, Bernhard von Clairvaux, Wilhelm von St. Thierry und Richard von St. Viktor. Hadewijchs Texte beziehen sich mit beeindruckender Präzision häufig auf die biblischen Schriften. Ihre Entscheidung, auf Mittelniederländisch (was sie vorzüglich beherrschte) statt auf Latein zu schreiben, machte ihre Absicht deutlich, eine breite Leserschaft unter den Laien zu erreichen, insbesondere unter ihren Mitbeginen.

Hadewijch gilt als eine der vorzüglichsten und anspruchsvollsten Schöpferinnen der zu ihrer Zeit so geschätzten höfischen Liebespoesie – und sie verfasste ihre Poesie als Ausdruck der Sehnsucht nach Gott. Wie wir gesehen haben, bevorzugte die höfische Minnelyrik Bilder der unerreichbaren Geliebten, des demütigen Dienstes an der Liebe, der Klage, der Hoffnung und Verzweiflung und der alles durchdringenden Macht der Liebe.[18] Während diese höfischen Gedichte Geschichten von tragischen, unglücklichen Liebespaaren und dem adligen Verehrer auf der Suche nach der unerreichbaren Dame enthalten, konzentrierten sich Hadewijchs mystische Gedichte auf die unerträgliche Qual, die das unaufhörliche Verlangen nach dem „Einssein mit Gott" in ihr auslöste – einer Frau, die den Geliebten begehrt und die der Geliebte begehrt.

Hadewijch war offenbar an der spirituellen Ausbildung der Beginen beteiligt. Die meisten ihrer Briefe wurden für Beginen geschrieben und hielten sie zu mehr Innerlichkeit und einem liebevollen Seelenleben und letztendlich zur Selbsterkenntnis an – „verstehe das tiefste Wesen deiner Seele".[19] In einem Brief sagte sie ihren Leser:innen: „Mit der Menschheit Gottes musst du hier auf Erden leben, in den Mühen und Leiden des Exils, während du in deiner Seele liebst und jubelst, denn die Wahrheit der Menschheit und der Göttlichkeit sind eine einzige Erfüllung."[20] Hadewijchs Schriften offenbaren ein sehr leidenschaftliches Leben, das nie sentimental oder kindisch war; ihr Streben nach Gott war das einer erwachsenen, reifen Frau.

Während Hadewijch darauf beharrte, dass junge Beginen eine ausgezeichnete Ausbildung erhalten sollten, bestand sie auf dem Primat der Liebe über Vernunft und Intellekt und erklärte ihren Mitbeginen, dass geistige Aktivitäten nur das erfassen könnten, was Gott *nicht* ist. Liebe, die Begegnung des Menschlichen mit dem Göttlichen, war für sie eine verkörperte Erfahrung. Hadewijch setzte einen hohen Maßstab für die Pflege eines so reichen Innenlebens; nichts war ihr so wichtig wie diese innere Pilgerfahrt zu Gott.

Hadewijch bestand darauf, dass Liebe unsere Seelen erneuert und verjüngt, wenn wir die Gegenwart Gottes suchen. Ein klares Zeichen dafür, dass die oder der Suchende die spirituelle Reise aufrichtig anging, war für sie das Gefühl von „Neuheit" jeden Tag. In einem ihrer Gedichte schrieb Hadewijch:

„Liebe ist immer neu!
Die, die in Liebe leben,
werden jeden Tag erneuert
und durch ihre häufigen Taten der Güte
werden sie ganz von neuem geboren.
Wie kann man in der Gegenwart der Liebe alt bleiben?
Wie kann da jemand ängstlich sein?
Reife Seelen haben immer neue Weisheit.
Sie zögern nie, sich der Liebe hinzugeben
in jedem neuen Moment.
Ich nenne diese alten Leute die Verjüngten.
Sie hängen an der Liebe.
Sie schauen immer mit Leidenschaft auf die Liebe
und leben sie."[21]

Hadewijchs Schriften zeigen ihren starken Glauben an die Bedeutung der Gemeinschaft und der Beziehungen innerhalb der Gemeinschaft. Diese Notwendigkeit drückte sie in ihren Lehren über die Bedeutung der Heiligen Dreifaltigkeit und unserer Beziehung zum menschlichen Jesus und zum göttlichen Christus aus. Es wird angenommen, dass sie aus ihrem Beginenhof vertrieben und ins Exil gezwungen wurde, und so hat Hadewijch möglicherweise die Bedeutung dessen erkannt, was ihr genommen wurde.

Literarische Texte, die Beginen zugeschrieben wurden, wurden im Laufe der Jahrhunderte häufig in Kloster- und Universitätsbibliotheken aufbewahrt, kopiert und verbreitet. Die verschiedenen Schreibstile, die von Beginen verwendet wurden, um ihre Anhänger:innen zu fesseln, zu bilden und zu bestärken, zogen weiterhin Leser:innen an.

Im 20. Jahrhundert setzte eine neue Forschungswelle über die Schriften der Beginen ein, angestoßen von modernen Frauen, die ihre spirituelle Geschichte zurückerobern wollen. Zeitgenössische Suchende suchen nach Inspiration in diesen Texten, und Mönche lesen sie während des Göttlichen Offiziums.

KAPITEL 9

Waren die Beginen Ketzerinnen?

Die Inquisition verurteilte die sogenannte *beguine clergesse* Marguerite Porète, eine gelehrte Beginenpredigerin und Schriftstellerin, als rückfällige Ketzerin. Sie wurde auf der Place de Grève in Paris auf dem Scheiterhaufen verbrannt. Ihre Hinrichtung fand am 1. Juni 1310 statt. Ihr Verbrechen war ein gewagtes Werk der mystischen Theologie namens *Der Spiegel der einfachen Seelen*, das sie auf Altfranzösisch verfasst und öffentlich geteilt hatte.

Wir wissen wenig über Marguerites Leben. Sie stammte wahrscheinlich aus dem Hennegau in den Niederlanden, war unerschrocken, gerade heraus und kritisch gegenüber der Kirchenhierarchie. Vor ihrem Tod war sie einige Jahre lang von der Inquisition verfolgt worden. Obwohl drei Theologen (der Mönch Johann von Querayn, der Zisterziensermönch François de Villiers und der Magister der Theologie Godfrey von Fontaines) den *Spiegel* billigten, fehlte Marguerite im Gegensatz zu anderen Beginen, die predigten und schrieben, anscheinend ein starker männlicher Verteidiger. Der für den Hennegau zuständige Bischof von Cambrai hatte irgendwann zwischen 1296 und 1306 eine frühe Kopie des *Spiegels* öffentlich verbrannt und Marguerite befohlen, die Verbreitung ihrer Lehren einzustellen – aber sie fuhr unbeirrt damit fort. Tatsächlich fügte sie ihrem Buch mehrere weitere Kapitel und einen Prolog hinzu und verbreitete es weiter (sie schickte es sogar an einen Bischof) und predigte auch weiterhin. Aber sie hatte keine Chance.

Marguerite wurde 1308 auf Befehl des Dominikaner-Inquisitors Wilhelm von Paris, der auch dem französischen König Philipp IV. (1268–1314) als Beichtvater gedient hatte, festgenommen und inhaftiert. Während ihrer monatelangen Gefangenschaft und ihrer Verhöre schwieg sie und weigerte sich, ihren Anklägern zu antworten. (Ihre Weigerung, mit der Obrigkeit zusammenzuarbeiten, war vielleicht auch darin begründet, dass sie sich als Bürgerin des Deutschen Reiches betrachtete, doch die Franzosen hatten sie festgenommen.[1])

Marguerite hatte das Pech, zu einer Zeit zu leben, in der sowohl der französische König als auch die Kirche in Rom aggressiv versuchten, das auszumerzen, was sie als Häresie ansahen. (Um die Ketzerei zu unterdrücken, hatte das Papsttum im 13. Jahrhundert die Inquisition eingerichtet.) Marguerite wurde zum einen für ihre Behauptung verurteilt, die Kirche und ihre Sakramente seien für das Seelenheil nicht unbedingt notwendig, und zum anderen, weil sie sich den kirchlichen Autoritäten widersetzte. Auch war sie wahrscheinlich ein politisches Opfer der Hexenjagd, die König Philipp 1307 gegen die Templer in Bewegung setzte, obwohl ihr kein Inquisitor anlastete, Tempelritterin oder Sympathisantin zu sein. Zudem rüstete sich die Kirche für das Konzil von Vienne (bei Lyon 1311/12), das anstrebte, nicht nur die Templer, sondern auch die Lebensweise der Beginen zu unterdrücken. Die Theologen, die ihre Klagen für die Verurteilung aller Beginen und bestimmter anderer aufstrebender spiritueller Bewegungen (wie den Franziskaner-Spiritualen) ausarbeiteten, interessierten sich sehr für Marguerites Fall – als Rechtfertigung dafür, weshalb ihre eigene orthodoxe Position die Oberhand gewinnen sollte.

In ihrem Buch *Der Spiegel der einfachen Seelen* versucht Marguerite Porète, ihr Verständnis der Beziehung der Seele zum Göttlichen auszudrücken, insbesondere das Wesen der Freiheit der Seele und ihre potenzielle Vervollkommnung. Sie versteht die Seele eines Menschen als die Fähigkeit, Gott so nahezukommen – auch hier auf Erden und in diesem Leben –, dass buchstäblich nichts zwischen der Seele und Gott steht: nicht Vernunft, noch Tugend, noch gute Werke und nicht einmal die Sakramente. Marguerite verurteilte keines der oben genannten Dinge, sondern erklärte, dass wir in unserer „Einung mit Gott" hinreichend heranreifen können, um das Verlangen nach diesen Dingen hinter uns zu lassen.

Marguerites Schriften implizierten, dass die Kirche als Sakramenten-Spenderin und Heilsgarantin für die Beziehung eines Menschen zu Gott nicht erforderlich sei. Die Kirche könne zwar für die geistige Gesundheit der Menschen wichtig sein, aber einem Menschen sei es möglich, geistig so weit heranzureifen, dass die Sakramente der Kirche für ihn nicht mehr notwendig oder sogar unerlässlich wären. Marguerite lehrte, dass die Vernunft unter der Liebe steht, da die Vernunft die Lehren der Liebe nicht verstehen kann. *Der Spiegel der einfachen Seelen* enthält Dialoge zwischen den Charakteren Seele, Liebe und Vernunft, und es wird aufgezeigt, dass allein die Liebe die richtige Beziehung zwischen dem Menschen und dem Göttlichen ist – eine Beziehung, die die Seele zu Gott treibt.

Marguerite spricht von „den Toden" der Seele, die die Seele zu Reife und Vollkommenheit (Ganzheit) führen oder vorantreiben: „Du, Seele, hast die göttliche Berührung erkannt, bist in der ersten Stufe der Gnade von der Sünde abgesondert worden; möge die göttliche Gnade dich zur siebten Stufe führen, in der die Seele im Frieden der Liebe Gottes die Fülle der Vollkommenheit erreicht."[2] Der erste „Tod" tritt ein, wenn eine Person ein tugendhaftes Leben so kultiviert, dass sie ohne Anhaftung leben kann: Weder Reichtum, noch Ehre, noch Ansehen haben sie im Griff. Schließlich gibt es den „Tod" des Geistes, was bedeutet, dass der oder die Suchende über den persönlichen Willen hinausgegangen ist – der nach Marguerites Auffassung eine Barriere zwischen den Suchenden und Gott darstellt – in die vollkommene „Auslöschung" hinein, wo der einzige Wille der Wille der Liebe ist, der göttliche Wille. „In diesem Zustand der Auslöschung findet die Seele ihre Vollkommenheit; sie hat keinen Willen mehr, mit dem sie wollen oder begehren kann, nur Gottes Wille allein wirkt in ihr."[3]

Der Spiegel der einfachen Seelen offenbart Marguerites Vertrautheit mit den Schriften von Augustinus von Hippo, Bernhard von Clairvaux, Bonaventura, Richard von St. Viktor und

Wilhelm von St. Thierry. Sie bedient sich auch bekannter Themen aus der höfischen Liebesdichtung, um ihre spirituellen Einsichten auszudrücken. Einer ihrer maßgeblichen Einflüsse bestand darin, die Kirche mit ihren dualistischen Trennungen von Kultur und Theologie zu konfrontieren und eine Entscheidung zur Mystik im Alltagsleben anzuregen. Ihr Leben war eine starke Mahnung an die Kirche, dass Kontemplation und aktiver Dienst natürliche Begleiter sein können – eine Einsicht, die Marguerite mit ihren Mitbeginen teilte.

Trotz seiner Verurteilung blieb *Der Spiegel der einfachen Seelen* erhalten und wurde weiterhin gelesen. Einige Theologen und Schriftsteller kopierten Abschnitte und integrierten sie in ihre eigenen Werke. Der Dominikaner Meister Eckhart (ca. 1260 – ca. 1327) kannte das Werk von Marguerite und lebte ebenfalls unter dem Verdacht der Ketzerei. Auch der flämische Theologe und Mystiker Jan van Ruysbroeck (1293–1381) kannte den *Spiegel*. Klöster bewahrten Kopien von Marguerites Werk auf und übersetzten es in andere Sprachen, darunter Englisch und Italienisch. Oft wurde der der *Spiegel* als anonymes Werk in Umlauf gebracht und als solches schließlich in den Kanon der christlichen Theologie aufgenommen.

Ein:e Ketzer:in ist eine Person, die vorgeblich die etablierte Glaubenslehre korrumpiert, oft indem sie eine begrenzte Zahl von Glaubensvorstellungen auswählt und die übrigen Teile der orthodoxen Lehre leugnet. In dem stark aufgeladenen politischen Milieu der mittelalterlichen Welt maßten sich weltliche wie klerikale Führer zuweilen an, dass ihre politischen Positionen dem kirchlichen Dogma gleichkämen.

Selten haben die Lehren von Beginen die Maßstäbe des kirchlichen Dogmas nicht erfüllt. Allerdings verstießen sie in einer Gesellschaft, die stark durch den spezifischen Rang der einzelnen Menschen definiert war (wie die Zugehörigkeit zu den Zünften oder Kaufleuten, zu aristokratischen oder klerikalen Schichten oder zur Bauernschaft), gegen ihren „von Gott zugewiesenen Platz", um dem Evangelium zu dienen.

Wie wir gesehen haben, waren Beginen kluge, geschickte Geschäftsfrauen, die die Gilden verärgerten, indem sie ihren Wettbewerbsvorteil geschäftlich nutzten. Diese Frauen besaßen Häuser, Bauernhöfe und Land – und habgierige Nachbarn, aus dem weltlichen wie aus dem kirchlichen Bereich, versuchten häufig, ihre Besitztümer zu übernehmen. Die Beginen aber gaben nicht nach, sondern wehrten sich und setzten ihren politischen Scharfsinn ein, um ihre finanziellen Interessen zu schützen – und lösten damit möglicherweise fingierte Ketzerei-Vorwürfe aus.

Aber in erster Linie standen Beginen zu verschiedenen Zeiten und in unterschiedlichen Teilen Europas wegen ihrer geistlichen Eigenständigkeit unter kirchlicher Überwachung. Die Mächtigen versuchten immer, Gott zu kontrollieren – und der christliche Aspekt Gottes, der vielleicht am „unkontrollierbarsten" ist, ist der Heilige Geist. Einige predigende Beginen legten solchen Nachdruck auf den Heiligen Geist, dass sie die Notwendigkeit der Kirche und ihrer Sakramente im Grunde negierten. Letztlich konnten die Autoritäten – machtgetriebene und oft frauenfeindliche Männer – Frauen nicht dulden, die von ihrer eigenen (innigen) Gotteserfahrung sprachen und sich so als wirkungsvolle Konkurrentinnen im Bereich des Spirituellen erwiesen.

Die meisten Beginen, gegen die wegen Ketzerei ermittelt wurde, wurden wegen ihrer Predigten und Lehren beschuldigt (insbesondere, wenn es um die Dreifaltigkeit ging), selbst wenn ihre Äußerungen der kirchlichen Tradition genügten. Zudem wurden sie der Ketzerei beschuldigt wegen bestimmter Personen, mit denen sie verkehrten, meistens Prediger apokalyptischer Botschaften. Apokalyptische Predigten – die verkündeten, dass die Endzeit naht – konnten ein wirtschaftliches Chaos anrichten, da die Anhänger solcher Botschaften durchaus ihre Bauernhöfe und Geschäfte aufgeben konnten, um sich auf das Ende vorzubereiten. Es überrascht nicht, dass einige dieser charismatischen (Wander-)Prediger der Ketzerei verdächtigt wurden.

Eine weitere Motivation der kirchlichen Autoritäten, die Beginen im Zaum zu halten, war mit dem Zölibat verbunden. Während der Zölibat für Mönche im Hochmittelalter gut etabliert war, versuchte die Kirche, den Zölibat auch für ihre Pfarrer durchzusetzen. Doch wenn sich Kleriker unmoralisch benahmen, wurde oft eine Frau dafür verantwortlich gemacht – und da Beginen unabhängig lebten, wurden sie gerne der Verführung „unschuldiger" Kleriker beschuldigt. Die Kirche war der Ansicht, dass die Kontrolle solch unabhängiger Frauen ihr helfen würde, den Zölibat der Priester durchzusetzen.

Zu guter Letzt scheint eine zentrale Sorge der Kirche der starke Einfluss gewesen zu sein, den die Beginen infolge des mächtigen Instruments des Interdikts auf die Laien ausübten. Wie bereits erwähnt, war, wenn einer Region ein Interdikt aufgezwungen wurde, die Feier der Messe verboten, der Zugang zu den Sakramenten wurde verweigert, und häufig musste das Offizium leise rezitiert statt gesungen werden. Die Verweigerung sowohl der Sterbesakramente als auch der Bestattung in geweihter Erde war eine grausame Taktik des Interdikts, da der durchschnittliche Christ befürchtete, dass er ohne beides zur ewigen Hölle verdammt sein könnte.

Im Mittelalter gerieten weltliche und religiöse Führer unzählige Male in der Frage aneinander, wessen Autorität bei Konflikten zwischen Kirche und Staat die Oberhand behalten sollte. Während Könige und Fürsten ihre Heere hatten, um ihre Position zu verteidigen, kontrollierten Päpste und Bischöfe den Zugang zu den Sakramenten – und damit den Zugang zu Gott – und setzten so die mächtige Waffe des Interdikts in ihren Kämpfen gegen weltliche Autoritäten ein. Das Verbot, das Jahre oder gar Jahrzehnte dauern konnte, terrorisierte die Unschuldigen: Die gewöhnlichen Gläubigen steckten in einem andauernden Machtkampf fest, dessen Ausgang für die Laien nie von Vorteil war.

Vom 11. bis zum 13. Jahrhundert wurden wegen der Kämpfe zwischen Kirche und Staat häufig und umfassend Interdikte gegen verschiedene Reiche und Regionen verhängt. Und unbeabsichtigt bestärkte die wiederholte Verhängung von Interdikten die Beginen in der Ausübung des pastoralen Dienstes, den die offizielle Kirche vorenthielt: Predigen und Lehren und Leitung informeller Gebetsversammlungen. Beginen füllten die durch einen Interdiktsbeschluss geschaffene Lücke aus und so wuchs ihre Popularität. In der Folge nahmen die Kirchenmänner wahr, dass ihre Autorität untergraben wurde, und versuchten, alle nicht autorisierten Prediger:innen und Anbetungspraktiken zum Schweigen zu bringen.

Papst Innozenz III. berief 1215 in Rom das Vierte Laterankonzil ein, eine große Versammlung von Hunderten von Bischöfen, Äbten und weltlichen Vertretern mit einer langen Liste von Tagesordnungspunkten. Das Konzil erklärte, dass keine neuen religiösen Orden erlaubt werden sollten; Orden, „die keine päpstliche Bestätigung erhalten haben, sind für immer verboten und aufgehoben, egal wie weit sie fortgeschritten sind."[4] Aber waren die Beginen von dieser Ankündigung ausgenommen, da sie kein religiöser Orden waren? Dieses Detail war eine der Fragen, die Theologen beim Konzil diskutierten.

Wie wir gesehen haben, wollten einige Bischöfe die Beginen schützen, weil diese Frauen maßgeblich die soziale Not in ihren Diözesen linderten und viele Unterstützer:innen unter den Laien hatten. Jakob von Vitry setzte sich als Kardinal für die Beginen ein und errang von Papst Honorius III. bestimmte Schutzmaßnahmen für sie. Allerdings erkannten nicht alle Bischöfe oder Theologen diesen Schutz an und versuchten, die Beginen entweder in Klöster zu zwingen oder die Frauen unter Beschlagnahme ihres Eigentums zu zerstreuen.

Die Beginen mussten sich von ihren Kritikern öffentlich verspotten lassen. Einer dieser Kritiker war Ende des 13. Jahrhunderts der französische Dichter Rutebeuf, der die Beginen in einer Reihe seiner Werke herabsetzte und verspottete. In einem Text behauptete er sarkastisch, dass „alles, was in ihrem [der Begine] Leben geschieht, religiösen Charakter hat; ihr Wort ist weisend; wenn sie lacht, ist es Liebenswürdigkeit; wenn sie weint, ist es Hingabe; wenn sie schläft, ist sie in Ekstase; wenn sie träumt, ist es eine Vision; wenn sie lügt, denk nichts dabei; sollte sie heiraten, ist es, weil sie gesellig ist; ihre Gelübde und ihre Berufung sind nicht fürs Leben; letztes Jahr weinte sie; dieses Jahr betet sie; nächstes Jahr wird sie sich einen Mann nehmen; einmal ist sie Marta, dann wieder Maria."[5]

Ein anderer Gegner war der französische Philosoph und Satiriker Wilhelm von Saint-Amour (ca. 1200–1272), der den Beginen unablässig Scheinheiligkeit vorwarf, indem er behauptete, dass sie durch falsche Vorspiegelung von Heiligkeit blendeten und keine der Entbehrungen des religiösen Lebens befolgten. Schlussendlich eiferte er gegen die Beginen wegen der großen Zahl von Konvertiten und Anhängerinnen, die sie gewonnen hatten, aus Angst, diese Frauen würden mit Geistlichen „konkurrieren". Er bestand darauf, dass sie entweder ihre Lebensweise aufgeben oder exkommuniziert werden sollten.

Konrad von Marburg (ca. 1180–1233), päpstlicher Inquisitor in Deutschland, verfolgte in Flandern, Frankreich und im Rheinland aktiv mutmaßliche Ketzer:innen, darunter Beginen. Auch der Dominikaner Robert le Bourge[6] verfolgte unerbittlich vermeintliche Ketzer:innen zwischen 1233 und 1239 in der Champagne und in Flandern. Allein in Douai und Lille ließ er etwa dreißig Menschen hinrichten, was ihm den Spitznamen „Robert der Verdammte" einbrachte. In Cambrai ordnete er 1236 die Hinrichtung der Begine Aeleis wegen Ketzerei an. Hadewijch verkündete, dass Aeleis für „ihre aufrichtige Liebe" gestorben sei.

1274 berief Papst Gregor X. ein Konzil ein (das Zweite Konzil von Lyon). Während eine mögliche Wiedervereinigung der West- und Ostkirche im Mittelpunkt dieser Versammlung stand, wurde auch den Beginen Aufmerksamkeit geschenkt. In Vorbereitung auf dieses Konzil verfasste der Franziskaner Gilbert von Tournai ein Dokument mit dem Titel *Über die Skandale der Kirche* und äußerte einen bissigen Kommentar zu den Beginen darin: „Es gibt in unserem Land Frauen, die Beginen genannt werden, von denen einige für ihre Spitzfindigkeit berühmt sind und gerne über Neuerungen spekulieren. Sie haben die Mysterien der Heiligen Schrift interpretiert und in die gängige Umgangssprache übersetzt, obwohl selbst die besten Kenner der Heiligen Schrift diese kaum erfassen können. Sie lesen diese Texte zusammen, ohne gebührenden Respekt, kühn und unverfroren, in ihren kleinen Konventen und in ihren Werkstätten oder gar auf öffentlichen Plätzen."[7] Gilbert machte die Beginen lächerlich, weil sie die Heilige Schrift aus eigenem Antrieb in ihre Muttersprache übersetzt hatten und diese heiligen Texte den Laien zugänglich machten.

Die Synode von Lüttich 1287 verbot jeder Frau, die nicht in einem Beginenhof lebte, das charakteristische Gewand einer Begine zu tragen oder an dem ihnen entgegengebrachten Respekt teilzuhaben. Die Synode verbot auch jeder Frau, die mit ihrem Geschäft mehr als zehn Mark pro Jahr verdiente, die charakteristische Beginentracht zu tragen und entsprechenden Respekt zu genießen – die Ressentiments der Gilden könnten dieses Urteil beeinflusst haben. Im Jahr 1290 wurden Beginen in Colmar (Elsass) und Basel (Schweiz) wegen Ketzerei verhaftet. Die Begine Katharina wurde 1296 aus Mainz vertrieben, weil sie allein lebte und daher der Ketzerei verdächtigt wurde. Beginen, die ein unabhängiges Leben führten und oft predigten und lehrten, wurden von den Inquisitoren besonders ins Visier genommen.

1298 erließ Papst Bonifatius VIII. die päpstliche Bulle *Periculoso*, die die Einschließung oder strenge Klausur aller Ordensfrauen vorschrieb. Die Beginen verspürten einen gewissen gesellschaftlichen Anpassungsdruck und interpretierten diese Bulle unterschiedlich nach ihren eigenen Maßstäben. In Umbrien beflügelte die Bulle tatsächlich die Gründung und das Wachstum von Bizzoche-Gemeinschaften,[8] da einige Poenitentiae-Frauengemeinschaften die Regeln des Dritten Ordens des Heiligen Franziskus übernahmen, um sich vor erzwungener Klausur zu schützen.

Der Druck, der von Theologen und Zünften auf das Papsttum ausgeübt wurde, alle Beginen vollständig zu unterdrücken (und ihr Eigentum zu beschlagnahmen), nahm jedoch immer weiter zu. Einer der Tagesordnungspunkte des Vienner Konzils waren, wie erwähnt, die Beginen. Ein Jahr zuvor war

Marguerite Porète auf dem Scheiterhaufen verbrannt worden, sechs ihrer theologischen Ankläger befanden sich in Vienne. Diese Männer schlossen auf eine Verbindung zwischen Marguerites Ideen und den Beginen im Allgemeinen. Offiziell verurteilte das Konzil die Beginen, aber in erster Linie richtete es sich gegen wandernde Beginen, die nicht in großen Beginenhöfen oder Konventen lebten und nicht unter der Aufsicht männlicher Amtsträger standen. Das Konzil erließ das Dekret *Ad Nostrum Qui*, das acht den Beginen zugeschriebene Irrtümer auflistete. Die Hauptsorge galt besonderen Beginenlehren, die aussagten, dass einige Beginen einen solchen Grad an Vollkommenheit und Freiheitsgeist erreicht hätten, dass sie nicht mehr sündigen könnten, und daher weder der Kirche noch einer sonstigen Amtsgewalt unterstellt seien. Das Konzil verurteilte die Beginen auch für die Übersetzung und Diskussion der Heiligen Schrift.

Da die Inquisition detaillierte Aufzeichnungen führte, wissen wir in diesem Zusammenhang einiges über einzelne Beginen und ihre Gemeinschaften. Während die meisten Beginen recht orthodox waren, gab es einige semireligiose Frauen, die sich den Katharern, den Schwestern und Brüdern des freien Geistes, den Franziskaner-Spiritualen und anderen mutmaßlichen ketzerischen Bewegungen anschlossen. Laienfrauen in Südfrankreich, die der Beteiligung an ketzerischen Bewegungen verdächtigt wurden, wurden gewöhnlich „Beguins" genannt.

Das Glaubenssystem der Katharer war dualistisch: Der Körper war verdächtig und böse, während Gedanken und Geist makellos, also göttlich waren. Die Katharer glaubten, dass die physische Welt die Schöpfung eines bösen Dämons sei, der am vollständigsten in der Fähigkeit einer Frau verkörpert ist, Kinder zu gebären. Die Beginen hingegen verteidigten die erschaffene Welt, einschließlich des menschlichen Körpers mit seinen Emotionen und Leidenschaften, als Ebenbild eines liebenden Schöpfers.

Die Franziskaner-Spiritualen, Anhänger des Franziskaners Petrus Johannis Olivi (um 1248–1298), befürworteten eine strenge und bittere Armut und verurteilten die Kirche, weil sie das Evangelium zugunsten von Reichtum und Macht aufgegeben habe, und sie behaupteten, den genauen Tag und die Uhrzeit von Jesu Wiederkunft zu kennen. Papst Johannes XXII. erklärte 1323 die Lehre der Franziskaner-Spiritualen über die apostolische Armut zu formeller Ketzerei, somit verschärfte sich die Verfolgung dieser Männer und ihrer Laienfreundinnen. Zwischen 1318 und 1330 wurden einige von Olivis Anhängern im Languedoc und in der Provence wegen ihres Glaubens verbrannt.

Eine bekannte Mystikerin und Begine war Na Prous Boneta; sie wurde 1325 auf dem Scheiterhaufen verbrannt. Unsere einzige Aufzeichnung von ihr ist ihre Aussage vor der Inquisition in Montpellier kurz vor ihrem Tod. Sie und ihre Schwester Alisette lebten in Montpellier unter anderen Beginen und Franziskaner-Spiritualen, wo sie eine ruhige, aber starke Anführerin der Gruppe war. Na Prous wurde 1315 festgenommen und inhaftiert und später wieder freigelassen. Sie könnte Zeugin der Verbrennung von Beginen in Narbonne 1317 und der Verbrennung von vier Franziskaner-Spiritualen im folgenden Jahr in Marseille gewesen sein.

1320 begann Na Prous, Visionen zu haben. Als sie am Karfreitag 1321 in der Franziskanerkirche von Montpellier die Passion Christi betrachtete, „fühlte sie sich in den ersten Himmel versetzt, wo sie Jesus Christus, sowohl in der Gestalt eines Menschen als auch in seiner Göttlichkeit begegnete. Er zeigte ihr sein Herz, das wie eine Laterne mit Löchern durchbohrt war und lichtdurchflutet wie die Sonne. Im Geiste gab er ihr sein Herz. Vergebens protestierte sie, dass sie einer solchen Ehre unwürdig sei; doch Christus erwiderte, dass er noch mehr für sie tun würde, wenn sie ihm treu bliebe. Sie näherte sich ihm, legte ihren Kopf an seinen Körper und sah nichts anderes als das Licht, das von Christus selbst ausströmte. Weinend und schluchzend, in größter Hingabe und Liebe zu Gott, fand sie sich sanft auf ihren Platz in der Kirche zurückversetzt."[9]

Diese Visionen setzten sich fort und ihr Ansehen als Anführerin der Beginen von Montpellier wuchs. Na Prous kam zu der Überzeugung, dass sie die Verkünderin eines neuen Zeitalters und in gewisser Weise der Heilige Geist *sei*. Wegen der Verfolgungen und Bücherverbrennungen durch die Kirche verkündete Na Prous, dass die Sakramente nicht mehr gültig seien und der Papst der Antichrist sei. In ihrer Aussage vor der Inquisition erklärte sie, dass „sie [Na Prous] jeden Tag und jede Nacht und jede Stunde Gott im Geist sieht und er sie nie verlässt; sie sagte, dass Christus selbst das Oberhaupt der Kirche sei und die Seelen führen wolle, und jetzt nicht zulassen werde, dass ein Papst über die Seelen regiere, selbst wenn ein anderer von den Kardinälen gewählt würde, da das Papsttum auf ewig abgeschafft werde. Auf die Frage, wie Gott über die Seelen regiere, sagte sie, „dass er dies durch den Heiligen Geist tut".[10] Ihre Verdammung der Sakramente und ihr Glaube, die dritte Person der Dreifaltigkeit zu sein, sowie ihre Infragestellung der Autorität von Bischöfen und Päpsten und des Reichtums der Herrscher und der Kirche konnten von den Behörden nicht geduldet werden. Na Prous Boneta musste sterben.

Die spanische Inquisition wurde Ende des 15. Jahrhunderts von den katholischen Monarchen Ferdinand und Isabella begründet. Obwohl wir die meisten Schriften der spanischen Beatas durch das Feuer der Inquisitoren verloren haben, haben wir aufgrund der gewissenhaften Aufzeichnungen der Inquisition historische Aufzeichnungen über ihr Leben.

Die Inquisition verfolgte die Beatas mit Anklagen wegen Ketzerei, meist wegen der „Leitung ekstatischer Gebetstreffen" oder „religiöser Überschwänglichkeit"! Aber auch, weil sie angaben, ekstatische Visionen zu erleben, weil sie vorgeblich „befremdliche Fähigkeiten zur Heilung und Prophezeiung" nutzten und ketzerisch lehrten. Mit seltenen Ausnahmen bedeutete der Vorwurf der häretischen Lehre einfach, dass eine Beata öffentlich lehrte und predigte, und als Frau musste ihre Lehre daher mit Fehlern behaftet sein.

Inquisitionsaufzeichnungen zeigen, dass der Popularität und Macht der Beatas gegenüber den kirchlichen Autoritäten die größte Sorge galt. Einige Frauen, wie María de Borborques 1559, wurden hingerichtet – aber die meisten Beatas zwang man öffentlich, Buße zu tun und fortan zurückgezogen in Klausur-Konventen zu leben.

Die Inquisition ermittelte gegen die Beatas jedoch hauptsächlich wegen ihrer Unabhängigkeit. Die spanischen Herrscher versuchten, alle Frauen zu kontrollieren, sie in Häuser und Klöster zu sperren, und die in der Öffentlichkeit wirkenden und dienenden Beatas waren diesen mächtigen Männern unbequem.

Auf der anderen Seite war der Dienst innerhalb eines Klosters akzeptabel, ebenso wie eine gottgefällige Frau, die mit einem männlichen Begleiter (entweder einem Familienmitglied oder einem Mitglied einer religiösen Gemeinschaft) Gefängnisse besuchte. Als Beatas sich einer solchen Kontrolle widersetzten, wurden sie der Ketzerei angeklagt, vor Gericht gestellt und in ein Kloster verbannt. Nur mächtige oder raffinierte Beatas konnten die Inquisition überlisten.

Im 16. und 17. Jahrhundert waren die spanischen Behörden auch wegen einer populären, informellen spirituellen Bewegung beunruhigt, die als *Alumbradismo,* die Erleuchteten-Bewegung, bekannt ist, ein mystischer Ausdruck des Christentums, der die innere Erleuchtung durch den Heiligen Geist betonte. Im Extremfall leugnete eine solche Spiritualität die Bedeutsamkeit der Anbetung, der Sakramente, der Heiligen Schrift und sogar der Gesellschaft selbst. Ein Mensch, der mit tiefer Hingabe an das glaubte, was er als die Führung des Heiligen Geistes betrachtete, wurde als *Alumbrado, Erleuchteter,* bezeichnet. Die Kirchenbehörden standen der zunehmenden Bevorzugung individualistischer Gebete und allem, was eine Ablehnung der päpstlichen Autorität signalisieren könnte, skeptisch gegenüber; letztere zeigte sich meist in Form von mangelndem Gehorsam gegenüber dem Ortsbischof oder einer Geringschätzung der Sakramente. Diese Tendenzen galten als Bedrohung der Gesellschaft und der Kirche.

Da es in der spanischen Gesellschaft des 16. Jahrhunderts für Frauen eine religiöse Tugend war, sich aus der Öffentlichkeit zurückzuziehen und ihre eigene Erfahrung, Souveränität und Macht zu verleugnen,[11] wurde die Autonomie der Beatas zunehmend als mangelnde Loyalität gegenüber der institutionellen Kirche angesehen. Die kirchlichen Autoritäten äußerten sich besorgt darüber, dass die Beatas sich frei in den Städten bewegten, den Armen dienten und mehr geistliche Autorität genossen als die meisten Kleriker. Diese Frauen steckten zwischen einem von Männern formulierten Ideal des „Frauseins" hinter Mauern und Gittern und der Realität der sozialen Desintegration, die mit der Brutalität der Kriege und Kolonialisierung einherging. Die Beatas versuchten, das den verletzlichen Mitgliedern der Gesellschaft zugefügte Leid zu mindern, und wurden dafür bestraft.

Francisca Hernández wurde Ende des 15. Jahrhunderts in Canella bei Salamanca in eine einfache Familie hineingeboren. Schon in jungen Jahren bewies sie ungewöhnliche geistliche Kräfte, aber da sie sich keine klösterliche Mitgift oder eine angemessene Ausbildung leisten konnte, war es ihr nicht möglich, in das Ordensleben einzutreten. Stattdessen lebte sie als Beata. Die Inquisition in Salamanca leitete Ermittlungen gegen diese charismatische Frau ein, die die ihr von Anhängerinnen angebotenen Annehmlichkeiten des Lebens wie auch die Gesellschaft männlicher Freunde genoss. Als Francisca 1519 erfuhr, dass formelle Anklagen anhängig waren, zog sie nach Valladolid, wo sich ihr Ruf, im Guten wie im Schlechten, weiter verbreitete. Zweifellos brachte ihr die Tatsache, dass sie sich in männlicher Gesellschaft wohlfühlte, den Ruf der Promiskuität ein. Ihre Popularität war hauptsächlich auf eine Spiritualität zurückzuführen, die ihre Anhänger:innen ermutigte, eine persönliche Beziehung zu Gott durch Gebet und Vertiefung in die Heilige Schrift zu pflegen, statt durch äußere Praktiken und das Festhalten an kirchlichen Dogmen.[12] Ihr geistlicher Rat erleichterte einige, die Hilfe in ihren Kämpfen mit übertriebener Gewissenhaftigkeit suchten. Sie wurde häufig zu ihrer Auslegung bestimmter Passagen der

Heiligen Schrift befragt und lehrte ihre Anhänger:innen, dass die Schöpfung, einschließlich der Sinnlichkeit, gut und nicht zu verachten sei.

Während in Franciscas spirituellen Lehren die Neigung zum Alumbradismo schlummerte, war es letztendlich ihre unabhängige Lebensweise, die 1529 zu ihrer Verhaftung und Inhaftierung in Toledo führte. Als Angehörige ihres engsten Kreises sie öffentlich verteidigten, wurden auch sie festgenommen und sogar gefoltert. Nach einer Reihe von Prozessen, die auf unter Folter und Folterandrohungen beschafften Zeugenaussagen beruhten, wurde Franciscas Fall beigelegt, indem sie in einem Haus der Beatas unter dem Schutz der Benediktinerinnen untergebracht wurde. Ab diesem Zeitpunkt verliert sich ihre Erwähnung in weiteren Aufzeichnungen.

Francisca de los Apóstoles (ca. 1539 – nach 1578) war eine für ihre Visionen und ihren Ruf nach Reformen bekannte Beata in Toledo. Mit sechzehn verließ sie ihr Elternhaus, um als Beata in einer örtlichen Kirche zu leben, bis sie nach acht Jahren in eine Kirche in Toledo zog. Sie gründete dort ein Beaterio, obwohl sie dazu keine Erlaubnis von der kirchlichen Obrigkeit erhalten hatte, und so begann ihre antagonistische Beziehung zur Kirche. Toledo war zu dieser Zeit mit großen sozialen Umwälzungen und großer Armut konfrontiert, und Francisca und ihre Beata-Kolleginnen vermittelten Frauen, die am Rande der Gesellschaft lebten, ein gewisses Rüstzeug, um sich selbst versorgen zu können und nicht in die Prostitution abzurutschen. Sie beantragte erneut die formelle Erlaubnis, bis zu einem gewissen Grad geschlossene Häuser als Schutzhäuser für arme Frauen zu errichten, aber die Erlaubnis kam nie.

In einer Reihe von Visionen, die Francisca offenbar im Jahr 1574 empfing, erzählte ihr Gott von allen Vergehen, die die Menschheit gegen Gott begangen hatte. Diese Visionen zeigten ihr auch den Tag des Jüngsten Gerichts, das die Korruption in der Kirche angriff. Es überrascht nicht, dass Franciscas Visionen eine Herausforderung für die Kirche von Toledo darstellten, der nicht daran gelegen war, ihre korrupten Vorgehensweisen zu reformieren. Je öfter Francisca behauptete, ihre Visionen seien von Gott, desto stärker wurde sie von zivilen und religiösen Instanzen überprüft. In einem Brief an ihre Schwester schrieb Francisca: „Die Zeiten sind so hart, dass mir das Herz wehtut wegen der ungeheuren Not hier in Toledo."[13]

Francisca war in Toledo beliebt und galt als Frau des Gebets, die Zugang zu göttlicher Weisheit und spiritueller Kraft hatte. Die Inquisition konnte Francisca nicht der Ketzerei bezichtigen, musste aber ihre Visionen diskreditieren. Sie wurde 1578 wegen „abwegiger religiöser Erfahrungen" und natürlich auch wegen sexueller Freizügigkeit verurteilt. Sie erhielt hundert Peitschenhiebe und wurde dann aus Toledo verbannt.

Es gibt weitere Beispiele spanischer Frauen, die versuchten, unabhängig zu leben. So lebte beispielsweise die Beata Katharina von Cardona, eine Freundin von Teresa von Ávila, acht Jahre in einer Höhle nahe Ávila, wo sie sich mit ihren Schülerinnen traf und geistliche Führung anbot. Catalina lehnte jeden Versuch der Inquisition ab, sie in ein Klausurkloster zu zwingen, da sie nicht vom Kontakt mit dem gemeinen Volk abgeschnitten werden wollte. Obwohl die Inquisition gegen Catalina wegen ihres „Stolzes" ermittelte, weigerte sie sich, Befehle von der Kirche anzunehmen.

In Toledo gründete die Beata Francisca de Ávila, eine weitere Zeitgenossin von Teresa von Ávila, ein Beaterio für arme junge Frauen. Berichten zufolge empfing sie Visionen, bot geistlichen Rat an und drängte auf eine Kirchenreform in Bezug auf Frauen. 1578 wurde sie von der Inquisition wegen ihrer Unabhängigkeit verurteilt.

Madre Catalina de Jesús (ca. 1565 – nach 1633)[14] wurde die berühmteste Beata, die der Inquisition in Sevilla gegenüberstand. Sie predigte und lehrte, prophezeite und schrieb. (Leider wurde keine ihrer Schriften, von denen einige zu ihrer Zeit veröffentlicht und höchstwahrscheinlich von der Inquisition beschlagnahmt wurden, bisher von Gelehrten gefunden.) Madre Catalina war dafür bekannt, viele männliche Anhänger zu haben, darunter auch Kleriker. Wie bei anderen Beginen umfasste ihre angebliche Gabe der Prophezeiung die Fähigkeit, „Seelen zu lesen". Während ihre Anhänger:innen sie als Nachfolgerin von Teresa von Ávila betrachteten, warfen ihre Kritiker ihr vor, eine Alumbrada zu sein. Die erste Runde der Anschuldigungen gegen sie ereignete sich 1612 und endete mit der Aussetzung des Verfahrens. Mit einer zweiten Runde von Anschuldigungen und Ermittlungen ging es 1622 weiter. Madre Catalina musste 1627 öffentlich Buße tun und wurde zu sechs Jahren Abgeschiedenheit verurteilt.

Waren Beginen Ketzerinnen? Die meisten von ihnen waren es nicht, aber einige waren es doch. Die Predigten und Lehren der Beginen entsprachen größtenteils den Normen der hergebrachten mittelalterlichen Theologie. Beginen brachten selten Themen zur Sprache, die nicht bereits von männlichen Theologen erforscht und diskutiert wurden. Den Nachdruck, den Beginen auf einen liebenden Gott und ein von Herzen kommendes Gebetsleben legten, und ihre Beschreibungen des Fegefeuers beispielsweise, erregten bei den Mächtigen wenig Besorgnis. Doch wie wir gesehen haben, führte das Predigen der Beginen über die Dreifaltigkeit bei Theologen zu Beunruhigung. Gelegentlich glitt, wie bei der Begine Na Prous Boneta, die spirituelle Botschaft einer Frau in den Bereich der Heterodoxie oder regelrechten Ketzerei ab. Die Geschichte verzeichnet einige Beginen, die bis zum Äußersten gingen, indem sie die Realität der Sünde leugneten oder behaupteten, Gott und/oder der Heilige Geist zu sein.

Die meisten Anklagen wegen Ketzerei waren jedoch politisch motiviert. Wenn Beginen unfähige Geistliche angriffen, erzürnten sie Priester und Bischöfe. Wenn Beginen Gier und Korruption innerhalb der Kirche verurteilten, erzürnten sie die Kirchenhierarchie. Wenn Beginen die Grausamkeit anprangerten, die unschuldigen Laien durch Interdikte zugefügt wurde, erzürnten sie die Päpste. Die Predigten von Beginen erzürnten immer Männer an der Macht.

Es half nicht, dass Beginen dazu neigten, ausgefallene Prediger zu tolerieren. Na Prous Boneta wurde von Petrus Johannis Olivi inspiriert, und Marguerite Porète war mit dem apokalyptischen Prediger Guiard von Cressonessart verbunden, der ankündigte, dass er den Titel „Engel von Philadelphia" erhalten habe und sich auf die bevorstehende Wiederkunft Christi vorbereite. Bestimmte Beginen wurden in größere politische Kämpfe verwickelt, z. b. als die Kirche verschiedene ketzerische Bewegungen verfolgte.

Den Weg zwischen ihrer unregulierten, unabhängigen Lebensweise und Dienstausübung und der Vermeidung der Provokation der kirchlichen Autoritäten mussten die Beginen ständig sorgsam ausbalancieren. Gefängnis oder Tod wegen angeblicher Ketzerei drohten immer. Da bestimmte Bischöfe, Theologen und Priester jederzeit versuchten, die Beginen und ihr Eigentum zu kontrollieren, mussten diese Frauen sorgfältig auswählen, wann und wo sie ihre Stimme erheben – und wann sie schweigen sollten. Sie mussten auch Vertrauen zu Stadträten und Bürgermeistern, zu mächtigen Theologen und manchmal sogar zu Bischöfen aufbauen, um zu überleben. Und wenn einzelne Beginen der Ketzerei beschuldigt wurden und nicht den Weg des öffentlichen Widerstands wählten, zogen sie häufig bei klösterlichen Gemeinschaften ein, um sich vor dem Klerus und der Inquisition zu verbergen.

Obwohl Kirchenmänner, ihre Konzile und Inquisitionen gegen die Beginen ermittelten und einige von ihnen verfolgten, gelang es den religiösen Institutionen letztendlich nicht, den Geist und die Werke dieser unabhängigen mittelalterlichen Frauen und ihrer Gemeinschaften zu unterdrücken.

Fazit

Trotz vieler Versuche, die Beginen zu unterdrücken oder gar auszulöschen, bestanden die Beginenbewegung und ihre Gemeinschaften Jahrhundert für Jahrhundert fort und fanden neue Wege, um zu überleben. Die Beginen durchlebten zahlreiche Untersuchungen der Inquisition, erlitten Verfolgung und Verurteilung und überlebten Kriege, die Pest und vieles mehr. Obwohl das Konzil von Vienne die Lebensweise der Beginen verurteilte und ihre Zahl in der Folge zurückging, gibt es viele Nachweise – etliche davon erst in den letzten Jahrzehnten wiedergefunden – die die anhaltende Präsenz und das christliche Tun – den Dienst – der Beginen vom Spätmittelalter bis hinein ins 20. Jahrhundert belegen.

Viele Beginengemeinschaften hielten nur für eine oder zwei Generationen und starben dann aus. Häufig verwandelten sich Beginengemeinschaften in neue Ausdrucksformen der *Vita apostolica*. Wie wir gesehen haben, schlossen sich eine Reihe von Beginen den Dominikanern an, und die kirchlichen Institutionen ließen diese Dominikaner-Tertiarinnen meist in Ruhe.

Andere Beginen verbanden sich mit den Franziskanern und wurden schließlich Franziskaner-Tertiarinnen. Und einige Beginen in den Niederlanden schlossen sich der spirituellen Erneuerungsbewegung *Devotio Moderna* an und wurden als „Schwestern des gemeinsamen Lebens" bekannt. Begonnen von dem niederländischen Prediger Geert Grote (1340–1384), blühte diese Bewegung im 14. und 15. Jahrhundert auf. Ihre Gemeinschaften waren strukturierter als große Beginenhöfe, aber weniger strukturiert als Klöster. Wie die Beginen gestalteten, schrieben und besaßen diese Schwestern verschiedene Bücher, und die Buchherstellung war für sie eine Haupteinnahmequelle.

Viele kleinere Beginengemeinschaften in den Niederlanden verschwanden nach etwa 1350, und zwar aus unterschiedlichen Gründen, wie zum Beispiel dem Mangel an jungen Beginen, auf die der Besitz eines Beginenhofs übertragen werden konnte, oder einer Änderung des Erbrechts, die die Übertragung des Hausbesitzes von einer Begine zur anderen erschwerte; Zünfte und andere Konkurrenten könnten die Beginen aus einer Stadt vertrieben haben, oder die Zahl wahrhaft armer Beginen in einem Beginenhof könnte dessen Finanzen überfordert haben. Aber die größeren Beginenhöfe überlebten, häufig über Jahrhunderte hinweg. In verschiedenen Teilen Europas bestand das Leben der Beginen fort und weitete sich noch aus, indem Frauen neue Gemeinschaften bildeten. Straßburg zum Beispiel zählte um 1400 eine große Zahl frommer Häuser für Frauen: 85 Beginenhöfe neben sieben Häusern der Dominikanerinnen, zwei Klarissengemeinschaften und einem Büßerinnen-Haus. Im Jahr 1427 waren in der Region Florenz 59 Frauen als Pinzochere registriert. In einer Urkunde von 1451 sind in Köln 91 Beginenhäuser aufgeführt.

Es war eine Vielzahl neuer Regelungen des Zusammenlebens möglich. So übertrug Herzogin Marie von Burgund 1477 die Gebäude des großen Beginenhofs von Champfleury an eine örtliche Zisterzienserinnen-Gemeinschaft, deren eigenes Kloster im Krieg zerstört worden war. Aber die Beginen weigerten sich, ihr Heim zu verlassen. Beide Frauengemeinschaften brachten ihren Fall vor Erzherzog Maximilian von Österreich, und es wurde ihnen befohlen, im selben Komplex zu koexistieren, wobei die Zisterzienserinnen die Kontrolle über die Kapelle erhielten, aber beide Gruppen sie benutzen sollten.

Ein weiteres Beispiel ist der Beginenhof *Convent van Betlehem*, der 1440 in Oisterwijk (östlich von Tilburg) gegründet wurde. Maria van Hout (um 1470–1547) diente dort ab 1530 als Magistra. 1545 zog Begine Maria auf Bitten der Kartäuser Gerhard Kalckbrenner und Johannes Lanspergus von Köln (die von ihren mystischen Schriften beeindruckt waren) mit zwei anderen Beginen in die Kartause St. Barbara bei Köln.

Dort bearbeitete und veröffentlichte Johannes Kalckbrenner, der Maria als seine geistliche Mutter betrachtete, ihre Briefe und Abhandlungen. Sie hatte eine Reihe von Andachtsübungen entwickelt, die sich auf Meditationen über die Wunden Christi konzentrierten, die die Kartäuser unter spirituell Suchenden verbreiten wollten. Auch der Jesuitentheologe Petrus Canisius besuchte und beriet sich mit Maria, und Johannes Lanspergus integrierte einige ihrer Schriften in sein eigenes theologisches Werk in der Zeit der Gegenreformation.

Während des Holländischen Aufstandes von 1565–66 (der erste einer Reihe von Aufständen der Holländer gegen die spanische Herrschaft) wurden die dortigen Beginengemeinschaften geplündert und ihre Gebäude schwer beschädigt oder zerstört. Doch bald schlossen sich Frauen den überlebenden Beginen an und eine weitere Runde der Errichtung von Beginenhöfen begann. 1578 wurde der Große Beginenhof in Mechelen zerstört. Die Beginen kehrten aber zurück und ihre neue Kapelle wurde 1596 geweiht. Ebenfalls im Jahr 1578 konnte eine Gruppe von Beginen in Amsterdam ihre Lebensweise als Beginen fortsetzen, indem sie die Betreuung verwaister Mädchen übernahmen. Und um 1612, nachdem die Reparaturen infolge von Kriegsschäden abgeschlossen waren, begannen die Beginen in St. Elisabeth in Kortrijk mit der Erweiterung ihrer Anlage.

Die protestantische Reformation und die katholische Gegenreformation fegten im 16. Jahrhundert über Europa hinweg, und die Beginen waren wie alle Menschen von zunehmenden religiösen und politischen Spaltungen betroffen. Es lag bei jedem örtlichen Herrscher, zu entscheiden, ob sein Land protestantisch werden oder katholisch bleiben würde, und all seine Untertanen sollten es ihm gleichtun. Einige neu gebildete protestantische Regime verlangten von ihren ortsansässigen Nonnen – und damit verbunden auch von ihren örtlichen Beginen – zu heiraten, ob sie wollten oder nicht. Aber historische Aufzeichnungen zeigen, dass die Beginengemeinschaften auch entgegen der Entscheidung ihres lokalen Herrschers selbst bestimmten, ob sie sich der protestantischen Bewegung anschließen oder katholisch bleiben wollten.

Im Gegensatz zu den weltlichen Instanzen beschlossen einige Beginengemeinschaften, jeder ihr Angehörenden die Wahl zu lassen, welchen Sonntagsgottesdienst – katholisch oder evangelisch – sie zusätzlich zu ihrem gemeinsamen Gebetsleben und Dienst besuchen möchte. Einige Beginengemeinschaften bekamen „Hausarrest", wenn sie sich weigerten, protestantisch zu werden oder zu heiraten. Es gab Beginenhöfe, die die Reformation annahmen, während sie mit katholischen Beginen befreundet blieben. Ihnen allen war ihr Dienst und eine gemeinsame Beginenspiritualität ein gemeinsames Anliegen.

Um 1533 wurde das Münsterland beispielsweise von einer protestantischen Reformbewegung namens Wiedertäufer übernommen.[1] Sie versuchten, „Gottes Königreich auf Erden" zu errichten, und nannten sich das Täuferreich von Münster. Sie förderten die Praxis der Polygamie, und so wurde den Beginen befohlen, zu heiraten. Einige Beginen flohen aus Münster, andere lebten wegen Kooperationsverweigerung in ihrer eigenen Wohnung unter Hausarrest. Aber das Täuferreich zerfiel bald, und die Beginen konnten ihr normales Leben wieder aufnehmen.

Im Jahr 1571 fanden in vielen Beginenhöfen in Münster Visitationen katholischer Obrigkeiten statt, und der anschließende Bericht zeigte, dass die Beginen lebhaft und selbstbewusst waren – die Frauen kannten ihren Psalter auswendig, lasen ausgezeichnete geistliche Bücher und ihr Beichtvater war ein katholischer Priester. Die Magistra ging mit gutem Beispiel voran und ließ Mitbeginen an ihrer Autorität teilhaben. An Sonn- und Feiertagen „wurden am Tisch das Evangelium und der Brief mit den Ausführungen der Kirchenväter gelesen".[2] Diese Beginen blieben mit ihren protestantischen Nachbarn in einem guten Verhältnis.

Stadtdokumente von Münster und die Aufzeichnungen einer dortigen kirchlichen Visitation im Jahr 1683 zeigen, dass Frauen trotz der Bemühungen, sie in eine strenge Klausur oder in einen etablierten Orden zu zwingen, nach wie vor als Beginen lebten. Und Aufzeichnungen einige Jahre später besagen, dass Beginen wirtschaftlich tätig waren und von den Justizbehörden als Beginen anerkannt wurden. Die Beginenhöfe im Raum Münster wurden erst 1809 wirksam unterdrückt.

Im 16. Jahrhundert berief die katholische Kirche in Anerkennung ihrer Reformbedürftigkeit das Konzil von Trient (1545–1563) ein. Unter den vielen Dekreten des Konzils war eines, das darauf bestand, dass *alle* frommen Frauen feierliche Gelübde unter strenger Klausur ablegten, einschließlich semireligiöser Frauen wie Beginen und Poenitentiae. Darüber hinaus versuchte das Konzil, den Beginen jegliche Legitimität abzusprechen.

Dennoch setzten viele Beginen und gleichgesinnte Laiinnen ihr Engagement für den aktiven Dienst fort und bemühten sich um säkularen rechtlichen Schutz vor der Kirche. Im Frankreich des 17. Jahrhunderts zum Beispiel wollten Laiinnen unter denjenigen dienen, die unter Armut, Krankheit und mangelnder Bildung litten. Die Frauen versammelten sich in ihren Lieblingskapellen zum Gebet und bildeten Vereinigungen oder schwesterliche Gemeinschaften, um effektiver zu dienen. Wie es die Beginen über Jahrhunderte getan hatten, schützten sich diese Französinnen rechtlich vor kirchlicher Einmischung, indem sie ihre Vereinigungen als säkulare Körperschaften (wie Vereine und als nicht religiöse Versammlungen) bei der Regierung eintragen ließen.

Diese französischen Wohltätigkeitsorganisationen in Frauenhand, die erfolgreich kirchliche Autoritäten ausmanövriert hatten, nahmen Namen an, die ihre persönliche Hingabe oder den Namen ihrer Kapelle widerspiegelten. Zwei der ersten Organisationen, die entstanden, waren die *Filles de Saint-Joseph du Puy* (Töchter des Heiligen Josef) um 1649 und die *Filles de la Charité* (Töchter der Nächstenliebe), gegründet von Louise de Maurillac (1591–1660). Am Ende verwandelten sich viele dieser informellen Versammlungen von Frauen im Dienst in formelle religiöse Frauengemeinschaften.

Was kirchliche Institutionen nicht geschafft haben – eine informelle Bewegung unabhängiger Frauen auszurotten –, hat die Säkularisation im 19. Jahrhundert (größtenteils) vollbracht. Weitaus schädlicher für die Beginen als die Zeit der Religionskriege im 16. und 17. Jahrhundert waren die Französische Revolution und die Säkularisation unter Napoleon, die in den folgenden Jahrzehnten über Europa hinwegfegte.

Mit dem Aufkommen der Französischen Revolution wurden viele Formen des religiösen Lebens nahezu zerstört. Klöster wurden geplündert, Nonnen und Mönche getötet oder vertrieben. Kirchen wurden zerstört oder für nichtreligiöse Zwecke umgewandelt. Säkulare Regierungen nahmen nicht nur Klöster, sondern auch Beginenhöfe in Besitz und verkauften die Häuser der Frauen an neue Besitzer. Viele Beginen sind danach aus den historischen Aufzeichnungen verschwunden.

In Belgien zum Beispiel existierten vor der Französischen Revolution noch etwa vierzig Beginen-Konvente und große Beginenhöfe, wobei allein im *Groot Beguinage* in Brüssel über 500 Frauen lebten. Sogar während der Säkularisation versuchten viele Beginengemeinschaften, das Eigentum an ihren Häusern zurückzuerlangen, scheiterten jedoch. Im Jahr 1825 gab es in Belgien noch 26 Beginenhöfe, in denen etwa 1.800 Beginen lebten. Die Beginenhöfe in Nordfrankreich waren bis 1855 so gut wie verschwunden, aber siebzehn Beginenhöfe in den südlichen Niederlanden überlebten bis ins 20. Jahrhundert (1900 waren dort noch 1.230 Beginen bekannt). Auch in Nordholland und in den norddeutschen Städten Bremen und Hamburg hatten einige Beginenhöfe überlebt.

Auch wenn 2013 die allerletzte „traditionelle" Begine in Belgien starb, haben uns diese Frauen über viele Jahrhunderte hinweg ein großes Erbe hinterlassen: die noch heute erhaltenen großen Beginenhöfe, sowie hervorragende mystische Literatur, Kunstwerke, illuminierte Bücher und bedeutende Beiträge zur Theologie. Die Beginen haben uns auch ein verborgeneres Erbe des Wirkens als Heilerinnen und des leidenschaftlichen Predigens hinterlassen. Aber das vielleicht wichtigste Vermächtnis der Beginen ist ihre kühne Vision für die Möglichkeiten von Gemeinschaft: Gemeinschaften, die sich bewusst zusammenschließen und sich der Arbeit für und mit den Ausgegrenzten verschreiben und die von der Liebe zu Schönheit und Schöpfung getragen werden.

Beginen zeigten große Stärke und Beharrlichkeit und arbeiteten mit anderen Suchenden zusammen; sie tolerierten Vielfalt und stellten schwierige Fragen; sie machten von gemeinschaftlicher wie persönlicher Weisheit und Freiheit Gebrauch, um Gott zu folgen, wozu sie sich berufen fühlten. Die Geschichte der Beginen bestätigt, dass Frauen weit mehr zu Spiritualität und Kultur beigetragen haben, als die Geschichtsbücher traditionell anerkannt haben. Ihre Stimmen verkünden eine göttliche Gegenwart, die sich nach einer Beziehung zu jeder und jedem von uns sehnt. Diese mittelalterlichen Frauen bieten uns Hoffnung und einen neuen Weg: kreativ zu denken, im Zusammenwirken Veränderungen herbeizuführen und mit prophetischem Mut zu leben.

Danksagungen

Auszüge aus *Agnes Blannbekin, Viennese Beguine: Life and Revelations*, übersetzt mit der Einführung von Ulrike Wiethaus, © Boydell & Brewer, Rochester, NY.

Auswahl aus *Angela of Foligno: Complete Works*, übersetzt mit einer Einführung von Paul Lachance, OFM. Vorwort von Romana Guarnieri, © Paulist Press, Mahwah, NJ.

Auszüge aus *The Book of Prayer of Sor María of Santo Domingo* von Mary E. Giles, © State University of New York, Albany.

Auszüge aus *Beghinae in cantu instructae: Musical Patrimony from Flemish Beguinages (Middle Ages-Late 18th C.)*, herausgegeben von Pieter Mannaerts, © Brepols, Turnhout, Belgien.

Auszüge aus *Katharina von Genua: Purgation and Purgatory, The Spiritual Dialogue*, übersetzt und Anmerkungen von Serge Hughes, © Paulist Press, Mahwah, NJ.

Auszüge aus *Hadewijch: The Complete Works*, übersetzt von Mother Columba Hart, OSB, © Paulist Press, Mahwah, NJ.

Auszüge aus *The Life of Saint Douceline, a Begine of Provence*, übersetzt mit Einführung von Kathleen E. Garay und Madeleine Jeay, © Boydell & Brewer, Rochester, NY.

Auszüge aus *A Little Daily Wisdom*, herausgegeben von Carmen Acevedo Butcher, © Paraclete Press, Orleans, MA.

Auszüge aus *Marguerite Porete: The Mirror of Simple Souls*, übersetzt und eingeleitet von Ellen L. Babinsky, © Paulist Press, Mahwah, NJ.

Auszüge aus *Mary of Oignies: Mother of Salvation*, herausgegeben von Anneke B. Mulder-Bakker, © Brepols, Turnhout, Belgien.

Auszüge aus *Medieval Holy Women in the Christian Tradition c. 1100–c. 1500*, herausgegeben von Alastair Minnis und Rosalynn Voaden, © Brepols, Turnhout, Belgien.

Auszüge aus *Medieval Women's Visionary Literature*, herausgeben von Elizabeth Alvilda Petroff, © Oxford University Press, New York.

Auszüge aus *Medieval Women Writers*, herausgegeben von Katharina M. Wilson, © University of Georgia Press, Athens, GA.

Auszüge aus *Thomas of Cantimpré: The Collected Saints' Lives: Abbot John of Cantimpré, Christina the Astonishing, Margaret of Ypres, and Lutgard of Aywières*, herausgegeben und mit einer Einleitung von Barbara Newman. Übersetzungen von Margot H. King und Barbara Newman, © Brepols, Turnhout, Belgien.

Anmerkungen

1. Wer waren die Beginen?

[1] Die Debatte zur Herkunft des Namens oder Titels „Begine" hat Walter Simons (siehe Walter Simons, *Beghinae in cantu instructae*, S. 16) zu meiner Zufriedenheit geklärt.
[2] Im Mittelalter galt dies als akzeptable Form der informellen Scheidung, die „Trennung von Tisch und Bett".
[3] Galater 3,28.

2. Beginen europaweit

[1] Siehe *Mary of Oignies*, S. 125. In diesem Abschnitt stütze mich auf die Forschung von Mulder-Bakkers.
[2] *Mary of Oignies*, S. 48.
[3] Siehe Simons, *Cities of Ladies*, Anhang I.
[4] Siehe Simons, *Cities of Ladies*, S. 256 ff. Für die Gründungsstatistiken in diesem Abschnitt stütze ich mich auf die Forschung von Simons.
[5] Siehe Simons, *Cities of Ladies*, S. 54. In diesem Abschnitt stütze mich auf die Forschung von Simons.
[6] *The Life of Saint Douceline, a Beguine of Provence*, S. 34.
[7] Siehe beispielsweise Mazzonis, *Spirituality, Gender and the Self in Renaissance Italy*, S. 2.
[8] *Agnes Blannbekin, Viennese Beguine*, S. 103.
[9] In diesem Abschnitt stütze ich mich auf *Medieval Holy Women in the Christian Tradition c. 1100 – c. 1500* (insbesondere auf die Forschung von Ronald E. Surz, S. 503 ff.) und auf Perry, *Gender and Disorder in Early Modern Seville*.
[10] Siehe Perry, *Gender and Disorder in Early Modern Seville*, S. 97.
[11] „Beichtvater" war im mittelalterlichen Europa vergleichbar mit unserem heutigen Gebrauch des Begriffs „geistlicher Leiter".
[12] Siehe Bilinkoff, *The Ávila of Saint Teresa*, S. 39 ff.

3. Der Beginenhof

[1] Aus historischen Aufzeichnungen geht hervor, dass eine Reihe großer Beginenhöfe, die rund um eine Krankenstation entstanden

waren, beschlossen hatten, die rechtlichen Gründungsdokumente auf den Namen der Krankenstation bestehen zu lassen, eine Praxis, die zeigt, wie wichtig den Beginen der Dienst an den Schwachen war.
[2] Siehe Simons, *Cities of Ladies*, S. 55 und S. 181, Anmerkung 103. Dieser Ausdruck wurde erstmals 1288 von Jan Broeckaert in Bezug auf Dendermonde verwendet.
[3] Siehe Simons, *Cities of Ladies*, S. 55.
[4] Siehe Simons, *Cities of Ladies*, S. 267 (25A).
[5] Panzer, *Cistercian Women and the Beguines*, S. 141.
[6] Siehe Simons, *Cities of Ladies*, S. 72–73.
[7] Siehe Simons, *Cities of Ladies*, S. 73.
[8] „The Brabant Mystic: Hadewijch", in *Medieval Women Writers*, S. 197.

4. Die Dienste der Beginen

[1] Siehe Simons, *Cities of Ladies*, S. 76.
[2] Siehe Penelope Galloway in *New Trends in Feminine Spirituality*, S. 113. Der Sohn von Ghillain de Saint Venant vollstreckte ihr Testament im Januar 1261.
[3] Siehe Penelope Galloway in *New Trends in Feminine Spirituality*, S. 112.
[4] Siehe Simons, *Cities of Ladies*, S. 106.
[5] Siehe Gelser, *Lay Religious Women and Church Reform in Late Medieval Munster*, S. 171.
[6] Siehe Gill, *Penitents, Pinzochere und Mantellate*, S. 240.
[7] Ledòchowska, *Angela Merici and the Company of St. Ursula*, S. 67.
[8] Siehe Simons, *Cities of Ladies*, S. 81.
[9] Siehe Simons, *Cities of Ladies*, S. 97. Simons datiert den Brief auf das Jahr 1284.
[10] *A little Daily Wisdom*, S. 146–147.

5. Die Spiritualität der Beginen

[1] Ich habe mir die literarische Freiheit genommen, einige der Worte von Angela von Foligno für diese fiktive Magistra zu verwenden; ich habe diese Worte aus *Instructions* von Angela von Foligno, wie in *A Little Daily Wisdom*, S. 168, übernommen.
[2] Siehe Warren, *The Embodied Word*, und McNamer, *Affective Meditation and the Invention of Medieval Compassion*.

Anmerkungen 193

[3] *The Life of Saint Douceline, a Beguine of Provence*, S. 33.
[4] Mehrere dieser liturgischen Wiegen sind erhalten geblieben: zum Beispiel im Großen Beginenhof in Löwen und im Metropolitan Museum of Art, New York.
[5] *Life of Blessed Juliana of Mont-Cornillon*, S. 44.
[6] *The Life of Saint Douceline, a Beguine of Provence*, S. 59–60.
[7] *Thomas of Cantimpré: The Collected Saints' Lives*, S. 172–173. Visionen, die von einem Gespräch zwischen einer Begine und Maria oder Jesus oder einem Heiligen berichteten, waren keine Seltenheit.
[8] *Medieval Holy Women in the Christian Tradition c. 1100 – c. 1500*, S. 588.
[9] Siehe *Angela of Foligno*. In diesem Abschnitt stütze ich mich auf *Instructions* (XXVIII) von Angela von Foligno.
[10] Siehe Bynum, „Women Mystics and Eucharistic Devotion in the Thirteenth Century".
[11] *Medieval Women's Visionary Literature*, S. 192. Das Zitat stammt aus Hadewijchs sechstem Brief an eine junge Begine.
[12] *Agnes Blannbekin, Viennese Beguine*, S. 119.
[13] *Hadewijch*, S. 280.
[14] *Life of Blessed Juliana of Mont-Cornillon*, S. 47.
[15] *Hadewijch*, S. 281.
[16] Bynum, „Women Mystics and Eucharistic Devotion in the Thirteenth Century", S. 179.
[17] *Thomas of Cantimpré: The Collected Saints' Lives*, S. 165.
[18] Siehe Bynum, „Women Mystics and Eucharistic Devotion in the Thirteenth Century", S. 193.
[19] *A Little Daily Wisdom*, S. 94.
[20] *Agnes Blannbekin, Viennese Beguine*, S. 146.

6. Die Barmherzigkeit der Beginen

[1] Siehe Le Goff, *The Birth of Purgatory*, S. 39.
[2] Newman, *From Virile Woman to Woman-Christ*, S. 109. Newman bemerkt (auf S. 111), dass Hildegard von Bingen ein Werk namens *Liber vitae meritorum (Buch der Verdienste des Lebens)* schrieb, das dem Fegefeuer gewidmet war.
[3] Le Goff weist darauf hin, dass das Wort „purgatory" [Anm. d. Übers.: deutsch: Fegefeuer, Purgatorium, Reinigungsort] bis zum Ende des 12. Jahrhunderts ein Adjektiv war und dann zu einem Substantiv wurde.
[4] *Mary of Oignies*, S. 63–64.

⁵ Siehe Barbara Newmans Einführung in *Thomas of Cantimpré: The Collected Saints' Lives*.
⁶ Ich stütze mich hier auf *Thomas of Cantimpré: The Collected Saints' Lives*.
⁷ Siehe *Thomas of Cantimpré: The Collected Saints' Lives*, S. 257.
⁸ Siehe *Thomas of Cantimpré: The Collected Saints' Lives*, S. 293-294.
⁹ Siehe Newman, *From Virile Woman to Woman-Christ*, S. 112.
¹⁰ Siehe Le Goff, *The Birth of Purgatory*, S. 319-320.
¹¹ Mechthild von Magdeburg, *The Flowing Light of the Godhead*, Buch VII, S. 21.
¹² Le Goff, *The Birth of Purgatory*, S. 331-332.
¹³ Siehe Newman, *From Virile Woman to Woman-Christ*, Kapitel 4.
¹⁴ *Catherine of Genoa*, S. 71. Das Zitat stammt aus *Purgation and Purgatory*.
¹⁵ *A little Daily Wisdom*, S. 97-98.
¹⁶ *Agnes Blannbekin, Viennese Beguine*, S. 99.
¹⁷ *Thomas of Cantimpré: The Collected Saints' Lives*, S. 140.
¹⁸ Siehe Benedict Groeschels Einführung in *Catherine of Genoa*, insbesondere S. 35.
¹⁹ Chervin, *Prayers of the Women Mystics*, S. 105-106.

7. Die Beginen als Predigerinnen und Darstellerinnen

¹ Siehe *Thomas of Cantimpré: The Collected Saints' Lives*, S. 127-128.
² *Thomas of Cantimpré: The Collected Saints' Lives*, S. 151.
³ *Thomas of Cantimpré: The Collected Saints' Lives*, S. 145-146.
⁴ Siehe Ross, *The Grief of God*, S. 110.
⁵ *Vita Elizabeth sanctimonialis in Erkenrode*, private Übersetzung freundlicherweise zur Verfügung gestellt von Jesse Njus (Abschnitt 3).
⁶ *Vita Elizabeth sanctimonialis in Erkenrode*, private Übersetzung freundlicherweise zur Verfügung gestellt von Jesse Njus (Abschnitt 6).
⁷ Abt Philip äußerte sich sehr detailliert zu dem, was er miterlebte und untersuchte, und erklärte: „Deshalb muss man wissen, dass das oben erwähnte Mädchen ganz deutlich die Stigmata unseres Herrn Jesus Christus an ihrem Körper trägt; sie trägt sie an ihren Händen, Füßen und an der Seite, ohne den geringsten Verdacht auf Täuschung oder Betrug, denn die frischen Wunden sind deutlich sichtbar und häufig fließt freitags das Blut daraus in Strömen. Die Wunden an ihren Händen und Füßen sind rund, während die an ihrer Seite länglich ist, wie wenn erstere auf das Eindrücken von Nägeln

hinweisen und letztere auf einen Speer ..." Das Zitat stammt aus *Vita Elizabeth sanctimonialis in Erkenrode*, private Übersetzung freundlicherweise zur Verfügung gestellt von Jesse Njus (Abschnitt 3).
[8] *Vita Elizabeth sanctimonialis in Erkenrode*, private Übersetzung freundlicherweise zur Verfügung gestellt von Jesse Njus (Abschnitt 30).
[9] *Vita Elizabeth sanctimonialis in Erkenrode*, private Übersetzung freundlicherweise zur Verfügung gestellt von Jesse Njus (Abschnitt 27).
[10] *Medieval Women's Visionary Literature*, S. 214.
[11] Siehe *Marguerite Porète*.
[12] Siehe *Agnes Blannbekin, Viennese Beguine*, Kapitel 214 und 215.
[13] Suydam, „Writing Beguines", S. 141.
[14] Siehe Suzanne Noffke in *Medieval Holy Women in the Christian Tradition c. 1100 – c. 1500*, S. 603–605.
[15] *A Little Daily Wisdom,* S. 242.
[16] Siehe Suzanne Noffke in *Medieval Holy Women in the Christian Tradition c. 1100 – c. 1500*, S. 613.
[17] *A Little Daily Wisdom*, S. 16.
[18] In diesem Abschnitt stütze ich mich auf Giles, *The Book of Prayer of Sor María of Santo Domingo.*
[19] Giles, *The Book of Prayer of Sor María of Santo Domingo*, S. 169.
[20] Giles, *The Book of Prayer of Sor María of Santo Domingo*, S. 172–173.

8. Die Beginen als Literatinnen

[1] Siehe *The Voice of Silence*, S. 116–117.
[2] Siehe Simons, „Staining the Speech of Things Divine", S. 106.
[3] Mechthild von Magdeburg, *Das fließende Licht der Gottheit*, S. 39.
[4] Siehe Ulrike Wiethaus in *Christian Spirituality*, S. 103.
[5] Siehe Amy Hollywood und Patricia Z. Beckman in *Medieval Holy Women in the Christian Tradition c. 1100 – c. 1500*, S. 418.
[6] *Medieval Women's Visionary Literature*, S. 214.
[7] *A Little Daily Wisdom*, S. 139.
[8] *Medieval Women Writers*, S. 170.
[9] Mechthild von Magdeburg, *Das fließende Licht der Gottheit*, S. 250.
[10] Mechthild von Magdeburg, *Das fließende Licht der Gottheit*, S. 56–57.
[11] *Medieval Women Writers*, S. 170–171.

¹² Für diesen Abschnitt stütze ich mich auf Straeten, „A Study of Beatrice of Nazareth's *Van seven manieren van heiliger minnen – Of seven manners of holy loving*" und Eric Colledge in *Medieval Women's Visionary Literature*. Siehe auch Else Marie Wiberg Pedersen in *New Trends in Feminine Spirituality*, S. 61 ff.
¹³ *Medieval Women's Visionary Literature*, S. 200.
¹⁴ Straeten, „A Study of Beatrice of Nazareth's *Van seven manieren van heiliger minnen – Of seven manners of holy loving*", S. 12.
¹⁵ Straeten, „A Study of Beatrice of Nazareth's *Van seven manieren van heiliger minnen – Of seven manners of holy loving*", S. 13.
¹⁶ Straeten, „A Study of Beatrice of Nazareth's *Van seven manieren van heiliger minnen – Of seven manners of holy loving*", S. 15.
¹⁷ Siehe Straeten, „A Study of Beatrice of Nazareth's *Van seven manieren van heiliger minnen – Of seven manners of holy loving*", S. 14.
¹⁸ Siehe Ria Vanderauwera in *Medieval Women Writers*, S. 189.
¹⁹ *Hadewijch*, S. 86. Das Zitat stammt aus Hadewijchs Brief 18.
²⁰ Baumer-Despeigne, „Hadewijch of Antwerp and Hadewijch II.", S. 26. Das Zitat stammt aus Hadewijchs Brief 6.
²¹ *A Little Daily Wisdom*, S. 177.

9. Waren die Beginen Ketzerinnen?

¹ Für diese Erkenntnis bin ich John Van Engen zu Dank verpflichtet.
² *A Mirror for Simple Souls*, S. 23.
³ *Marguerite Porète*, S. 33.
⁴ Southern, *Western Society and the Church in the Middle Ages*, S. 329.
⁵ Bolton, „Some Thirteenth-Century Women in the Low Countries", S. 20.
⁶ Siehe Simons, *Cities of Ladies*, S. 114.
⁷ *The Voice of Silence*, S. 90.
⁸ Siehe Gill, *Penitents, Pinzochere and Mantellate*, S. 144, Anmerkung 1.
⁹ Burnham, *So Great a Light, So Great a Smoke*, S. 147.
¹⁰ *Medieval Women's Visionary Literature*, S. 290.
¹¹ Siehe Ahlgren, *Teresa of Avila and the Politics of Sanctity*, S. 23 ff.
¹² Siehe Mary E. Giles in *Women in the Inquisition*, S. 77.
¹³ *Francisca de los Apóstoles: The Inquisition of Francisca*, S. 53.
¹⁴ Siehe Perry, *Gender and Disorder in Early Modern Seville*, S. 105 ff.

Fazit

[1] Ich stütze mich in diesem Abschnitt auf Gelser, *Lay Religious Women and Church Reform in Late Medieval Munster.*
[2] Gelser, *Lay Religious Women and Church Reform in Late Medieval Munster*, S. 337.

Bibliographie

Viele Veröffentlichungen über die Beginen sind auf Niederländisch, Deutsch oder Französisch erschienen. Hier habe ich nur ausgewählte Werke in englischer Sprache eingefügt. Viele dieser Studien enthalten hervorragende Bibliographien, sowohl zu anderen Studien auf Englisch, als auch zu Studien in anderen Sprachen.

Agnes Blannbekin, Viennese Beguine: Life and Revelations, übersetzt und mit einer Einführung von Ulrike Wiethaus. Cambridge, UK/Rochester, NY: D. S. Brewer, 2002.

Ahlgren, Gillian T. W., „Teresa of Avila and Angela of Foligno: Ecstatic Sisters." In: *Magistra: A Journal of Women's Spirituality in History* 11:1 (Sommer 2005), 83–105.

–, *Teresa of Avila and the Politics of Sanctity*. Ithaca, NY: Cornell University Press, 1996.

Angela of Foligno: Complete Works, übersetzt und mit einer Einführung von Paul Lachance, OFM. Vorwort von Romana Guarnieri. New York/Mahwah, NJ: Paulist Press, 1993.

Babinsky, Ellen L., *A Beguine in the Court of the King: The Relation of Love and Knowledge in the Mirror of Simple Souls by Marguerite Porète*. Ph.D., University of Chicago, 1991.

Bartoli, Marco, *Saint Clare: Beyond the Legend,* übersetzt von Sr. Frances Teresa Downing. Cincinnati, OH: St. Anthony Messenger Press, 2010.

Baumer-Despeigne, Odette, „Hadewijch of Antwerp und Hadewijch II: Mysticism of Being in the Thirteenth Century in Brabant." In: *Studia Mystica* (Winter 1991), 16–38.

Beghinae in cantu instructae: Musical Patrimony from Flemish Beguinages (Middle Ages–Late 18th Century), herausgegeben von Pieter Mannaerts. Turnhout, Belgien: Brepols, 2009.

Bennett, Judith M., *Sisters and Workers in the Middle Ages*. Chicago: University of Chicago Press, 1989.

Bilinkoff, Jodi, *The Ávila of Saint Teresa: Religious Reform in a Sixteenth-Century City*. Ithaca, NY: Cornell University Press, 1989.

Bollmann, Anne, „‚Being a Woman on my Own': Alijt Bake (1415– 1455) as Reformer of the Inner Self." In: *Seeing and Knowing: Women and Learning in Medieval Europe 1200–1550*, herausge-

geben von Anneke B. Mulder-Bakker. Turnhout, Belgien: Brepols, 2004, 67–96.
Bolton, Brenda M., „Mulieres Sanctae". In: *Sanctity and Secularity: The Church and the World* (Studies in Church History 10), herausgegeben von Derek Baker. Oxford: Blackwell, 1973, 77–95.
–, „Some Thirteenth-Century Women in the Low Countries: A Special Case?" In: *Nederlands Archief voor Kerkgeschiedenis* 61:1 (1981), 7–29.
–, „*Vitae Matrum*: A Further Aspect of the *Frauenfrage*." In: *Medieval Women: Studies in Church History*, herausgegeben von Derek Baker. Oxford: Basil Blackwell, 1978, 253–274.
Bowie, Fiona und Oliver Davies, *Beguine Spirituality: Mystical Writings of Mechthild of Magdeburg, Beatrice of Nazareth und Hadewijch of Brabant*. New York: Crossroad, 1990.
Brasher, Sally, „Toward a Revised View of Medieval Women and the ‚Vita Apostolica': The Humiliati and the Beguines Compared." In: *Magistra: A Journal of Women's Spirituality in History* 11:2 (Winter 2005), 1–33.
–, *Women of the Humiliati: A Lay Religious Order in Medieval Civic Life*. New York: Routledge, 2003.
Brophy, Don, *Catharine of Siena: A Passionate Life*. New York: Blue Bridge, 2010.
Brown, Jennifer, „Elizabeth of Spalbeek's Body: Performatio Christi." In: *Magistra: A Journal of Women's Spirituality in History* 11:2 (Winter 2005), 70–88.
–, *Three Women of Liege: A Critical Edition of and Commentary on the Middle English Lives of Elizabeth of Spalbeek, Christina Mirabilis, and Marie d'Oignies*. Turnhout, Belgien: Brepols, 2008.
Brown, Melissa, „Marie d'Oignies, Marguerite Porète and ‚Authentic' Female Mystic Piety in the Middle Ages." In: *Worshipping Women: Misogyny and Mysticism in the Middle Ages*, herausgegeben von John O. Ward und Francesca C. Bussey. Sydney: University of Sydney Press, 1997, 187–235.
Burnham, Louisa A., *So Great a Light, So Great a Smoke: The Beguin Heretics of Languedoc*. Ithaca, NY: Cornell University Press, 2008.
Bynum, Caroline Walker, *Fragmentation and Redemption: Essays on Gender and the Human Body in the Medieval Religion*. New York: Zone, 1991.
–, *Holy Feast and Holy Fast: The Religious Significance of Food to Medieval Women*. Berkeley: University of California Press, 1987.

–, *Jesus as Mother: Studies in the Spirituality of the High Middle Ages*. Berkeley: University of California Press, 1982.

–, „Women Mystics and Eucharistic Devotion in the Thirteenth Century." In: *Women's Studies* 11 (1984), 179–214.

Cant, Geneviève de, *A World of Independent Women from the 12th Century to the Present Day: The Flemish Beguinages*. Riverside, CT: Herve van Caloen Foundation, 2003.

Carpenter, Jennifer, „Juette of Huy, Recluse and Mother (1158–1228): Children and Mothering in the Saintly Life." In: *Power of the Weak: Studies on Medieval Women*, herausgegeben von Jennifer Carpenter und Sally-Beth MacLean. Urbana und Chicago: University of Illinois Press, 1995, 57–93.

Catherine of Genoa: Purgation and Purgatory, The Spiritual Dialogue, übersetzt und mit Notizen von Serge Hughes. New York/Mahwah, NJ: Paulist Press, 1979.

Catherine of Siena: The Dialogue, übersetzt und mit einer Einführung von Suzanne Noffke, OP. NewYork/Mahwah, NJ: Paulist Press, 1980.

Chatellier, Louis, *The Europe of the Devout: The Catholic Reformation and the Formation of a New Society*, übersetzt von Jean Birrell. Cambridge, UK: Cambridge University Press, 1989.

Chervin, Ronda de Sola, *Prayers of the Women Mystics*. Ann Arbor, MI: Servant Publications, 1992.

Cho, Min-Ah, „Deadly Loneliness, Deadly Bliss: Rethinking Spirituality in Light of Hadewijch of Antwerp's Writing About Union with Love." In: *Magistra: A Journal of Women's Spirituality in History* 15:2 (Winter 2009), 3–19.

Christensen, Kristen Marie, „In the Beguine Was the Word: Mysticism and Catholic Reformation in the Devotional Literature of Maria van Hout (+1547)." In: *Seeing and Knowing: Women and Learning in the Medieval Europe 1200–1550*, herausgegeben von Anneke B. Mulder-Bakker. Turnhout, Belgien: Brepols, 2004, 97–120.

Christianity in Western Europe. c. 1100 – c. 1500, herausgegeben von Miri Rubin und Walter Simons. Cambridge, UK: Cambridge University Press, 2009.

Christian Spirituality: The Classics, herausgegeben von Arthur Holder. New York: Routledge, 2009.

Coakley, John, „Friars as Confidants of Holy Women in Medieval Dominican Hagiography." In: *Images of Sainthood in Medieval*

Europe, herausgegeben von Renate Blumenfeld-Kosinski und Timea Szell. Ithaca, NY: Cornell University Press, 1991, 222–246.

–, „Gender and Authority of the Friars: The Significance of Holy Women for Thirteenth Century Franciscans and Dominicans." In: *Church History* 60 (1991).

–, *Women, Men and Spiritual Power: Female Saints and Their Male Collaborators*. New York: Columbia University Press, 2006.

Conn, Marie A., *Noble Daugthers: Unheralded Women in Western Christianity, 13th to 18th Centuries*. Westport, CT: Greenwood Press.

Constable, Giles, *The Reformation of the Twelfth Century*. Cambridge, UK: Cambridge University Press, 1996.

Deane, Jennifer Kolpacoff, „Beguines' Reconsidered: Historiographical Problems and New Directions". In: *Monastic Matrix*, Commentaria 3461 (August 2008).

–, „Did Beguines Have a Late-Medieval Crisis? Historical Models and Historiographical Martyrs." In: *Early Modern Women* 9 (2014).

–, *A History of Medieval Heresy and Inquisition (Critical Issues in World and International History)*. Lanham, MD: Rowman & Littlefield, 2011.

–, *Labels and Libels: Naming Beguines in Northern Medieval Europe*, herausgegeben von Jennifer Deane, Letha Böhringer und Hildo van Engen. Turnhout, Belgien: Brepols, 2014.

De Ganck, Roger, *Beatrice of Nazareth in Her Context*. Kalamazoo, MI: Cistercian Publications, 1991.

–, *The Life of Beatrice of Nazareth: 1200–1280*. Kalamazoo, MI: Cistercian Publications, 1991.

The Dialogue of the Seraphic Virgin Catherine von Siena, herausgegeben und übersetzt von Algar Thorold. London: Burns, Oates & Washbourne, 1925.

Dominican Penitent Women, herausgegeben, übersetzt und eingeleitet von Maiju Lehmijoki-Gardner, mit Beiträgen von Daniel Bornstein und E. Ann Matter. New York/Mahwah, NJ: Paulist Press, 2005.

Donovan, Richard B., *The Liturgical Drama in Medieval Spain*. Toronto: Pontifical Institute of Medieval Studies, 1958.

Dreyer, Elizabeth A., *Passionate Spirituality: Hildegard of Bingen and Hadewijch of Brabant*. New York/Mahwah, NJ: Paulist Press, 2005.

Duffy, Eamon, *Marking the Hours: English People and Their Prayers, 1240–1570*. New Haven, CT: Yale University Press, 2006.

Eisen, Ute E., *Women Officeholders in Early Christianity: Epigraphical and Literary Studies*. Collegeville, MN: Liturgical Press, 2000.
Elliot, Dyan, *The Bride of Christ Goes to Hell: Metaphor and Embodiment in the Lives of Pious Women, 1200–1500*. Philadelphia: University of Pennsylvania Press, 2011.
–, *Proving Woman: Female Spirituality and Inquisitorial Culture in the Later Middle Ages*. Princeton. NJ: Princeton University Press, 2004.
The Essential Writings of Christian Mysticism, herausgegeben von Bernard McGinn. New York: Modern Library, 2006.
Farmer, Sharon, *Surviving Poverty in Medieval Paris: Gender, Ideology, and the Daily Lives of the Poor*. Ithaca, NY: Cornell University Press, 2005.
Field, Sean L., *The Beguine, the Angel, and the Inquisitor: The Trials of Marguerite Porète and Guiard of Cressonessart*. Notre Dame, IN: University of Notre Dame Press, 2012.
Francisca de los Apóstoles: The Inquisition of Francísca: A Sixteenth-Century Visionary on Trial, herausgegeben und übersetzt von Gillian T. W. Ahlgren. Chicago: University of Chicago Press, 2005.
Galea, Kate P. Crawford, „Unhappy Choices: Factors that Contributed to the Decline and Condemnation of the Beguines." In: *On Pilgrimage: The Best of Ten Years of Vox Benedictina*, herausgegeben von Margot King. Toronto: Peregrina Press, 1994, 505–518.
Galloway, Penelope, „‚Discreet and Devout Maidens': Women's Involvement in Beguine Communities in Northern France, 1200–1500." In: *Medieval Women in Their Communities*, herausgegeben von Diane Watt. Toronto: University of Toronto Press, 1997, 92–115.
–, *The Origins, Development and Significance of the Beguine Communities in Douai and Lille, 1200–1500*. Ph.D., University of Oxford, 1998.
Gelser, Erica, *Lay Religious Women and Church Reform in Late Medieval Munster: a Case Study*. Ph.D., University of Pennsylvania, 2008.
Gendered Voices: Medieval Saints and Their Interpreters, herausgegeben von Catherine Mooney. Philadelphia: University of Pennsylvania Press, 1999.
Giles, Mary E., *The Book of Prayer of Sor María of Santo Domingo: A Study and Translation*. Albany: State University of New York Press, 1990.

Gill, Katherine Jane, *Penitents, Pinzochere and Mantellate: Varieties of Woman's Religious Communities in Central Italy*, c. 1300–1520. Ph. D., Princeton University, 1994.

–, „Scandala: Controversies Concerning Clausura and Women's Religious Communities in Late Medieval Italy." In: *Christendom and Its Discontents: Exclusion, Persecution, and Rebellion, 1000–1500*, herausgegeben von Scott L. Waugh und Peter D. Diehl. Cambridge, UK: Cambridge University Press, 1996, 177–206.

Gooday, Frances, „Mechthild of Magdeburg and Hadewijch of Antwerp: A Comparison." In: *Ons Geestelijk Erf* 49 (1975), 305–362.

Goodrich, Michael E., *Miracles and Wonders: The Development of the Concept of Miracle, 1150–1350*. Burlington, VT: Ashgate, 2007.

Grundmann, Herbert, *Religious Movements in the Middle Ages: The Historical Links between Heresy, the Mendicant Orders, and the Women's Religious Movement in the Twelfth and the Thirteenth Century, with the Historical Foundations of German Mysticism*, übersetzt von Steven Rowan. Notre Dame, IN: University of Notre Dame Press, 1995.

Guidera, Christine, *Loving God with His own Love: The Beguines of the Southern Low Countries in Community*. Ph.D., University of Minnesota, 2001.

Hadewijch: The Complete Works, übersetzt von Mother Columba Hart, OSB. New York/Mahwah, NJ: Paulist Press, 1980.

Hahn, Kathleen, „A Mystic Who Dared the Church: Mechthild of Magdeburg." In: *Magistra: A Journal of Women's Spirituality in History* 10:2 (Winter 2004), 24–36.

Hairline, Craig, „Actives and Contemplatives: The Female Religious of the Low Countries Before and After Trent." In: *Catholic Historical Review* 81 (1995), 541–567.

Halvorson, Jon Derek, *Religio and Reformation: Johannes Justus Lansperger, O. Cart. (1489/90–1539), and The Sixteenth-Century Religious Question*. Ph.D., Loyola University Chicago, 2008.

Hamburger, Jeffrey F., *The Rothschild Canticles: Art and Mysticism in Flanders and the Rhineland circa 1300*. New Haven, CT: Yale University Press, 1990.

Herlihy, David, *Opera Muliebria: Women and Work in Medieval Europe*. Philadelphia: Temple University Press, 1990.

Holler, Jacqueline, *Escogidas Plantas: Nuns and Beatas in Mexico City, 1531–1601*. New York: Columbia University Press, 2005.

Hollywood, Amy, *The Soul as Virgin Wife: Mechthild of Magdeburg, Marguerite Porète and Meister Eckhart*. Notre Dame, IN: University of Notre Dame Press, 1995.
Hull, Suzanne W., *Chaste, Silent & Obedient: English Books for Women 1475–1640*. San Marino, CA: The Huntington Library, 1982.
Ida of Louvain: Medieval Cistercien Nun, übersetzt von Martinus Cawley. Lafayette, OR: Guadalupe Translations, 1990.
Ida of Gentle of Leau: Cistercian Nun of La Ramée, übersetzt von Martinus Cawley. Lafayette, OR: Guadalupe Translations, 1998.
Kadel, Andrew, *Matrology: A Bibliography of Writings by Christian Women from the First to the Fifteens Centuries*. New York: Continuum, 1995.
Karras, Ruth Mazo, „Using Women to Think With in the Medieval University." In: *Seeing and Knowing: Women and Learning in Medieval Europe 1200–1550*, herausgegeben von Anneke B. Mulder-Bakker. Turnhout, Belgien: Brepols, 2004, 21–34.
Kieckhefer, Richard, *Unquiet Souls: Fourteenth-Century Saints and Their Religious Milieu*. Chicago: University of Chicago Press, 1984.
King, Margot H., „The Sacramental Witness of Christina Mirabilis: The Mystic Growth of a Fool for Christ's Sake." In: *Peace Weavers: Medieval Religious Women*, Bd. 2, herausgegeben von John A. Nichols und Lillian Thomas Shank. Kalamazoo, MI: Cistercian Publications, 1987, 145–164.
Kittell, Ellen E. und Mary A. Suydam, *The Texture of Society: Medieval Women in the Southern Low Countries*. New York: Palgrave Macmillan, 2004.
–, „Women, Audience and Public Acts in Medieval Flanders." In: *Journal of Women's History* 10:3 (Herbst 1998), 74–96.
Knox, Lezlie, „Audacious Nuns: Institutionalizing the Franciscan Order of Saint Clare." In: *Church History* 69:1 (2000), 41–62.
Kocher, Suzanne, *Allegories of Love in Marguerite Porète's Mirror of Simple Souls*. Turnhout, Belgien: Brepols, 2009.
Koorn, Florence, „Women without Vows: The Case of the Beguines and the Sisters oft he Common Life in the Northern Netherlands." In: *Women and Men in Spiritual Culture, XII–XVII Centuries: A Meeting of South and North,* herausgegeben von Paul E. Szarmach. Albany: State University of New York Press, 1984.
Ledòchowska, Teresa, *Angela Merici and the Company of St. Ursula*. Rom und Mailand: Ancora Press, 1968.
Le Goff, Jacques, *The Birth of Purgatory*, übersetzt von Arthur Goldhammer. Chicago: University of Chicago Press, 1983.

Lichtmann, Maria, "Marguerite Porète." In: *Christian Spirituality: The Classics*, herausgegeben von Arthur Holder. New York: Routledge, 2009.

The Life of Blessed Juliana of Mont-Cornillon, übersetzt von Barbara Newman. Toronto: Peregrina, 1988.

The Life of Christina the Astonishing, von Thomas von Cantimpré, übersetzt von Margot H. King. Toronto: Peregrina, 1989.

The Life of Margaret of Ypres, von Thomas von Cantimpré, übersetzt von Margot H. King. Toronto: Peregrina, 1990.

The Life of Saint Douceline, a Beguine of Provence, übersetzt mit Einführung von Kathleen E. Garay und Madeleine Jeay. Woodbridge, UK: D. S. Brewer, 2001.

A Little Daily Wisdom, herausgegeben von Carmen Acevedo Butcher. Brewster, MA: Paraclete Press, 2005.

Lives of Ida of Nivelles, Lutgard and Alice the Leper, übersetzt von Martinus Cawley. Lafayette, OR: Guadalupe Translations, 1987.

Living Saints of the Thirteenth Century: The Lives of Yvette, Anchoress of Huy; Juliana of Cornillon, Inventor of the Corpus Christi Feast; Margaret the Lame, Anchoress of Magdeburg, herausgegeben von Anneke B. Mulder-Bakker. Turnhout, Belgien: Brepols, 2011.

Long, Mary Elizabeth, *Reading Female Sanctity: English Legendaries of Women, ca. 1200–1650*. Ph.D., University of Massachusetts, Amherst, 2004.

Luongo, F. Thomas, *The Saintly Politics of Catherine of Siena*. Ithaca, NY: Cornell University Press, 2005.

Macy, Gary, *The Banquet's Wisdom: A Short History of the Theologies of the Lord's Supper*, New York/Mahwah, NJ: Paulist Press, 1992.

Makowski, Elizabeth, *Canon Law and Cloistered Women: Periculoso and Its Commentators 1298–1545*. Washington, DC: Catholic University of America Press, 1997.

–, "*Mulieres Religiosae*, Strictly Speaking: Some Fourteenth-Century Canonical Opinions." In: *Catholic Historical Review* 85 (1999), 1–14.

Marguerite Porète: The Mirror of Simple Souls, übersetzt und eingeleitet von Ellen L. Babinsky. New York/Mahwah, NJ: Paulist Press, 1993.

Marie of Oignies: Mother of Salvation, herausgegeben von Anneke B. Mulder-Bakker, Übersetzungen von Margot H. King und Hugh Feiss und mit Beiträgen von Brenda Bolton und Suzan Folkerts. Turnhout, Belgien: Brepols, 2006.

Mazzonis, Querciolo, *Spirituality, Gender and the Self in Renaissance Italy: Angela Merici and the Company of St. Ursula (1474-1540)*. Washington, D.C.: Catholic University of America Press, 2007.

McDonnell, Ernest William, *The Beguines and Beghards in Medieval Culture, with Special Emphasis on the Belgian Scene*. New York: Octagon Books, 1969.

McGinn, Bernard, *The Flowering of Mysticism: Men and Women in the new Mysticism, 1200-1350*. New York: Crossroad, 1998.

–, *Meister Eckhart and the Beguine Mystics*. New York: Continuum, 1994.

McKelvie, Roberta A., *Retrieving a Living Tradition: Angelina of Montegiove, Franciscan Tertiary, Beguine*. St. Bonaventure, NY: Franciscan Institute, St. Bonaventure University, 1997.

McNamara, Jo Ann, *Sisters in Arms: Nuns through Two Millenia*. Cambridge, MA: Harvard University Press, 1996.

McNamer, Sarah, *Affective Meditation and the Invention of Medieval Compassion*. Philadelphia: University of Pennsylvania Press, 2010.

Mechthild of Magdeburg, The Flowing Light of the Godhead, übersetzt von Frank Tobin. New York/Mahwah, NJ: Paulist Press, 1998.

Mechthild of Magdeburg, Flowing Light of the Divinity, übersetzt von Christiane Mesch Galvani, herausgegeben von Susan Clark. New York: Garland Publishing, 1991.

Medieval Holy Women in the Christian Tradition ca. 1100 – ca. 1500, herausgegeben von Alastair Minnis und Rosalynn Voaden. Turnhout, Belgien: Brepols, 2010.

Medieval Women's Visionary Literature, herausgegeben von Elizabeth Alvilda Petroff. New York: Oxford University Press, 1986.

Medieval Women Writers, herausgegeben von Katharina M. Wilson. Athens, GA: University of Georgia Press, 1984.

Milhaven, John Giles, *Hadewijch and Her Sisters: Other Ways of Loving and Knowing*. Albany: State University of New York Press, 1993.

Miller, Tanya Stabler, *The Beguines of Medieval Paris: Gender, Patronage, and Spiritual Authority*. Philadelphia: University of Pennsylvania Press, 2014.

–, „'Love is Beguine': Labeling Lay Religiosity in Thirteenth-Century Paris." In: *Labels, Libels, and Lay Religious Women in Northern Medieval Europe*, herausgegeben von Jennifer Kolpakoff Deane, Hildo von Engen und Letha Boehringer. Turnhout, Belgien: Brepols, 2014.

–, „Mirror of the Scholarly (Masculine) Soul: Thinking with Beguines in the Colleges of Medieval Paris." In: *Negotiating Clerical Identities: Priests, Monks and Masculinity in the Middle Ages*, herausgegeben von Jennifer D. Thibodeaux. New York: Palgrave Macmillan, 2010, 238–264.

–, *Now She Is Martha, Now She Is Mary: Beguine Communities in Medieval Paris (1250–1470)*. Ph.D., University of California in Santa Barbara, 2007.

–, „What's in a Name? Clerical Representation of Parisian Beguines (1200–1328)." In: *Journal of Medieval History* 33:1 (2007), 60–86.

A Mirror for Simple Souls: The Mystical Work of Marguerite Porète, herausgegeben und übersetzt von Charles Crawford. New York: Crossroad, 1990.

Mommaers, Paul, mit Elisabeth Dutton, *Hadewijch: Writer – Beguine – Love Mystic*. Löwen: Peeters, 2004.

More, Alison, *In Hortiis Liliorum Domini: A Study of Feminine Piety in Medieval Flanders with Particular Reference to the Vitae of the Mulieres Sanctae*. Ph.D., Queen's University, 2000.

Morrison, Molly, „Christ's Body in the Visions of Angela of Foligno." In: *Magistra: A Journal of Women's Spirituality in History* 10:2 (Winter 2004), 37–59.

Mother Mary Francis, The *Testament of St. Colette*. Chicago: Franciscan Herald Press, 1987.

Muessig, Carolyn, „Performance of the Passion: The Enactment of Devotion in the Later Middle Ages." In: *Visualizing Medieval Performance: Perspectives, Histories, Contexts*, herausgegeben von Elina Gertsman. Burlington, VT: Ashgate, 2008, 129–142.

Mulder-Bakker, Anneke B., „Ivetta of Huy: Mater and Magistra." In: *Sanctity and Motherhood: Essays on Holy Mothers in the Middle Ages*, herausgegeben von Anneke B. Mulder-Bakker. New York: Garland, 1995, 225–258.

–, „Lame Margaret of Magdeburg: The Social Function of a Medieval Recluse." In: *Journal of Medieval History* 22 (1996), 155–169.

–, *Lives of the Anchoresses: The Rise of the Urban Recluse in Medieval Europe*, übersetzt von Myra Meerspink Scholz. Philadelphia: University of Pennsylvania Press, 2005.

Murk-Jansen, Saskia, *Brides in the Desert: The Spirituality of the Beguines*. Maryknoll, NY: Orbis Books, 1998.

–, *The Measure of Mystic Thought: A Study of Hadewijch's Mengeldichten*. Göppingen: Kümmerle, 1991.

Neel, Carol, „The Origins of the Beguines." In: *Signs* 14:2 (Winter 1989), 322–341.
The New Dictionary of Catholic Spirituality, herausgegeben von Michael Downey. Collegeville, MN: The Liturgical Press, 1993.
New Trends in Feminine Spirituality: The Holy Women of Liège and Their Impact, herausgegeben von Juliette Dor, Lesley Johnson und Jocelyn Wogan-Browne. Turnhout, Belgien: Brepols, 1999.
Newman, Barbara, *From Virile Woman to WomanChrist: Studies in Medieval Religion and Literature*. Philadelphia: University of Pennsylvania Press, 1995.
–, „Possessed by the Spirit: Devout Women, Demoniacs and the Apostolic Life in the Thirteenth Century." In: *Speculum* 73 (1998), 733–770.
Njus, Jesse, „The Politics of Mysticism: Elisabeth of Spalbeek in Context." In: *Church History* 77 (2008), 285–317.
–, *Vita Elizabeth sanctimonialis in Erkenrode*, private Übersetzung, 2007.
Nugent, Don Christopher, „The Harvest of Hadewijch: Brautmystik und Wesensmystik." In: *Mystics Quarterly* 12 (September 1986), 119–126.
Oliver, Judith, „Devotional Psalters and the Study of Beguine Spirituality." In: *On Pilgrimage: The Best of Ten Years of Vox Benedictina*, herausgegeben von Margot King. Toronto: Peregrina, 1994, 210–234.
–, *Gothic Manuscript Illumination in the Diocese of Liege (ca. 1250 – ca 1330)*. Löwen: Peeters, 1988.
–, „,Je pecherise renc grasces a vos': Some French Devotional Texts in Beguine Psalters." In: *Medieval Codicology, Iconography, Literature and Translation: Studies for Keith Val Sinclair*, herausgegeben von Peter Rolfe Monks und D. R. R. Owen. Leiden: E. J. Brill, 1994, 248–262.
Oort, Jessica van, „The Physical Actions of Medieval Women's Sacred Performances." In: *Magistra: A Journal of Women's Spirituality in History* 17:1 (Sommer 2011), 3–30.
Ordained Women in the Early Church: A Documentary History herausgegeben und übersetzt von Kevin Madigan und Carolyn Osiek. Baltimore, MD: The Johns Hopkins University Press, 2005.
Osheim, Duane J., „Conversion, *Conversi*, and the Christian Life in Late Medieval Tuscany." In: *Speculum* 58 (1981), 368–390.

O'Sullivan, Robin, „The School of Love: Marguerite Porète's *Mirror of Simple Souls*". In: *Journal of Medieval History* 32 (2006), 143–162.

The Other Middle Ages: Witnesses at the Margins of Medieval Society, herausgegeben von Michael Goodrich. Philadelphia: University of Pennsylvania Press, 1998.

Panzer, Elizabeth Marie, *Cistercian Women and the Beguines: Interaction, Cooperation and Interdependence*. Ph.D., Uniersity of Wisconsin at Madison, 1994.

Papi, Anna Benvenuti, „Mendicant Friars and Female Pinzochere in Tuscany." Übersetzt von Margery J. Schneider. In: *Women and Religion in Medieval and Renaissance Italy,* herausgegeben von Daniel Bornstein und Roberto Rusconi. Chicago: University of Chicago Press, 1996, 84–103.

Pearson, J. Stephen, „St. Catherine of Genoa: Life in the Spiritual Borderlands." In: *Magistra: A Journal of Women's Spirituality in History* 12:2 (Winter 2006), 55–73.

Pedersen, Else Marie Wiberg, „Image of God – Image of Mary – Image of Women: On the Theology and Spirituality of Beatrice of Nazareth." In: *Cistercian Studies Quarterly* 29:2 (1994), 209–220.

Pennings, Joyce, „Semi-religious Women in 15th Century Rome." In: *Mededelingen van het Nederlands Historisch Instituut te Rome* 12:47 (1987), 115–145.

Perry, Mary Elizabeth, *Gender and Disorder in Early Modern Seville*. Princeton, NJ: Princeton University Press, 1990.

Peterson, Ingrid J., *Clare of Assisi: A Biographical Study*. Quincy, IL: Franciscan Press, 1993.

Petroff, Elizabeth Alvilda, *Body and Soul: Essays on Medieval Women and Mysticism*. New York: Oxford University Press, 1994.

Phillips, Dayton, *Beguines in Medieval Strasburg: A Study of the Social Aspect of Beguine Life*. Palo Alto, CA: Stanford University Press, 1941.

Poor, Sara S., *Mechthild of Magdeburg and Her Book: Gender and the Making of Textual Authority*. Philadelphia: University of Pennsylvania Press, 2004.

Ranft, Patricia, *Women in Western Intellectual Culture, 600–1500*. New York: Palgrave, 2002.

Ray, Donna, „,There is a Threeness About You': Mechthild of Magdeburg's Theological Vision." In: *Magistra: A Journal of Women's Spirituality in History* 15:1 (Summer 2009), 77–103.

Revelations of Mechthild of Magdeburg, or The Flowing Light of the Godhead, übersetzt von Lucy Menzies. London: Longmans, Green, 1953.

Rijpma, F. E., und G. J. R. Matt, *A Physical Anthropological Research of the Beguines of Breda, 1267 to 1530 AD*. Leiden: Barge's Anthropologica, Leiden University Medical Center, 2005.

Rodgers, Susan, und Joanna E. Ziegler, „Elisabeth of Spalbeek's Trance Dance of Faith: A Performance Theory Interpretation from Anthropological and Art Historical Perspectives". In: *Performance and Tansformation: New Approaches to Late Medieval Spirituality*, herausgegeben von Mary A. Suydam und Joanna E. Ziegler. New York: St. Martin's Press, 1999, 299–355.

Rolfson, Helen, „Hadewijch, the List of the Perfect." In: *Vox Benedictina* 5 (1988), 277–287.

Ross, Ellen M., *The Grief of God: Images of the Suffering Jesus in Late Medieval England*. New York: Oxford University Press, 1997.

Rubin, Miri, *Corpus Christi: The Eucharist in Late Medieval Culture*. Cambridge, UK: Cambridge University Press, 1991.

Sandor, Monica, „Jacques de Vitry and the Spirituality of the *Mulieres Sanctae*." In: *On Pilgrimage: The Best of Ten Years of Vox Benedictina*, herausgegeben von Margot King. Toronto: Peregrina, 1994, 173–189.

Send Me God: The Lives of Ida the Compassionate of Nivelles, Nun of la Ramée, Arnulf, Lay Brother of Villers, and Abundus, Monk of Villers, by Goswin of Bossut, übersetzt und mit einer Einführung von Martinus Cawley, und mit einem Vorwort von Barbara Newman. University Park, PA: Pennsylvania State University Press, 2005.

Simons, Walter, „Architecture of Semi-Religiosity: The Beguinages of the Southern Low Countries, Thirteenth to Sixteenth Centuries." In: *Shaping Community: The Art and Archeology of Monasticism. Papers from a Symposium Held at the Frederick R. Weisman Museum, University of Minnesota, March 10–12, 2000*, herausgegeben von Sheila McNally. *British Archaeological Reports, International Series* 941. Oxford, 2001, 117–128.

–, „The Beguine Movement in the Southern Low Countries: A Reassessment." In: *Bulletin de l'Institut Historique Belge de Rome* 59 (1989), 63–105.

–, „Beguines and Psalters." In: *Ons Geestelijk Erf* 65 (1991), 23–30.

–, *Cities of Ladies: Beguine Communities in the Medieval Low Countries, 1200–1565*. Philadelphia: University of Pennsylvania Press, 2001.

–, „Reading a Saint's Body: Rapture and Bodily Movement in the Vitae of Thirteenth-Century Beguines." In: *Framing Medieval Bodies*, herausgegeben von Sarah Kay und Miri Rubin. Manchester: Manchester University Press, 1994, 10–23.

–, „Staining the Speech of Things Divine: The Uses of Literacy in Medieval Beguine Communities." In: *The Voice of Silence: Women's Literacy in a Men's Church*, herausgegeben von Therese de Hemptinne und Mara Eugenia Gongora. Turnhout, Belgien: Brepols, 2004, 85–110.

–, und J. E. Ziegler, „Phenomenal Religion in the Thirteenth Century and Its Image: Elisabeth of Spalbeek and the Passion Cult." In: *Women in the Church*, herausgegeben von W. J. Sheils und Diana Wood. *Studies in Church History* 27. Oxford: Basil Blackwell, 1990, 117–126.

Sloan, Kathryn, *Women's Roles in Latin America and the Caribean*. Westport, CT: Greenwood Publishing, 2011.

Snyder, Susan Renee Taylor, *Woman as Heretic: Gender and Lay Religion in Late Medieval Bologna*. Ph.D., University of California Santa Barbara, 2002.

Southern, R. W., *Western Society and the Church in the Middle Ages*. London: Pinguin, 1970.

Stein, Frederick Marc, *The Religous Women of Cologne*. Ph.D., Yale University, 1977.

Straeten, Katrien Vander, „A Study of Beatrice of Nazareth's: *Van seven manieren van heiliger minnen – Of seven manners of holy loving*." Zugriff im März 2011 unter http://cns. bu.edu/~satra/kaatvds/7mannersstudy.htm.

Suydam, Mary A., „Beguine Textuality: Sacred Performances." In: *Performance and Transformation: New Approaches to Late Medieval Spirituality*, herausgegeben von Mary A. Suydam und Joanna E. Ziegler. New York: St. Martin's Press, 1999, 169–210.

–, „Visionaries in the Public Eye: Beguine Literature as Performance." In: *The Texture of Society: Medieval Women in the Southern Low Countries*, herausgegeben von Ellen E. Kittell und Mary A. Suydam. New York: Palgrave Macmillan, 2004, 131–152.

–, „Women's Texts and Performances in the Medieval Southern Low Countries." In: *Visualizing Medieval Performance: Perspectives, His-*

tories, Contexts, herausgegeben von Elina Gertsman. Burlington, VT: Ashgate, 2008, 143–159.

–, „Writing Beguines: Ecstatic Performances." In: *Magistra: A Journal of Women's Spirituality in History* 2:1 (Sommer 1996), 137–169.

Sweetrnan, Robert, „Christine of St. Trond's Preaching Apostolate: Thomas of Cantimpré's Hagiographical Method Revisited." In: *Vox Benedictina* (1992), 67–97.

–, „Thomas of Cantimpré, *Mulieres Religiosae*, and Purgatorial Piety: Hagiographical Vitae and the Beguine ‚Voice.'" In: *A Distinct Voice: Medieval Studies in Honor of Leonard E. Boyle, OP*, herausgegeben von Jacqueline Brown und William P. Stoneman. Notre Dame, IN: University of Notre Dame Press, 1997, 606–628.

–, „Thomas of Cantimpré: Performative Reading and Pastoral Care." In: *Performance and Transformation: New Approaches to Late Medieval Spirituality*, herausgegeben von Mary A. Suydam und Joanna E. Ziegler. New York: St. Martin's Press, 1999, 133–167.

–, „Visions of Purgatory and Their Role in the *Bonum universale de apibus* of Thomas of Cantimpré." In: *Ons Geestelijk Erf* 67 (1993), 20–33.

Tapia, Ralph, *The Alumbrados of Toledo: A Study in Sixteenth Century Spanish Spirituality*. Park Falls, WI: Weber and sons, Inc., 1974.

Tar, Jane, „Angela of Foligno as a Model for Franciscan Women Mystics and Visionaries in Early Modern Spain." In: *Magistra: A Journal of Women's Spirituality in History* 11:1 (Sommer 2005), 83–105.

Tarrant, J., „The Clementine Decrees on the Beguines: Conciliar and Papal Version." In: *Archivum historiae pontificae* 12 (1974), 300–308.

Taylor, Judith Combes, *From Proselytizing to Social Reform: Three Generations of French Female Teaching Congregations, 1600–1720*. Ph.D., Arizona State University, 1980.

The Texture of Society: Medieval Women in the Southern Low Countries, herausgegeben von Ellen E. Kittell und Mary A. Suydam. New York: Palgrave Macmillan, 2004.

Thomas of Cantimpré, *The Collected Saints' Lives: Abbot John of Cantimpré, Christina the Astonishing, Margaret of Ypres, and Lutgard of Aywières*, herausgegeben und mit einer Einführung von Barbara Newman. Übersetzungen von Margot H. King und Barbara Newman. Turnhout, Belgien: Brepols, 2008

Thompson, Augustine, OP, *Cities of God: The Religion of the Italian Communes, 1125–1325*. University Park, PA: Pennsylvania State University Press, 2005.

Tobin, Frank, *Mechthild of Magdeburg: A Medieval Mystic in Modern Eyes*. Columbia, SC: Camden House, 1995.

Vandommele, Vincent, *The St.-Anna Hall of the St.-Elisabeth Beguinage in Kortrijk*. Master's thesis, R. Lemaire Center for the Conservation of Historic Towns and Buildings, K.U. L. Leuven, 1996.

Van Eck, Xander, „Between Restraint and Excess: The Decoration of the Church of the Great Beguinage at Mechelen in the Seventeenth Century." In: *Simiolus: Netherlands Quarterly for the History of Art*, 28:3 (2000–2001), 129–162.

Van Engen, John, *Sisters and Brothers of the Common Life: The Devotio Moderna and the World of the Later Middle Ages*. Philadelphia: University of Pennsylvania Press, 2008.

The Voice of Silence: Women's Literacy in a Men's Church, herausgegeben von Therese de Hemptinne und Mara Eugenia Gongora. Turnhout, Belgien: Brepols, 2004.

Voices in Dialogue: Reading Women in the Middle Ages, herausgegeben von Linda Olson und Kathryn Kerby-Fulton. Notre Dame, IN: University of Notre Dame Press, 2005.

Walters, Barbara R., Vincent Corrigan and Peter T. Ricketts, *The Feast of Corpus Christi*. University Park, PA: Pennsylvania State University Press, 2006.

Ward, Jennifer, *Women in Medieval Europe, 1200–1500*. London: Longrnans, Green, 2002.

Warren, Nancy Bradley, *The Embodied Word: Female Spiritualities, Contested Orthodoxies, and English Religious Cultures, 1350–1700*. Notre Dame, IN: University of Notre Dame Press, 2010.

Waters, Claire, *Angels and Earthly Creatures: Preaching, Performance, and Gender in the Later Middle Ages*. Philadelphia: University of Pennsylvania Press, 2004.

Wiethaus, Ulrike, „The Death Song of Marie d'Oignies: Mystical Sound and Hagiographical Politics in Medieval Lorraine." In: *The Texture of Society: Medieval Women in the Southern Low Countries*, herausgegeben von Ellen E. Kittell und Mary A. Suydam. New York: Palgrave Macmillan, 2004.

–, „,For This I Ask You, Punish Me': Norms of Spiritual Orthopraxis in the Work of Maria van Hout (d. 1547)." In: *Ons Geestelijk Erf* 68:3 (1994), 253–270.

–, *Maps of Flesh and Light: „The Religious Experience of Medieval Women Mystics*. Syracuse, NY: Syracuse University Press, 1993,
–, „Mechthild of Magdeburg." In: *Christian Spirituality: The Classics*, herausgegeben von Arthur Holder. New York: Routledge, 2009,
–, „Street Mysticism: An Introduction to ,The Life and Relevations of Agnes Blannbekin.'" In: *Women Writing Latin from Roman Antiquity to Early Modern Europe, Bd. 2: Medieval Women Writing Latin*, herausgegeben von Laurie J. Churchill, Phyllis R. Brown und Jan E. Jeffrey. New York: Routledge, 2002, 281–307.
Winston-Allen, Anne, *Convent Chronicles: Women Writing about Women and Reform in the Late Middle Ages*. University Park, PA: Pennsylvania State University Press, 2004.
Women in the Inquisition: Spain and the New World, herausgegeben von Mary E. Giles. Baltimore, MD: The Johns Hopkins University Press, 1999.
Women Preachers and Prophets through Two Millenia of Christianity, herausgegeben von Beverly Mayne Kienzle und Pamela J. Walker. Berkeley: University of California Press, 1998.
The Writings of Alijt Bake (1415–55): Mystic, Autobiographer, Prioress, Exile, übersetzt von John Van Engen. Notre Dame, IN: University of Notre Dame Press, erscheint demnächst.
Ziegler, Joanna E., „The Curtis Beguinages in the Southern Low Countries: Interpretation and Historiography." In: *Bulletin de l'Institut Historique Belge de Rome* 57 (1987), 31–70.
–, „On the Artistic Nature of Elisabeth of Spalbeeks Ecstasy: The Southern Low Countries Do Matter." In: *The Texture of Society: Medieval Women in the Southern Low Countries*, herausgegeben von Ellen E. Kittell und Mary A. Suydam. New York: Palgrave Macmillan, 2004, 181–202.
–, „Reality as Imitation: The Role of Religious Imagery among the Beguines of the Low Countries." In: *Maps of Flesh and Light: The Religious Experience of Medieval Women Mystics*, herausgegeben von Ulrike Wiethaus. Syracuse, NY: Syracuse University Press, 1993, 112–126.
–, *Sculpture of Compassion: The Pietà and the Beguines in the Southern Low Countries, ca. 1300–ca. 1600*. Turnhout, Belgien: Brepols, 1992.
–, „Secular Canonesses as Antecedent of the Beguines in the Low Countries: An Introduction to Some Older Views." In: *Studies in Medieval and Renaissance History* 13 (1992), 117–135.

–, „Some Questions Regarding the Beguines and Devotional Art." In: *On Pilgrimage: The best Best of Ten Years of Vox Benedictina*, herausgegeben von Margot King. Toronto: Peregrina, 1994, 463–476.

Zum Brunn, Emilie und Georgette Epiney-Burgard, *Women Mystics in Medieval Europe*. New York: Paragon House, 1989.

Personen- und Ortsregister

Aachen 38
Aalst 77
Adriana Contarini 89
Agnes Blannbekin 50f., 108, 115, 126, 139f.
Agnes von Orchies 41, 112
Albigenser 35, 119
  s. auch Katharer
Amiens 42
Amsterdam 10, 183
Angela von Foligno 15, 31, 47, 101, 103f., 110
Angelina von Montegiove 49f.
Anselm von Canterbury 27
Antwerpen 30, 65, 77, 156, 160
Arme Klarissen 42, 47
Arnaldo 31
Arras 41
Assisi s. Franz v. Assisi
Augustinus von Hippo 149, 160, 165
Avesnes 91
Avignon 142
Ávila 54–56, 144, 178f.

Basel 171
Beatas 20, 52–56, 58, 92f., 96, 143f., 146, 174–178
Beatrijs von Nazareth 90, 134, 151, 156–159
Begarden 10
Beginenhöfe
– Gemeinschaftsgeld 69, 72, 74, 76, 86;

– Geschäfte 27, 41, 66, 70, 76f., 81, 93, 149, 167, 171;
– Großer Beginenhof 11, 13, 23, 62–64, 66f., 70, 72, 78, 92, 94, 183f., 186;
– Heiliggeist-Tafeln 69, 92;
– Kapellen/Kirchen 22, 40–42, 46f., 63, 78, 84, 86 90, 94f., 101, 120, 134f., 145f., 185;
– Kinder 9f., 15, 23, 27, 39, 41, 59, 64, 81, 83f., 89, 91, 94f.;
– Konvente 23, 54, 62, 66, 70, 72;
– Krankenstationen 27, 40f., 45f., 48, 53, 55f., 62–64, 68, 78, 81–84, 86, 88f., 92, 111;
– Lebensregeln 69f., 72–74, 86, 88, 121;
– Leprakranke 22, 32f., 40, 43, 64, 83f., 88, 100;
– Prostituierte 88f., 93, 100, 177;
– Statuten 73;
– Steuern 21f., 64, 72f.
Belgien 8f., 10, 61, 130, 186
  s. auch Südliche Niederlande
Benediktiner:innen 10, 16, 45f., 118f., 132, 177
Benediktsregel 21, 71
Benedikt von Nursia 21, 28
Bergues 77
Bernard von Clairvaux 27, 149, 159, 166

Birgitta von Schweden 57
Bologna 29
Bonaventura 166
Brügge 9f., 38, 70, 77, 150f.
Brüssel 38, 186

Cambrai 38, 163, 170
Cantimpré (Beginenhof in Cambrai) 38
Catalina de Jesús 178
Catalina Guiera 54
Champagne 170
Champfleury (Beginenhof in Douai) 11, 41, 90, 182
Christina die Wunderbare (Christina Mirabilis) 126f., 130–133, 145
Christina von Stommeln 105
Colette von Corbie 42
Colmar 171

Dänemark 20, 56
s. auch Skandinavien
Dante 29
Dendermonde 10, 74
Deutschland 7, 20, 25, 52, 76
Diest 10, 38, 77, 91
Dominikaner:innen 27, 29, 45, 48, 52, 54, 57, 65f., 75, 141, 143, 153, 170, 181
Douai 11, 38, 41, 86f., 90
Douceline von Digne 43f., 51, 97, 99, 138f.

Elisabeth von Spalbeek 105, 135–137, 145
Elisabeth von Thüringen und Ungarn 65
die Erleuchteten (Alumbrados, Illuminati) 146, 175, 177, 179

Europa 9–11, 15, 29, 22, 24f., 28f., 32, 35f., 42, 45, 51, 56, 62, 67f., 71, 77, 81, 83, 88, 183
Eva vom Hl. Martin 98

Fegefeuer/Purgatorium 35f., 85, 116–119, 121–133, 140, 179
Flandern 59, 94, 170
Florenz 49, 151, 182
Foligno 49, 103
Francesca Bussa dei Ponziani (Francesca Romana, Franziska von Rom) 45
Francisca de Ávila (Francisca de los Apóstoles) 177f.
Francisca Hernández 176
Frankreich 20, 41f., 82, 170, 185f.
Franziskaner:innen 27, 29, 42–45, 48–50, 55, 65, 75, 83, 103, 171, 181
Franziskaner-Spiritualen 164, 172f.
Franz von Assisi 30, 35, 42, 46, 105, 123

Gent 10, 38, 41, 92
Gertrud von Helfta 27, 156
Gertrud von Oosten 105
Gilbert von Tournai 170
Graf Guy Dampierre 92
Gräfin Johanna von Konstantinopel und Brabant, Flandern und Hennegau 28, 37f., 64f., 78
Gräfin Margareta von Konstantinopel und Brabant, Flandern und Hennegau 28, 37, 65

Guglielma von Mailand 48f., 105

Hadewijch 30, 37, 79, 107–109, 113, 125, 134, 139–141, 151, 156, 159–162, 170
Häresie/Ketzerei 10, 14, 22, 58, 73, 93, 138, 164, 166f., 170f., 173–175, 178–180
Hasselt 135
Heinrich von Halle 31
Helena Priuli 89
Helfta 152, 156
Héloise 27
Hennegau 163
Herentals 77, 91
Hildegard von Bingen 27
Höfische Liebe (Minne) 30, 108, 153, 157, 159f., 166
Hoogstraten 10
Hugo von Digne 43
Hyères 43

Ida von Gorsleeuw 90
Ida von Löwen 83, 98, 105
Ida von Nivelles 39f., 83, 90, 156
Ingrid von Skänninge 56
Inquisition 56, 146, 159, 163f., 172–175, 178f., 180f.
Interdikt 134, 168f., 179
Italien 15, 20, 25, 28, 44f., 48, 69, 75–77, 151

Jakob von Vitry 31, 33–35, 82, 119, 169
Jan van Ruysbroeck 166
Johanna Franziska von Chantal 11
Johannes von Lausanne 111

Juliana von Cornillon (Juliana von Lüttich) 98f., 111–113
Jutta von Huy 40f., 83, 90

Kaiser Friedrich II. 119, 138
Karmelit:innen 11, 151
Karthäuser 27, 182
Katharer 35, 44, 119, 172
s. auch Albigenser
Katharina von Alexandrien 60, 65
Katharina von Cardona 178
Katharina von Genua 15, 124, 127f.
Katharina von Siena 15, 31, 47f., 105, 141
Klara von Assisi 30, 46f., 55
Klara von Montefalco 47
Köln 51f., 77, 182
König Ludwig IX., der Fromme 41, 44
König Philip IV. von Frankreich 163
Konrad von Marburg 170
Konzil von Lyon (II) 170
Konzil von Trient 185
Konzil von Vienne 164, 171f., 181
Kopenhagen 56
Kortrijk 10, 38, 74, 78, 91

Laterankonzil (III) 84
Laterankonzil (IV) 169
Lier 10, 65
Lille 38, 41f., 170
Lombardei 20
Louise de Maurillac 185
Löwen 10, 39
Luitgard von Aywières 31, 99, 118–120, 123, 127, 130
Lüttich 39f., 87, 111, 118, 174

Maastricht 39, 77
Madrid 55
Magistra (Meisterin) 21, 34, 46, 51, 55f., 68, 71f., 78f., 87, 95f., 103, 151, 182, 184
Mailand 48f.
Mainz 51
Margareta von Cortona 47
Margareta von Faenza 49
Margarete von Oingt 27
Margarete von Ypern 102, 114
Marguerite Porète 93, 109, 125, 134, 139, 148, 151, 156, 163f., 172, 180
Maria Dávila 55
María García 53
Maria van Hout 182
María von Ajofrín 54
Maria von Oignies 31f., 34–37, 39f., 83f., 98, 105, 113, 118f., 122
Maria von Piedrahita (Maria von Santo Domingo) 143–145
María von Toledo 54
Mari Díaz 55
Marseille 43, 173
Matthew Paris 51f.
Mechelen 10, 39, 64, 75, 77, 183
Mechthild von Hackeborn 156
Mechthild von Magdeburg 29, 31, 37, 93, 115, 123, 134, 139, 151, 156
Meerbeek (Beginenhof bei Brüssel) 38
Meister Eckhart 166
Montpellier 173
Münster 52, 184f.

Namur 40, 112,
Na Prous Boneta 173f., 179f.
Narbonne 173
Nivelles 156

Odilia 39, 112,
Offizium/Stundengebet 34, 37, 48, 84, 159, 162, 168
Oignies 31–35, 37, 39f.
Oisterwijk 182
Origenes 160
Oxford 29

Padua 48
Paola Antonia Negri 89
Papst Alexander III. 83
Papst Bonifaz VIII. 88, 171
Papst Gregor VII. 25
Papst Gregor X. 170
Papst Honorius III. 169
Papst Innozenz III. 47, 119, 169
Papst Johannes XXII. 173
Papst Martin V. 50
Papst Urban IV. 113
Paris 29, 41, 122, 163
Pattyn, Marcella 10, 79
Perugia 47
Petrus Johannis Olivi 173, 180
Petrus von Dacien 56f.
Philip von Clairvaux 135–138
Philippine Porcellet 44
Pisa 47
Polen 57
Praemonstratenser 27
Provence 44
Psalter 13, 61, 74, 76, 84, 101, 149f., 184

Raimund von Capua 31, 141
Rekluse 19, 24, 33, 41f., 49, 55, 90, 131
Richard von St. Viktor 160, 166
Robert le Bourge 170
Robert von Arbrissel 27
Rom 21, 35, 45, 47, 116, 142, 164, 169
Rose von Viterbo 138
Rutebeuf 169

Salamanca 176
Schweden 20
s. auch Skandinavien
Schwestern vom gemeinsamen Leben 56f., 66, 76, 181
Sevilla 52, 178
Shaker 72, 96
Sint-Amandsberg bei Gent 10
Sint-Truiden 10, 118, 130–132, 135
Skandinavien 56f., 76
s. auch Dänemark, Schweden
Südliche Niederlande 10, 23, 25, 61, 82, 186
s. auch Belgien
Spanien 15, 20, 52f., 92, 76
St. Agnes, Sint Truiden 135
St. Alexis (Beginenhof, Dendermonde) 74
St. Andreas (Beginenhof, Maastricht) 39
St. Christine (Beginenhof, Ypern) 38
St. Christophe (Beginenhof, Lüttich) 39, 64
St. Elizabeth (Beginenhof, Gent) 38, 41, 92
St. Elizabeth (Beginenhof, Kortrijk) 10, 74, 78, 183
St. Elizabeth (Beginenhof, Lille) 42
St. Elizabeth (Beginenhof, Tournai) 38
St. Elizabeth (Beginenhof, Valenciennes) 38
St. Katharina (Beginenhof, Diest) 38
St. Katharina (Beginenhof, Maastricht) 39
St. Katharina (Beginenhof, Mechelen) 39, 64, 75, 183
St. Katharina (Beginenhof, Paris) 41, 122
St. Katharina (Beginenhof, Sint-Truiden) 118, 130, 135
St. Katharina (Beginenhof, Tongeren) 38, 64
St. Margarete (Beginenhof, Lier) 65
St. Maria Magdalena (Beginenhof, Mechelen) 39
St. Mathias (Beginenhof, Aachen) 38
St. Omer 41
St. Stephan (Beginenhof, Aachen) 38
St. Symphorien (Beginenhof, Namur) 38
St. Syr (Beginenhof, Nivelles) 39
Stigmata 57, 105f., 137, 146
Straßburg 51, 77, 182

Templer 164
Ten Hove (Beginenhof, Leuven) 39
Ter Arken (Beginenhof, Brüssel) 38

Teresa von Ávila 11, 55f., 178
Ter Hooie (Beginenhof, Brügge) 38
Ter Hoyen (Beginenhof, Gent) 150
Thomas von Cantimpré 31, 102, 119f., 131
Tienen 156
Toledo 53f., 144, 177f.
Tongeren 10, 38, 64, 77, 118
Tournai 38
Turnhout 10

Umbrien 49, 171
Umiliana dei Cerchi 49
Umiltà von Faenza 47, 49
UNESCO 10
Uppsala 57

Vadstena 57f.
Valenciennes 38
Valladolid 176

Venedig 89
Vienne 164, 171f., 181
Vita apostolica 25–27, 29, 32f., 35, 37, 44f., 51, 58, 81, 88, 181
Vom Weingarten (Beginenhof, Brügge) 9, 38, 70
Vom Weingarten (Beginenhof, Brüssel) 38

Wien 50f.
Wilhelm von Saint-Amour 170
Wilhelm von Saint-Thierry 160, 166
Willambroux 33, 84

Ypern 38

Zisterzienser:innen 10, 27, 32, 39f., 65, 112, 118f., 152, 156, 182